2

歷史任意門

老師來不及教的101個宋朝趣史

賈文龍等◎著

老師來不及教的101個宋朝趣史

【九】江湖險惡

【十】十八般武器

【一】用語典故

1 「三更半夜」的俗語是何時形成的？

「三更半夜」是現代漢語中的常用詞彙，這個詞起源於宋代。宋太宗時陳象輿、胡旦、董儼、趙昌言是好友，四人志趣相投，常聚在一起談論至深夜：「日夕會昌言之第，京師為之語曰：『陳三更，董半夜。』」「三更半夜」一詞由此形成。

古人說時間，白天與黑夜各不相同，白天說「鐘」，黑夜說「更」或「鼓」。又有「晨鐘暮鼓」之說，古時城鎮多設鐘鼓樓，晨起（辰時，今之七點）撞鐘報時，所以白天說「幾點鐘」；暮起（酉時，今之十九點）擊鼓報時，故夜晚又說是幾鼓天。夜晚說時間又有用「更」的，這是由於巡夜人邊巡行邊打擊梆子，以點數報時。舊時一夜分為五更，中國有幅傳統春聯：「一夜連雙歲，五更分二年。」這裡就用「五更」代指除夕一夜。第三更是子時，就是現代夜間十二時左右，已是深夜時分了。

「三更半夜」能成為俗語，是與宋朝城市人民擁有夜生活的歷史變化分不開的。唐朝城市實行宵禁，唐朝的《宮衛令》規定：每天晚上衙門的漏刻「晝刻」已盡，就擂響六百下「閉門鼓」；每天早上五更三點後，就擂響四百下「開門鼓」。凡是在「閉門鼓」後、「開門鼓」前在城裡大街上無故行走的，就觸犯「犯夜」罪名，要笞打二十下。如果是為官府送信之類的公事，或是為了婚喪吉凶以及疾病買藥請醫的私事，才可以得到街道巡邏者的同意後行走，但不得出城。北宋初年就完全解除宵禁，宋人的夜生活開始豐富起來。夜幕降臨後，宋朝城市的街市依然燈火通明，市民晚上的主要活動是喝茶和聽書，在「瓦子」、「勾欄」等固定娛樂場所觀賞百戲伎藝競演；夜間飲食店鋪生意興隆，「酒壚博塞雜歌呼，夜夜長如正月半」，「梁園歌舞足風流，美酒如刀解斷愁。憶得少年多樂事，夜深燈火上樊樓」，這都是夜間食客在活動；東京大街一兩處麵食店及市西坊西食麵店，通宵買賣、交曉不絕，「其餘橋道坊巷，亦有夜市撲賣果子糖等物，亦有賣卦人盤街叫賣，如頂盤擔架賣市食，至三更不絕。冬月雖大雨雪，亦有夜市盤賣」。

宋代由於愈來愈多的市民可以享受夜生活，改變了原來「日落而息、日出而作」的生活習俗，「三更半夜」也開始成為人類活動的重要時刻，自然也就開始進入人們的語言中來了。

宋《太平街景圖》

【豆知識】

「省油燈」是何時出現的？

宋代人民夜生活的增多，同時也促進了照明文化的發展。「省油燈」是唐宋時期中國人民照明工具中的重要進步。陸游最早記述了這種燈具，《齋居記事》云：「書燈勿用銅盞，惟瓷盎最省油，蜀有夾瓷盞，注水於盞唇竅中，可省油之半。」《老學庵筆記》亦云：「《宋文安公集》中有《省油燈盞詩》，今漢嘉有之，蓋夾燈盞也。一端作小竅，注清冷水於其中，每夕一暦之。尋常盞為火所灼而燥，故速乾；此燭不然，其省油幾半。」這種燈為瓷製，燈具內有夾層，一端有孔可注入清水，用水冷法使油免於蒸發，可省油近半。

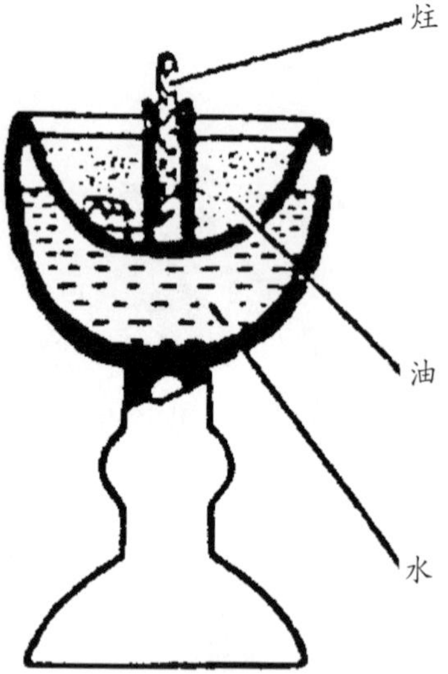

省油燈結構圖

「省油燈」最先在四川地區流行，「漢嘉」在今雅安市以北。當時陸游客居四川，曾擔任邛州天臺山崇道觀主管。由於陸游的推崇和宣傳，「省油燈」傳播到全國。一九九九年，北京市文物研究所三峽考古隊在三峽庫區的涪陵石沱墓地，發掘出土一盞宋代「省油燈」，它的碟壁是一個中空的夾層，碟壁側面有一個小圓嘴，用來向夾層中注水。這與宋代詩人陸游的描述完全一樣。但是省油燈由於在燒製過程中，陶瓷的膨脹係數不好掌握，因而製作起來不太容易，不像碟形燈盞那樣普遍。

2 宋代的勾欄就是妓院嗎？

宋代勾欄，又有「勾闌、構欄、棚」等名稱，是藝人的演出場地。勾欄，本指相互勾連的欄杆，唐王建《宮詞》詩：「風簾水閣壓芙蓉，四面勾欄在水中。」因戲臺與看席之間用木頭欄杆隔開，故用以稱戲曲及其他民間伎藝的演出場所。勾欄設於瓦子（又稱瓦市、瓦肆、瓦舍，或者乾脆簡稱「瓦」）之中，以歌舞表演為主。北宋首都汴梁城內，共有十個瓦舍，其中的新門、桑家、朱家橋、州西、保康門、州北等瓦子最為著名，是富貴之人常去的娛樂場所。桑家瓦子是這十個娛樂場所中規模最為宏大的一個，在它的裡面，設有五十多座勾欄，勾欄內設象棚、蓮花棚、牡丹棚、夜叉棚等戲棚，專門上演百戲雜劇，其中的象棚容納人數最多，可達數千人。南宋國土面積雖小，行在臨安府城內外卻有十七個瓦子，比北宋多出七個。

兩宋時期的瓦子，有的像相國寺一樣，只是純粹的商品交易場所。但更多的瓦子卻和桑家瓦子一樣，集歌舞表演和賣藥、餐飲、剃頭、書畫買賣等行當於一身，是名副其實的休閒娛樂場所，因此，人們有時將二者合稱為「勾欄瓦舍」。勾欄瓦舍中的娛樂節目可謂五花八門，除唱歌、跳舞、皮影戲、球技、雜技、木偶戲、說三分、武術表演等常規節目外，還有

「弄蟲蚁」（即馴化昆蟲來做戲）、「商謎」（與別人商量出謎語）、「說諢話」（插科打諢講笑話）、「合生」（指物題詠）、節目「雜扮」（化妝成各種角色）、「神鬼」（扮演鬼神或講鬼神故事）、「叫果子」（模仿各種商販的叫賣聲）等不可勝數的絕活，這些節目或輪流登場，或同時開場，熱鬧非凡。

這些節目的表演者，既有男藝人，也有女藝人。李師師、徐婆惜、張真奴、劉百禽等都是那時的當紅藝人。但宋代藝人的地位很低，跟今天藝人的地位完全不可同日而語。藝人的不幸，往往被當時的人們說成是「口業報」。勾欄瓦舍中的女藝人，同樣也沒能得到時代的眷顧，因為在強勢者看來，演戲的和陪笑的沒有明顯的區別，所以她們往往成為被有錢有勢的人玩弄、糟蹋的主要對象。正是由於這個原因，「瓦舍勾欄」這一詞語漸漸被妓院借用，到元代時，最終正式演變為妓院的代名詞。

【豆知識】

「閉門羹」說的是妓女拒絕接客的故事，這一典故為什麼會在宋代廣泛傳播而成為俗語呢？

唐人馮贄《雲仙雜記》說：唐代宣城名妓史鳳，待客以等差：第一等客，用迷香洞、神雞枕、鎖蓮燈來招待他。有一個闊客馮垂，竟將身邊所有的十三萬文，全數給了妓女史鳳，才夠資格在迷香洞中銷魂一宵。第二等客，只用鮫紅被、傳香枕、八分羊款待他。再下一等客，史鳳便拒不相見，「以閉門羹待之。使人致語曰：『請公夢中來。』」以羹拒客就是拒絕會見的意思，天長日久，客人見到羹，就心領神會，主動告辭。《全唐詩》錄有史鳳《閉門羹》詩：「一豆聊供遊冶郎，去時忙喚鎖倉琅。入門獨慕相如侶，欲撥瑤琴彈鳳凰。」這就是「閉門羹」的典故出處。流傳至今，「閉門羹」則成為拒絕的代名詞。

名妓史鳳以「閉門羹」拒客確實獨特而幽默，「閉門羹」這個特定行業的用語在唐代只是普通典故，而在宋代卻在社會上廣泛傳播而成為俗語。這其中的根本原因是宋代妓女行業的發展，宋朝既有「官妓」制度，又有大量的私妓。據史載，杭州各處都有妓館，從上、下抱劍營、漆器牆、沙皮巷、清河坊、融和坊、薦橋、新街、後市街，到金波橋等兩河以至瓦市，如《錢塘夢》所說：全城「有三十六條花柳巷」。而杭州只不過是北宋時的一郡而已。東京的妓館則遍地皆是，觸目皆有，像「院街」的曲院街西，御街東西朱雀門外，還有下橋南、北兩斜街，竟都是妓館。而宋代士大夫狎妓之風盛行，北宋詞人柳永為人放蕩不羈，終身窮困潦倒，流連於青樓妓館，為妓女譜寫大量的詩詞，死後靠妓女捐錢安葬。宋朝官府中有些活動有時也把妓女們召去歌舞助興，這些出入官府帶隊領頭的妓女被稱為「上廳行首」，李師師便是「東京上廳行首」，最後與宋徽宗還發生了緋聞。東京「南曲」的妓女顏令賓，得病後寫下了「氣餘三兩喘，花剩兩三枝。話別一樽酒，相邀無後期」的詩句，讓小童子送給她昔日奉候的朝士郎君。正是因為宋代女妓行業的發達，而文人士大夫群體又是狎妓的主要群體，「閉門羹」這種青樓典故才會為人津津樂道，並成為民間俗語。

3 為何是「河東獅吼」而不是「河西獅吼」？

「河東獅吼」是形容悍婦、妒婦發怒或嘲笑男人怕老婆。這個俗語出自蘇東坡《寄吳德仁兼簡陳季常》一詩中的四句：「龍丘居士亦可憐，談空說有夜不眠。忽聞河東獅子吼，拄杖落手心茫然。」龍丘居士即陳慥，字季常，是蘇東坡的好朋友，隱居在黃州的岐亭（今湖北麻城），晚年篤信佛教，自號龍丘居士。蘇東坡貶官黃州，和陳季常過從甚密。陳季常嗜酒好劍，揮金如土，好交遊，自稱一世豪士。陳季常常設宴款待賓朋，並邀請歌伎伴唱陪飲，徹夜不眠地高談闊論。對此陳妻柳氏十分生氣，每見有歌伎在座，則每每在後堂以手中拄杖擊壁，以致「客皆散去」。陳季常懼內也不敢多言，蘇東坡因此以詩取笑陳季常。「獅子吼」來自佛教典故，佛教中的佛（釋迦牟尼）被尊稱「人中獅子」。據佛經中的《大智度論》卷八說：「又如獅子，四足獸中，獨步無畏，能伏一切，佛亦如是，於九十六種外道中，一切降伏，故名『人獅子』。」獅子吼而百獸驚，佛之說法正如獅子吼哮，無堅不摧，足使外道、惡魔心生怖畏。陳季常好佛，蘇軾便借佛家語以喻其妻兇悍發怒，以致可憐的陳季常一陣哆嗦，拄著的手杖都嚇掉了，心中茫然，戰戰兢兢。

但為什麼非得是「河東」的獅子吼叫，而不是別的地方的獅子吼叫呢？這是因為陳季常的妻子姓柳，是河東柳姓望族。河東即今山西永濟、運城地區，古代是柳姓望族世居之地。河東柳姓先祖為柳下惠，後省去「下」，改複姓「柳下」為單姓「柳」，唐代的柳宗元也是河東柳姓。因此柳氏被稱為「河東夫人」，她的善妒因此被稱為「河東獅吼」。

【豆知識】

「獅子吼」究竟是什麼武功？

現代讀者多是通過武俠小說《倚天屠龍記》瞭解「獅子吼」的，在這類小說中金剛獅子吼是少林寺七十二絕技之一，是一門超上乘的內功心法，使用起來威力極大，重則可使人神經錯亂，輕則可使人昏迷不醒。《倚天屠龍記》明教四大法王之一金毛獅王謝遜擅長此功，曾在天鷹教揚刀立威大會時，一招「獅子吼」鎮傷無數人，綁走張翠山和殷素素，奪得屠龍刀。

「獅子吼」見於釋迦牟尼佛初誕生時：「太子（指佛出家前為悉達多太子）生時，一手指天，一手指地，作獅子吼，云：『天上地下，唯我獨尊。』」關於「獅子吼」的寓意，可見《維摩詰所說經》：「演法無謂，猶獅子吼，其所講說，乃如雷震。」《普曜經・論降神品》：「譬如獅子吼，諸小蟲怖懼，暢佛獅子吼，降伏外異學。」佛祖正聲可降伏一切外道異說，故稱獅子吼。蘇軾《聞潮陽吳子野出家》詩中也引用了這個典故：「當為獅子吼，佛法無南北。」

那麼現實中獅子吼功夫是否存在呢？有人認為少林寺祕傳稀世奇功中確有此功，是人體丹田內氣外發，發聲吐氣之功法，功成之後遇敵交手，發功呼嘯，則猶如迅雷疾瀉傳出數里之外，令敵心驚膽戰，毛骨悚然，往往一聲長嘯即使對手不戰而敗。但是這種超聲波武功可能超過了人類的生理極限，因而更有可能只是武俠小說中的的文學描寫，是成年人童話中的虛幻魔法。

4「溜須」為什麼會成為奉承他人的代稱？

宋真宗趙恒「身體髮膚，受之父母，不敢毀傷，孝至始也。」這是古人的觀念，所以古人留長髮、蓄鬍鬚。但是蓄鬍鬚卻對古人進食產生影響，容易沾湯掛水，很不雅觀。飯後「溜須」，也就是擦抹鬍鬚，是古代正常的衛生習慣。但是擦抹鬍鬚是私人之事，除非病人，否則一般不用他人代勞。

「溜須」典故的主人翁是宋代權臣丁謂。丁謂為太宗淳化年間進士，真宗咸平初除三司戶部判官，權三司使。大中祥符初夥同王欽若大營道觀，屢上祥異，以阿諛真宗封禪，拜三司使，後又進戶部侍郎、參知政事。時寇準為相，丁謂對之畢恭畢敬。「嘗會食中書，羹汙准須，謂起，徐拂之。准笑曰：『參政，國之大臣，乃為官長拂須耶？』謂甚愧之，由是傾構日深。」「拂須」用口語表達，就是「溜須」，這就是「溜須」典故的由來。丁謂由此排擠寇準，屢上祥異，以迎合真宗帝意，最終使寇準罷相。

【豆知識】

我們常用「溜鬚拍馬」形容阿諛奉承，「拍馬」是怎麼來的？

現在，我們常說「溜鬚拍馬」，用以形容阿諛奉承。那麼，「拍馬」是怎樣來的？

考之於史，現在已經難以確知「拍馬」一語的起源，推測「拍馬」一詞可能與元代蒙古民族有關。對蒙古民族來講，整個民族的興盛輝煌都是和馬息息相關的。如果說北方草原是蒙古人的歷史搖籃，那麼矯健的蒙古馬就是蒙古人創造歷史文化的主要工具。馬在蒙古族的生活中，在民族的成長發展中的確是太重要了，馬是主要的代步交通工具，也是重要的生產、生活工具。在蒙古族的生產勞動、行軍作戰、社會生活、祭祀習俗和文學藝術中，幾乎都伴隨著馬的蹤影。從古至今，蒙古族不論從事什麼職業，對馬都有著特殊的感情。元朝也是馬上得天下建立的政權，元朝的官員也大多是武將出身，馬不僅是他們的鍾愛之物，也是官員權力、身分、地位的象徵。

所以蒙古族人在相互見面時，「拍馬」是他們寒暄的方式。「拍馬」並不是為了相馬，而是相互交流馬匹餵養情況。「膘肥體壯」主要體現在馬的屁股上，用手輕拍，可以知道馬膘如何，很容易感受馬的餵養狀態。相傳中國北方少數民族誇耀自己的馬好的時候，也是拍拍馬的屁股。另外，生人接近馬匹，要拍馬屁股才不會使馬受驚。

元代蒙古民族入主中原，漢民要與之攀談，也會以馬的話題開始，就像現代我們見面聞聊幾句天氣一樣。因為天氣對農業民族影響大，而馬匹對蒙古民族影響深。當然這種方式，也要從拍馬的屁股開始，否則不能接近。現在內蒙古、寧夏、青海、新疆等地，草原遼闊，盛產馬匹，牧民們常以養得駿馬為榮，人們牽馬相遇時，也常要拍拍對方馬的屁股，摸摸馬膘如何。但是元朝統治是很殘暴的，漢人大多數還是遠遠躲開。很少騎馬的漢人，看見「拍馬」雖然不盡瞭解其中的緣故，但是奉承之意還是明顯可見的。所以就用「拍馬」或「拍馬屁」來形容對別人獻媚奉承。

「拍馬」或「拍馬屁」一詞，是遊牧文化與農耕文化隔閡的產物，也是階級地位不平等的遺留，所以很可能是元代產生的民間俗語。

5「只許州官放火，不許百姓點燈」是怎麼來的？

「只許州官放火，不許百姓點燈」這一成語典故出自宋代，這則趣事還與傳統節日元宵節有關。

北宋時，有個官員名叫田登，他為人心胸狹隘，專制蠻橫。因為他名字中有個「登」字，所以，每到一處任官，他便命令身邊的人避其名諱，在談話時凡說到和「登」同音的字，必須用其他字來代替。比如，燈心草要叫開心草，燈檯、燈罩、燈籠得叫亮托、遮光、路照。觸犯田登這一忌諱的人，會被加上「侮辱地方長官」的罪名，輕則挨板子，重則判刑。

宋仁宗時，田登擔任河北東路冀州南宮縣留守。他上任不久，便是一年一度的上元節（即元宵節），按照慣例，元宵節裡要點三天花燈表示慶祝，官府衙門要貼出告示，曉諭百姓，自由賞燈。可是這次，負責寫告示的小官犯了難：用「燈」字便觸犯領導的忌諱，不用「燈」字意思又表達不明白。寫告示的小官左右為難，便呈請田登決斷。田登大筆一揮，把「燈」字改成了「火」字。於是，百姓們讀到了這樣一則布告：「依例，放火三日。」看完告示的百姓不明就裡，驚吵喧鬧起來；一些外地來的客商，以為官府真的要在城裡放火三天，紛紛收拾行李，迅速離開。

田登的這一紙布告，在轄區內造成了極大的混亂，影響極壞。諫官們聽說後，紛紛上奏彈劾田登。最後，田登被罷職。百姓明白此事原委之後，譏諷田登是個「放火州官」，這就是「只許州官放火，不許百姓點燈」這一典故的由來。後來，人們用它來嘲諷、抨擊那些限制老百姓的正當言行、自身卻胡作非為的當權者。

【豆知識】

中國古代的避諱何時定型？

避諱是中國古代社會的一種忌諱，即不能直接說出或寫出尊者、長者、賢者的名字，它是中國古代各種忌諱中最普遍和最重要的一種，是中國特有的政治文化現象。避諱源自西周，宋代定型，一直延續到清末，經歷三千年的風風雨雨而不衰。

宋代是避諱的鼎盛階段，避諱已規範化和制度化。當時有官諱和私諱的分別，官諱又名國諱，即避皇帝（舊名、御名、廟諱、歷代祖先之名等）、皇親國戚之諱，這些忌諱被寫入法律，不僅平時講話時要避諱，在大臣奏章和科舉考卷上也必須回避，特殊字（如君、王、聖、龍、皇、主等）和古代帝王、聖人的名諱更要避諱。避官諱的方法主要有缺筆、空字、改字、改音、用黃紙覆蓋等。私諱的形式和內容與國諱相同，只是涉及範圍略小一些。四品以上文官和三品以上武官在家裡避三代之諱，如果官員明知府號和官稱犯祖、父名諱，仍舊任官，判處徒刑一年。一般州縣官員最初不用避諱，後來規定所有官員，無論品高品低，都要避父、祖之諱。官員在任職、升官時避家諱的方法不同於官諱，具體而言主要有改地（改地名或任所）、換官名、改職（改官稱或官銜名）、改人名等。

宋代因為私諱所引發的笑話，有很多事例。如宗室趙宗漢，為避自己的名諱，命家裡人稱漢子為兵士。有一次他妻子供羅漢，兒子學《漢書》，僕人講到此事時只好說：「今天夫人召僧，供十八大阿羅兵士，太保請官教點兵士書。」成為都城笑談。另有一官員錢良臣自諱己名，他的小兒子很聰明，為避父親名諱，凡經史的「良臣」二字都改為別的字來讀。有一天讀《孟子》，有「今之所謂良臣，古之所謂民賊也」一句，改動之後便成了這樣：「今之所謂爹爹，古之所謂民賊也。」宋徽宗年間，兩浙路常州有一押綱使臣徐申，在他的轄區內，有盜賊連連作案，負責緝盜的小官打了請示報告，要求增派人手緝盜。但連續三次上書卻沒任何回信，他非常納悶，便直接求見徐申，說「已三狀申府」，請求批示。徐申聽後勃然大怒：「你作為公務人員，既然知道我的姓名，為什麼故意說出毫不避諱？」這個小官也很生氣，他大聲說：「某累申捕賊而不依申行遣，當申提刑、申轉運、申廉訪、申帥司、申省部、申御史台、申朝廷，直待身死方休。」聞聽這一連串的「申」字，坐客們笑翻了天。

6「和事佬」的稱呼是怎樣來的？

「和事佬」通常是指那些沒有原則立場來調解爭端的人，可以說並非是一個褒義詞。但是「和事佬」這個詞又是從什麼時候開始有的呢？誰又是第一個被稱為「和事佬」的人呢？

在歷史上，「和事」作為一個專有名詞出現在唐朝。據《新唐書》載，唐中宗景龍三年，監察御史崔琬彈劾宰相宗楚客「專威福，有無君心，納境外交，為國取怨」。並請求將其下獄，交「三司推鞫」。而宰相宗楚客則怒目爭辯，聲稱自己「忠誠鯁直」，為崔琬所嫉恨，故遭陷害。而性格軟弱的唐中宗竟不問是非，親自為他們調解，詔令崔琬和宗楚客「約為兄弟」。由於唐中宗無原則的「和稀泥」態度，故而時人竊稱其為「和事天子」。因此歷史上第一個「和事佬」就是唐中宗。而在唐朝末年，唐僖宗也曾不敢問強藩節度使朱全忠襲擊李克用之事，「但優詔和解」，再當了一回「和事佬」。

但「和事佬」這一專有名詞的出現是在宋朝。唐朝「和事天子」的典故，給了宋人很大的刺激，因而士大夫們常以此來勸誡皇帝。如理學大師楊時就上奏宋欽宗說：「故（唐）中宗卒有和事之名，和事非人主之美稱也，可不鑒之哉？」而宋人也首創了「和事佬」這個稱呼。北宋著名文學家黃庭堅在《南鄉子》詞中就寫到：「風力嫋萸枝，酒面紅鱗慳細吹。莫笑插花和事佬，摧頹，卻向人間耐盛衰。」這首詞是重陽節懷念他遠在成都的弟弟而做的。這裡描寫的「插花和事佬」，是指頭上戴花、萬事隨和、無所爭競的老者，雖然「和事佬」沒有原則，但也無憂無慮，更能經得起人間的盛衰。自此「和事佬」常用來代指那些調解爭端的人。如南宋初，洪皓出使金朝，和金人力爭和議條件，金朝宰相怒道：「汝作和事官，而口硬如此，謂不能殺汝耶？」明朝田汝成記載苗族講和風俗時也說：講者「若所收籌多而度其人不能償者，則勸所為講者擲一籌與天，一與地，一與和事之老」。清乾隆時，江南河道總督高斌審理浙江巡撫常安一案，「議以革職，其意謂罪至革職，事已兩平，可以顢頇了局，如所謂和事老人者」。「和事佬」的稱呼便日益廣泛了。

【豆知識】

宋代是怎樣調解老百姓的糾紛？

宋代，隨著商業經濟的發展，人們私有觀念的增强，各種財產、婚姻糾紛更為多見，所謂宋人「民風好訟」就是指的這一現象。在民間糾紛增多的情況下，由官府出面或者民間自發的調解糾紛也更為常見，通過調解而不訴諸司法判決。

宋代一般老百姓之間調解糾紛，需要找本地或本宗族有威望的人物進行說合。如衡陽縣胡晏，「性資孝友，鄉里慕之，有爭訟不到公庭，多往質焉」。永嘉陳敦化，「鄉閭信服其誼，爭訟多不之官府，得公一言即時解散」。當時識文斷字的塾師也是紛爭者求助的對象，《默記》載，北宋鎮州趙學究「多智計，村民有爭訟者，多詣以決曲直」。告老還鄉的官吏更是民間調解中的重要力量，如王提刑「謝事還家，以名德為縣大夫所敬」，常常勸導鄉人以和睦為念，「聞者轉以相告，訟者為衰」。

宋朝官府在審理民事案件中，也很注意採用調解手段解決老百姓糾紛。對於親戚骨肉間的財產糾紛，法官多不言財產權的歸屬，而是通過喚起當事人的親情回憶而爭取息訟。如北宋時邵武軍有兄弟訟田者，法官曹修睦首先為其講述「兄兄弟弟之義」；程顥任澤州晉城縣令時，對財產之訟，「必告之以孝弟忠信」。他們的努力取得了一定的成效，「閭閻小人，無不幡然悔悟，近來親戚骨肉之訟，十減七八」。

另一些法官則是通過誇張訴訟的高昂成本，迫使當事人講和。比如真德秀在知潭州時就說：興訟後，「一夫被追，舉室皇擾，有持引之需，有出官之費，貧者不免舉債，甚者至於破家」。而時間、精力的浪費也很大。一個田產訴訟，常常「積十餘歲不能決」，其中的辛勞與承受的心理壓力可想而知，迫使當事人接受調解，放棄官司。

再者，官府還從維護鄰里關係上來進行勸導。蘇頌知江寧縣時就勸告紛爭雙方：「鄉黨宜相親善，若以小忿而失歡心，一旦緩急，將何賴焉。」若鄰里關係處得好，雙方都會成為受益者，這樣也有助於促使當事人放棄官司。

通過官府和民間的調解，「忍一下，乾坤大。退一步，天地寬」的信念得到認同，使一般人多接受調解，老百姓之間的糾紛得到有效減少。

7 宋朝人日常說話是白話還是文言？

唐宋以前，人們日常說話和書面用語差別還不大，隋朝時，北方人說話「其辭多古語」，上層士大夫與普通民眾的口語差別也很小，一般民間口語也似古語般典雅。

到了唐宋，口語和書面用語的差別愈來愈大。宋朝人日常說話基本以口語（白話）為主，說話比較通俗易懂。比如北宋時，登州婦人阿雲用刀砍傷丈夫韋阿大，官府在審問她時就問：「是你斫傷本夫？實道來，不打你。」宋金通使時，宋人記錄金人譯語，也間或用白話文。如金將完顏粘罕對馬擴說：「見皇帝說：射得煞好，南使射中，我心上快活。」當時即使是像朱熹這樣著名的理學家，儘管還是用古文寫作，其日常說話也全是用白話，而不用文言。

宋代口語雖然不雅，但也生動形象。比如把文言「足」和「目」稱為「腳」和「眼」。

把「母、子」稱為「娘、兒子」。同時創造出一些新的「複音詞」，比如「焦躁」、「驚動」、「追趕」。還有新含義詞的出現，比如秦檜殺岳飛時的「莫須有」等。宋人口語語法變化也很大，比如第一人稱代詞說「咱」、「俺」。人稱代詞複數加「們」字等等。新創造的口語諺語也很豐富，如「嫁得雞，逐雞飛；嫁得狗，逐狗走」，「要高官，殺人放火受招安」等。

宋代語言發生的另一重要變化，就是口語開始向書面語中滲透，宋代的話本、小說、筆記甚至詩、詞中都愈來愈多使用口語，使普通百姓更加明白易懂。比如南宋著名的女詞人李清照《聲聲慢》詞：「乍暖還寒時候，最難將息」，「守著窗兒，獨自怎生得黑」，「這次第，怎一個愁字了得」。洪邁《夷堅志》是一部文言小說，但其中也夾雜著口語。如《建康頭陀》一故事中，一個叫范同的學生諷刺綽號為「秦長腳」的秦檜，說：「這長腳漢也會做兩府？」

宋代日常人說話開始講白話，這反映了中古以降語音演變由繁到簡的發展趨勢，對宋以後乃至當今中國人日常講話具有重要的影響。

【豆知識】

宋朝的普通話是哪裡的口音？

宋朝雖然沒有如現在中國一樣推廣普通話，但是人們為了交流的方便，還是以一地方言為標準語，這種標準語在官員中間極為流行，稱作「官話」。

宋朝的官話是洛陽話。比如宋真宗時期，宰相寇準和丁謂閒談時，談到「天下語音何處為正」這個話題。寇準就說：「惟西洛人得天下之中」，當地人說的話最標準。南宋時期的陸游也說：「中原惟洛陽得天地之中，語音最正。」理宗朝陳傑所作的《登鐘山憩定林》一詩中也提到：金陵「語音京洛近，王氣海潮東」。由於開封離洛陽很近，兩地方言差別極小，開封話亦可稱的上是普通話，然而談論語音，仍然是以洛陽「語音最正」。南宋建立後，臨安成為都城，杭州人也學說京師和洛陽話，《夢粱錄》中就說：現在臨安街市和宅院，「往往效京師叫聲」。時至今日，杭州官話在某種程度上仍保留著北方語音。我們熟悉的唐宋詩詞的韻律平仄，也完全是以洛陽口音為標準的。

宋朝人會說洛陽話是做官的一大優勢，整個宋代也出現了以北方口音為標準音的趨勢。比如陸游做詩說：自己在四川閬州故地重遊時，就發現當地「語音漸正帶咸秦」。說話帶咸、秦等北方口音，陸游認為是口音漸正的表現。而一些持南方口音的官員則在這方面頗為吃虧。比如宋仁宗朝，朝廷打算派孫抃出使契丹，歐陽修就上奏表示：孫抃是四川人，「語音訛謬」，加之他性格懦弱，必定辱命。最終朝廷放棄讓孫氏出使的決定。

雖然洛陽方言成為宋朝的普通話，但是當時像丁謂等人還是認為只有讀過書的人說話才更標準。此外，當時城市人說話比鄉村百姓還是更標準一些，比如蘇軾曾在王安石變法時被貶到杭州做官，他做詩諷刺青苗法：「杖藜裹飯去匆匆，過眼青錢轉手空。贏得兒童語音好，一年强半在城中。」意思是說農家兒童都到城鎮中借貸青苗錢，一年有半年在城中遊玩花費，因而學的城中人説話，語音更標準了。

不可否認，東京開封和西京洛陽作為宋朝政治、文化中心對口音的引導作用，這種現象在歷朝都存在。金朝自遷都燕京後，接待宋使的「承應人」，作為漢人，「語音亦有微帶燕音者」。反映了當時中都話的推廣。自金朝以降，北京又為金、元、明、清的國都，故北京話緩慢地取代洛陽話，成為中國新的普通話。

8 柳永的《望海潮》一詞引發了金朝侵宋的戰爭的説法有沒有道理？

柳永是北宋著名的詞人，婉約派詞風的創始人。柳永運用民間口語寫作大量為人們所喜聞樂見的「俚詞」，運用了很多不同的詞調，不僅語言旖旎動人，而且富於强烈的音樂美感。柳永的詞傳播廣泛，宋朝一名官員從西夏歸來後説「凡有井水飲處，皆能歌柳詞」，可見柳詞的影響之大。柳永還大量描寫了都市的繁華景象及四時節物風光，《望海潮》一詞描寫的就是杭州和西湖的風光：

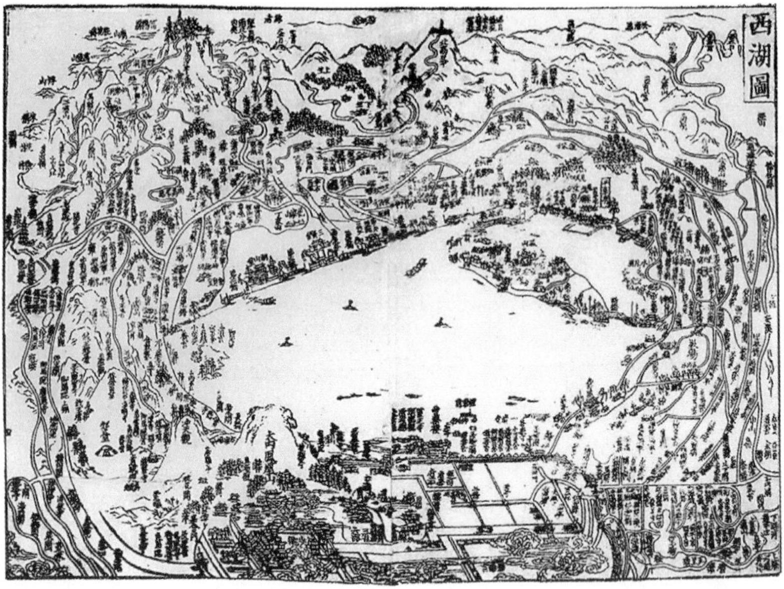

南宋雕版《西湖圖》

東南形勝，三吳都會，錢塘自古繁華。煙柳畫橋，風簾翠幕，參差十萬人家。雲樹繞堤沙。怒濤卷霜雪，天塹無涯。市列珠璣，戶盈羅綺，競豪奢。重湖疊巘清嘉。有三秋桂子，十里荷花。羌管弄晴，菱歌泛夜，嬉嬉釣叟蓮娃。千騎擁高牙。乘醉聽簫鼓，吟賞煙霞。異日圖將好景，歸去鳳池誇。

據《鶴林玉露》載，柳永《望海潮》一詞流播金國，金主完顏亮聞歌，欣然有慕於「三秋桂子，十里荷花」，遂起投鞭渡江之志。正隆六年（一一六一）八月中秋節之即，完顏亮中秋待月不至，乃賦《鵲橋仙・待月》：「停杯不舉，停歌不發，等候銀蟾出海。不知何處片雲來，做許大、通天障礙。髣䯳斷，星眸睜裂，唯恨劍鋒不快。一揮截斷紫雲腰，仔細看、嫦娥體態。」為看月而欲截雲，字裡行間隱隱透出殺氣。此次中秋賞月後不久，同年九月初，完顏亮即起兵二十七萬，號稱百萬，分四路攻宋。

《望海潮》引發了金朝侵宋的戰爭的說法有一定道理，但是南方風景僅是次要原因，經濟因素才是吸引金人的主要原因。《望海潮》詞中「市列珠璣」，是說市面上陳列著各種珍貴的物品；「戶盈羅綺」，是說家家戶戶盈箱滿櫃的綾羅綢緞；「十萬人家」確有其實，後人評之為「承平氣象，形容曲盡」。而金朝是遊牧經濟，其最大的問題就是生產不穩定，一旦有旱災或者雪災，往往導致牲畜的大量死亡，甚至亡損至盡；其經濟產品也是單一的，而且肉和乳製品不像穀物那樣可以長時間保存。遊牧經濟與農業經濟的差距，不僅是金遼侵宋的原因，也是歷代北方遊牧民族南下入侵的重要原因。《望海潮》一詞正是因此成為戰爭的可能動機。

【豆知識】

中國古代形容危急時刻說「非常之秋」，為何不說非常之夏、春、冬？

成語「非常之秋」一詞源於諸葛亮的《前出師表》：「今天下三分，益州疲弊，此誠危急存亡之秋也。」這裡面的「秋」多解釋為時期或時刻，但實際上時期是引申義，非常之

「秋」的本意就是秋天。這是因為中國古代的戰爭多在秋天發生。

中國古代多在秋天興兵，這是戰爭經濟學決定的，秋天有利於戰爭物資的貯備與戰爭人員的集結。作為傳統的農業社會，中國春秋時期的各諸侯國君主，就講究在秋天發動軍事行動，以不違農時、不傷民力。戰爭會抽調大批的青壯勞力，青壯勞力同時又是田地耕種的主要力量。田地如不及時耕種就會拋荒，戰略物資必須多籌備一年，如果戰爭不能短期結束，就會十分被動。而且這一時期士兵是在軍事行動開始之前才從平民百姓中徵集，《孫子兵法》稱「用兵之法，將受命於君，合軍聚衆，交合而舍」，就是說在作戰之前才編練成軍的方式，這種軍制方式決定了軍事行動必須在秋收後農閒時期進行。

從春秋後期開始，各諸侯國相繼建立常備軍隊，軍事行動對農時的依賴性大大降低，秋季發動軍事行動到戰國以後就已經不太被執政者所遵循。秦漢以後，各王朝都有強大的常備軍，所以決定軍事行動主要注意的是天時對軍事行動本身是否有利，而不一定選在秋季進行。但是從漢代開始，中國古代的國防威脅就主要來自北方遊牧民族。漢代面臨匈奴的入侵，曹操要征烏桓，北魏與柔然對抗，唐朝要征服突厥，宋朝防禦契丹、女真，明朝要防備蒙古。遊牧民族一般都選擇秋天入侵中原，這是因為，馬匹作為重要戰爭工具，經過夏天餵養，馬匹的狀態可以保證，正所謂「秋高馬肥」；可以儲備充足的糧食乾草，以便戰時給養；騎兵怕水，而進入秋天後，中國北方河水結冰；遊牧民族入侵主要為搶掠物資，而農業社會裡面，秋冬季節會有糧食盈餘。

中國古代的政治家對這個規律很早就掌握了，所以「防秋」是重要備戰手段。宋初人孫光憲《北夢瑣言》中較早使用了「多事之秋」的說法。在中國古代，中原地區如不能抵禦北方遊牧民族入侵，「多事之秋」也會成為「非常之秋」，秋天自然會引起政治家和軍事家的特別重視。

【二】吃的始祖

9 油條和秦檜有什麼關係？

油條，以麵粉為原料，製成條形，入油鍋炸成，入口香，常用作早點，別名果子，民間又稱油炸檜（燴）、油炸鬼。在現今的北方地區，它幾乎成了北方人早點的代名詞。然而，追溯以往，它卻起源於八百多年前的南宋時代，和大奸臣秦檜有關。

西元一一四二年，南宋賣國宰相秦檜和他的老婆王氏，在東窗定下毒計，以「莫須有」的罪名殺害了盡忠報國的抗金英雄岳飛。消息傳開來，臨安府百姓個個義憤填膺，對秦檜、王氏深惡痛絕，議論紛紛。為表達悲憤之情，在眾安橋橋下的一位麵點師傅靈機一動，用麵粉搓捏成兩個酷似秦檜夫妻的麵人，又把它們背對背地黏在一起，丟進滾油鍋裡去炸，並大聲叫賣「油炸檜」。聽著令人解氣的叫賣聲，再看看油鍋裡被滾油炸得吱吱響的兩個麵人，百姓們心情暢快，從四面八方湧來搶買，恨不得一口吃下這「油炸檜」，以示解恨。「油炸

秦檜跪像

檜」本是背對背的兩個麵人，但捏麵人很費功夫，做一個「油炸檜」得花不少時間，實在不便。後來，麵點師傅想出了一個簡便的法子：他把大麵團揉勻攤開後，將其切成許多小條狀，兩條為一根，一根代表秦檜，一根代表王氏，用棒兒一壓，扭在一起，放到油鍋裡去炸，仍舊叫它「油炸檜」。

臨安府百姓吃「油炸檜」本為消恨，但一吃味道不錯，價錢也便宜，所以吃的人愈來愈多。這一做法很快傳開，油炸檜也因此而流傳全國各地，成為早點的佐餐食品。後來人們看「油炸檜」是根長條狀，便把它稱作「油條」。

【豆知識】
「雜燴」是怎麼來的？

現在河南人逢年過節或是家中來客，總愛做一大鍋雜燴菜來招待客人。雜燴菜就是把白菜、粉條、白豆腐、油炸豆腐、肉丸子等放在一起，再加上薑、蔥、香菜以及其他佐料熬成一大鍋。品嘗時，一人一碗，或配蒸饃（餅），或配白米飯，既簡單方便，又經濟實惠。民間傳說雜燴菜起源於宋代。據說南宋時朱敦儒為兵部侍郎，因主張抗金，被奸相秦檜免職，後回河南老家。這一年，時逢朱敦儒六十壽辰，就在準備壽宴時突然從京城臨安傳來消息說，抗金元帥岳飛被奸相秦檜以「莫須有」的罪名殺害於風波亭。朱敦儒無心慶壽，又不能讓赴宴客人餓肚子，就吩咐家廚：「今日不飲酒，只把備好的蔬菜熬在一起，一人一碗，配上蒸饃端來即是。」眾人聽說岳飛被害之事，都難過地吃不下飯。朱敦儒就說：「這碗熬菜中的丸子就當是秦檜的頭，油炸豆腐就當是秦檜的肉，粉條就當是秦檜的腸子。」大家聞聽此話，紛紛拿起筷子，頃刻之間就把一碗碗熬菜吃了個精光。吃完之後，眾人給這道菜取名「炸檜菜」。因為此菜味道香美，就流傳開來。又因為這道菜是將各種雜七雜八的菜燴在一起做成的，所以，人們就將它叫做「雜燴菜」了。

另一說雜燴菜起源福州。當時福州有一名廚，聽說岳飛被秦檜誣陷而死後，特意取用多種原料烹製了一道取名「雜燴」的菜，「雜」的意思雜種，「燴」與秦檜的「檜」同音。

考證於史，朱敦儒（一〇八一—一一九五）字希真，河南（今河南洛陽）人，曾官至兵部郎中。西元一一四二年岳飛被害時，正在臨安樞密行府諮議參軍任上，七年後致仕。但西元一一五五年，因秦檜之子秦熺喜好詩歌，起用朱敦儒之子為刪定官，朱敦儒為鴻臚少卿。秦檜死後，敦儒也去職。「談者謂敦儒老懷舐犢之愛，而畏避竄逐，故其節不終云。」因而民間傳說朱敦儒發明「雜燴菜」並不可信，而且宋時番薯還未傳入中國，當時還沒有粉條。而起源於福州之說，也沒有歷史根據。

但是「雜燴」菜確實是河南菜肴的重要代表，流傳千年，影響很廣。宋金戰爭中，河南地區是主要戰場，人們飽受戰亂之痛，對岳飛十分愛戴，因此對秦檜的氣憤情緒是真實的。而且「雜燴」菜的起源地可能不止一處。最有可能的是「雜燴」確實是在痛罵秦檜，在流傳過程中又有不同做法；其發明者是民間百姓，這個故事在流行過程中又附會了故舊鄉賢。時至今日，「雜燴」菜還是我們常吃的菜肴，但是許多人不知道這其中的痛恨意味和隱寓其中的千古罵名。

10《水滸傳》中眾好漢為什麼喜歡吃牛肉？

宋代從達官貴人到平民百姓，無不以羊肉為美食。北宋政治家王安石在《字說》中解釋「美」字說：從羊從大，大羊為美。而北宋宮廷內的肉食品，幾乎全用羊肉。在宋代日常生活中，豬肉的消費量很大，《夢粱錄》記載杭州城內外，肉鋪不知其幾，「每日各鋪懸掛成邊豬，不下十余邊。如冬年兩節，各鋪日賣數十邊……至飯前，所掛之肉骨已盡矣」，「壩北修義坊，名曰『肉市』，巷內兩街，皆是屠宰之家，每日不下宰數百口」。但在《水滸傳》中寫豬肉僅有幾次，而且沒有寫吃豬肉。一次是魯提轄要鎮關西鄭屠切肉，切的「臊子」雖然是豬肉，但不是為了買來吃，而是因為要尋釁打鬥的。還有一次是魯智深倒拔垂楊柳前，眾潑皮「牽了一個豬，來請智深」，但也沒具體寫明吃了沒有。

但是在《水滸傳》中，眾好漢卻都喜歡吃牛肉。史進在家裡殺牛；雷橫平時「殺牛放賭」；林沖雪夜上梁山前，「把花槍挑著酒葫蘆，懷內揣了牛肉」；武松在「三碗不過岡」酒店也是吃牛肉；母大蟲、顧大嫂的黑店門口掛牛肉；石秀在跳樓劫法場前也是大碗大塊吃牛肉。第三十八回《及時雨會神行太保，黑旋風鬥浪裡白條》中，宋江見李逵把三碗魚湯和骨頭都嚼吃了，便叫酒保來吩咐道：「我這大哥想是肚饑，你可去大塊肉切二斤來與他吃，少刻一發算錢還你。」酒保道：「小人這裡只賣羊肉，卻沒牛肉，要肥羊盡有。」宋江並沒有說明要牛肉，但似乎是不言自明。而李逵聽說沒有牛肉，十分惱怒，便把魚汁劈臉潑將去，淋那酒保一身。衆梁山好漢相聚時，牛肉更是不可缺少，《水滸傳》中共有二十處寫「殺牛宰馬」的場面。與時代相近的其他作品相比，《水滸傳》中吃牛肉的描寫特點是很突出的。《金瓶梅》中，描寫了很多吃食的場面，但是提到牛肉只有一處；《醒世姻緣》中沒有提到；《三言二拍》中只提到七處。

《水滸傳》中衆好漢喜吃牛肉，是因為牛肉是具有「造反」象徵的食物。中國人早先是吃牛肉的，但到春秋戰國時期，牛耕是提高農業產量的重要措施，因而牛成為國家戰略物資，不許私自宰殺。秦朝時牛老了必須交給官府，官府許可才可宰殺。宋代家庭個體經濟顯著發展，耕牛對農戶更為重要，蘇軾有「農民喪牛甚於喪子」之語。宋代立法明確嚴禁殺牛，殺牛罪可處死刑。《宋刑統》規定：「今後應有盜官私馬牛雜畜而殺之，或因仇嫌憎嫉而潛行屠殺者，請並為盜殺。如盜殺馬牛，頭首處死，從者減一等」，「如有盜割牛鼻，盜斫牛腳者，首處死，從減一等，創合可用者，並減一等」，「故殺官私馬牛者，請決脊杖二十，隨處配役一年放。殺自己馬牛及故殺官私駝騾驢者，並決脊杖十七」。宋真宗時下詔規定：「自今屠耕牛及盜殺牛，罪不至死者，並繫獄以聞，當從重斷。」

正因為牛肉是違禁食品，因而吃牛肉恰恰代表了造反精神。作為歌頌造反的文學，《水滸傳》中衆好漢喜吃牛肉就是很自然的了。

【豆知識】

花和尚魯智深為何偏吃狗肉？

梁山好漢喜歡吃牛肉，但是《水滸傳》卻偏偏寫了魯智深吃狗肉。魯提轄打死鎮關西後，逃上五臺山當了和尚，取法名智深。因為改變不了好漢本性，還是喝酒吃肉。《水滸傳》第四回《趙員外重修文殊院，魯智深大鬧五臺山》中寫，魯智深一日下山打了根禪杖，回來路上到酒家吃酒，但店家牛肉都賣完了。魯智深猛聞得一陣肉香，卻見牆邊砂鍋裡煮著一隻狗在那裡。智深道：「你家現有狗肉，如何不賣與俺吃？」店家道：「我怕你是出家人，不吃狗肉，因此不來問你。」魯智深把剩下一腳狗腿揣在懷裡回到寺院，「眾僧看見，便把袖子遮了臉，上下肩兩個禪和子遠遠地躲開」，「上首的那和尚把兩隻袖子死掩了臉」。智深「把他劈耳朵揪住，將肉便塞」。

為何「莊家」說「出家人不吃狗肉」，而眾和尚要「死掩了臉」遠遠躲開呢？這是與佛教戒律有關的。佛教經典以狗喻貪婪、忌妒、爭鬥等惡行。《根本說一切有部目得迦卷》中說：「苾芻食狗肉，為狗所吠，佛言不食狗。」南朝宋、梁，朝廷下詔令，禁食狗肉。武則天時曾下令禁食狗肉。宋朝也有了國家禁止屠狗的法令，違犯者要處以極刑。南宋王林的《燕翼詒謀錄》中記錄了淳化二年（九九一）宋太宗的詔書：「屠狗以食，犯者定行處斬。」《折獄高抬貴手》載，包拯知揚州時，有民屠狗，斬以示眾之事。這都是因為佛教嚴「五葷」

之戒，而以狗肉為首。

因此魯智深吃狗肉是犯了佛教的最大忌諱，也由此突出了魯智深無拘無束、豪放天真的性情。

11「東坡肉」和蘇東坡究竟有沒有關係？

今天，當人們來到杭州旅遊，總要嘗一嘗那色澤紅亮、肥潤酥爛、香氣撲鼻的「東坡肉」。此菜堪稱杭州著名的一道美食。由於它以豬肉為原料，加工工藝簡單，而又美味可口，從而也成為普通百姓家招待賓客的名菜。那麼，這道菜以「東坡肉」為名，它的出現，真的和蘇東坡有關係嗎？

蘇軾字子瞻，號東坡居士，是北宋著名的文學家。從歷史資料來看，蘇軾也堪稱美食家，他寫的關於美食的詩文很多，比如《食豆粥頌》、《桂酒頌》、《東坡羹頌》等。而且蘇軾確實很愛吃豬肉。《說郛》就記載了一則故事，說蘇東坡喜歡吃燒豬肉，佛印和尚住在金山，每天燒一隻豬等蘇軾來。一天燒豬被人偷吃了，蘇軾就詼諧地做了一首詩說：「遠公沽酒飲陶潛，佛印燒豬待子瞻。採得百花成蜜後，不知辛苦為誰甜。」在被貶到海南後，蘇軾詩中抱怨這裡肉菜少：「五日一見花豬肉，十日一遇黃雞粥。」而此前在京城時，他則「日烝花壓紅玉，從來此腹負將軍」，吃肉吃到大腹便便了。

蘇軾在黃州時還做了《豬肉頌》，其中描寫的製作工藝非常類似現存的「東坡肉」，這應就是此道菜以「東坡肉」為名的最初由來。其中寫道：「黃州好豬肉，價賤如泥土。貴者不肯吃，貧者不解煮。早辰起來打兩碗，飽得自家君莫管。」其製作方法是「淨洗鐺，少著水，柴頭罨煙焰不起。待他自熟莫催他，火候足時他自美」。由此可見，蘇軾在黃州時創製了一道以豬肉為原料的美味菜肴，並把它教給當地的老百姓。「東坡肉」與蘇軾在歷史上確實存在聯繫。

至於為何現在杭州的「東坡肉」最為著名，常見的說法是說蘇軾在黃州創製這道菜後，流傳尚有限。此後他在杭州組織百姓，重修西湖，完工後他將得自百姓的豬肉以黃州燒豬之法製作分發，百姓們品嘗以後讚不絕口。為了感念蘇東坡所製的佳餚，人們便以其名把用這種方法烹製的豬肉名為「東坡肉」。現在流傳的「東坡肉」著名的有杭州「東坡肉」、黃州「東坡肉」、江西永修「東坡肉」等。各自都有和蘇軾相連的有趣故事。他們在製作工藝上大同小異，均以燒、煮、燉、蒸為主。

【豆知識】
宋朝人為什麼普遍以羊肉為上品？

宋代肉食的品類繁多，豬、羊、驢、雞、鴨、鵝等皆可入饌。但是宋朝人普遍以羊肉為上品，這又是為什麼呢？

首先是受傳統飲食習俗的影響。羊肉成為肉食中的上品始於北朝，當時北魏的人就說：「羊，陸產之最；魚，水族之長。」其時遊牧民族南下，中原大片農田變為牧場，畜牧業繁榮，羊肉供應充足。到了宋代，飲食習慣仍然以羊肉為貴。據《揮麈錄》記載，宰執富弼在家裡宴請賓客，他對著名的學者邵雍說，「烤羊肉只有在寬敞的地方烤才好吃」。而邵雍回答說：「我們山野之人，平常哪吃得上羊肉呢？」搞得富弼很難堪，同時說明宋人對羊肉為肉中上品的定位。

其次，宮廷消費時尚的推動。宋朝宮廷的肉食消費以羊肉為大宗。呂大防等人向哲宗講解本朝的「祖宗家法」，其中之一是「飲食不貴異味，御廚止用羊肉」。同「異味」相比，羊肉確實算是樸素的，但是其價格仍比其他肉類貴出許多。在北宋滅亡前，京城開封物價湧貴，驢肉一斤一千五百文，豬肉一斤三千文，羊肉一斤賣到四千文。不久又漲到七千文一斤，且非常難得。宋朝宮廷羊肉消費巨大，宋真宗時，御廚一歲用羊數萬口。宋神宗熙寧十年，首都宮廷和官府共計支出：羊肉四十三萬四千四百六十三點四斤，豬肉四千一百三十一斤，羊肉比豬肉高出一百多倍。

再次，羊肉有藥用價值。根據宋朝《證類本草》記載：羊肉味甘，大熱無毒。主緩中安乳，補中益氣，安心止驚。而羊肺補肺，羊心止憂恚、治膈氣，羊腎補腎氣、益精。可見，羊的全身都是寶，宋朝人愛吃羊肉，也是有一定醫學道理的。

由於宋朝官方對羊肉的重視，加上羊肉本身的滋補，宋朝普通百姓也都把羊肉看成珍饈美味，富商大賈需求很大，一般民眾在經濟寬裕時也買上一些以飽飽口福。當時北宋開封市場上每天都有商販賣羊肉、羊頭、羊肚、腰子之類肉食。由於羊肉需求量大，而供應卻愈來愈不足，宋朝不得不從遼、金等處進口羊肉。南宋王朝搬到南方以後，羊肉的消費量有了明顯的減少，高宗時，每日宰羊一口，每年實際用羊一千零八口。同北宋相比，消費量大大降低。

12 白酒是元代蒙古人傳入中國的嗎？

中國的白酒是世界上獨有的一種蒸餾酒，它的問世是釀酒工藝帶有革命性的突破。現代中國人在舉行歡迎宴會時，白酒也是不可或缺的，茅臺、五糧液、劍南春等名酒享譽世界。但是，中國古代的白酒是從什麼時候出現的呢？

過去人們多沿用李時珍在《本草綱目》中的說法，即「白酒，非古法也，自元代始創其法」。因而人們多認為白酒是通過元代蒙古人傳入中國的，此前中國無白酒，而燒製白酒的蒸餾酒器則是阿拉伯人發明的。而近年專家學者研究發現，宋代人就已經會燒製白酒，這純粹是中國人自己發明的一種酒類，而非外來品。唐代就已經有用蒸餾法製作的葡萄燒，據說唐太宗破高昌，收馬乳葡萄，種在宮中，並損益造酒之法，製成葡萄燒，「芳辛苦烈，味兼醍醐」。這種燒酒如同西方的白蘭地，用葡萄酒蒸餾而成，酒的濃度達到三十至四十五度，芳香濃郁，顏色為琥珀色。

而宋代人更是在此基礎上燒製成度數更高的白酒，當時稱為「燒酒」、「蒸酒」、「高酒」等。大文學家蘇軾就曾自己釀酒和編著《酒經》，他曾喝了一種酒，後來感歎說：「這種酒是白色的，太辣了，到肚子裡後，好像內臟都被燒化了。」並留下「茶美患不苦，酒美患不辣」的絕句。大科學家沈括也在書中說：漢代人飲酒一石不亂，這是為什麼呢？我拿造酒的方法比較，漢代二斛粗糧能造六斛六斗酒，當今造酒之「至醨」法，每一斛只能造一斛五斗酒。如此看來，漢朝人造的酒，只是稍微有點酒氣罷了。這也反證出宋代酒的度數之高。南宋人黃干在《石門酒器銘》中也記載了當時釀酒的五種器具，其中就包括「厚耳、廣腹」的燒器，應就是燒酒的燒鍋。宋人詩中也常見到「小鐘連罰十玻璃，醉倒南軒似爛泥」、「所取何嘗議升斗，一杯未盡朱顏酡」、「一生須幾兩，萬事付三杯」的感歎。可見，時人小飲一杯就臉紅，幾杯就爛醉如泥，遠不如喝黃酒時的幾斗幾升。因而宋朝能造高度的白酒，是可以肯定的了，而當時人對高度白酒的追求，和現代人已十分相似了。

【豆知識】

「羊羔酒」為什麼是宋朝酒樓最受歡迎的酒？

宋代大宗城市裡，規模龐大的酒樓和一般小酒館相當普遍，據《東京夢華錄》記載，當時北宋都城開封，數得上的大酒樓（正店）共七十二家，而那些規模較小、主要滿足中低收入人群餐飲需求的小酒店（腳店）在開封「不可遍數」。在這大大小小的酒樓中，一種叫「羊羔酒」、又稱「白羊酒」的品種最受老百姓歡迎，東京遇仙正店賣到「八十一文一角」，是最貴的酒，但仍供不應求。到南宋，羊羔美酒仍然是士大夫間相互致送的嘉禮。直到今日，在山西、河北、寧夏等許多地區仍然釀造「羊羔酒」，銷量不凡，廣受老百姓歡迎。那麼，「羊羔酒」為什麼是宋朝酒樓最受歡迎的酒呢？

宋人喝的酒種類繁多，包括黃酒、白酒、果酒、藥酒等。在當時一般意義上的酒指以大米、黃米等穀物為原料製成的釀造酒，也就是現代意義上的「黃酒」。當時除了純糧釀造的黃酒外，宋人還把水果、動植物加入糧食中一起釀造，形成各自獨特的風味。而「羊羔酒」就是把「絕肥嫩羯羊肉」和糧食、水果等一起釀造的，「味極甘滑」，酒呈琥珀色，酒度十七度左右。融酯香、奶香、果香於一體，酸甜適度，風格獨特，良好的口感是「羊羔酒」廣受普通民眾歡迎的重要原因。

此外，羊羔酒還因為其獨特的藥用功效而受到宋人的歡迎。羊肉性溫，具有暖中補虛、開胃健力、溫經補血的作用，和糧食一起釀造成酒後，就有了大補元氣、健胃益腎的作用，非常適用於病後衰弱，脾胃虛寒，食欲不振，腰膝酸軟等患者。在明代醫藥學家李時珍名著《本草綱目》中也記載：「羊羔美酒健脾胃、益腰身、大補元氣。」它明顯的保健作用使其很受時人青睞。宋人朱翼中《北山酒經》，元代忽思慧《飲膳正要》，明代高濂《遵生八箋》等對羊羔美酒均有記載，它逐漸成為宮廷貢酒，以利保健。

再者，宋人喜飲「羊羔酒」，也與當時氣候和環境有關。北宋時期，正是中國中古時期氣候由暖變冷的時候，冬季嚴寒。南宋王朝偏安江南，氣候潮濕，而「羊羔酒」卻有很好的驅寒、祛濕的功效。因而在兩宋時期，人們都喜愛品嘗羊羔美酒。它也成為人們日常招待、饋贈親友、表達感情的重要禮品酒。宋人所作詩篇中有大量歌頌「羊羔酒」的，比如大文學家蘇軾在《二月三日點燈會客》一詩中就寫道：「江上東風浪接天，苦寒無賴破春妍。試開雲夢羔兒酒，快瀉錢塘藥玉船。」而南宋著名士大夫周必大也作《再賦羊羔酒》、《臘旦大雪運使何同叔送羊羔酒拙詩為謝》、《十二月二十二日葛守送羊羔酒戲占小詩》等詩作，並感歎「羊羔酒」是「山中萬足天美祿，剩作酒材供拍浮」。

多方面的原因，使得「羊羔酒」成為宋朝酒樓最受歡迎的一種酒，而且被後世列為中國古代十大宮廷貢酒，配方載於《本草綱目》等書籍，流傳至今。

13 宋朝天下第一的名茶是什麼？

中國人以茶為飲料的歷史源遠流長。早在漢代以前四川地區就有飲茶之風。西晉，茶進入普通家庭。唐玄宗開元以後，飲茶逐漸普及。宋人喜好品茶，故而也培育出眾多名茶，撰寫出許多有關種茶、製茶的著作。那麼在宋朝，天下第一的名茶是什麼茶呢？

宋代大文學家歐陽修曾在《歸田錄》中說：「茶之品莫貴於龍鳳，謂之團茶。」而王闢之《澠水燕談錄》也說，福建茶從南唐開始興盛，入宋以後製作尤其精細，其中的龍鳳團茶最為上品，堪稱天下第一名茶。那麼，「龍鳳團」為什麼是當時天下第一的名茶呢？

唐宋兩代的茶均以餅茶為主。這種餅茶又稱「片茶」、「團茶」。製作方法是將採摘下來的茶葉清洗後上鍋蒸，然後榨出水分及茶汁，入瓦盆以木棒加水反復研磨，然後「盪之，使其勻，揉之，使其膩」，最後放入特定的茶範內定型，再烘焙乾燥始成。餅茶的飲用方式，主要是從唐代後期開始通行「煮茶法」，宋代飲茶都追求湯花圖案的鮮明特別，煮出的茶末顏色以白為上，故也稱「蠟茶」，為了便於觀賞湯花圖案，故茶盞顏色以黑為上。宋人有「鬥茶」習俗，比試的便是茶湯表面圖案的美。

宋代福建的「龍鳳團」茶也屬於「團茶」的一種，之所以它在當時最為名貴，正在於它製作極為精細，產量很低、煮出的茶湯圖案非常精美。「龍鳳」之名的由來，是因此茶餅表面印製龍、鳳圖案而得名。這種「龍鳳團」茶最初是宋太宗朝御製的，分為龍團和鳳團，而後蔡襄在仁宗朝作福建轉運使時又加以改進，製成「小龍團茶」。它們在當時都是朝廷貢品，極為珍貴。「龍鳳團」一年只貢一斤，可分為八個茶餅，可抵黃金數兩。據說，宋仁宗由於此茶的珍貴，平日自己都捨不得喝。等到每年舉行郊祀大禮前，當晚拿出一個「龍鳳團」，讓宮女剪金色龍鳳花貼在上面，分給宰相、副宰相等四人，而這些大臣們如獲至寶，不敢飲用，分得後拿回家，等到貴客來時拿出來傳看一下，可見其珍貴程度。此後，宋神宗時又創製了密雲龍，哲宗改為瑞雲翔龍，徽宗朝又製銀絲冰芽，較之更為精細。但福建「龍鳳團」一直名揚天下，歐陽修在《雙井茶》中還在回味：「君不見，建溪龍鳳團，不改舊時香味色。」

【豆知識】

「龍井茶」從何時開始出名？

杭州的龍井茶以其獨特的淡雅、清香為國人所鍾愛，成為名揚天下的名茶之一。那麼，「龍井茶」是從何時開始出名的呢？

早在唐代，「茶聖」陸羽所寫《茶經》中，就列有天竺、靈隱二寺所產的茶，但當時尚不知名。而在後世名揚天下的西湖「龍井茶」的前身，正是宋代杭州天竺山一帶寺僧種植的佛門山茶。正因北宋僧人辯才、蘇軾、蘇轍等到天竺山、龍井山優遊、品茶、題記活動頻繁，此地茶葉才日漸為人所知，只是當時尚未以「龍井」命名。

當時杭州寺廟出產的「山茶」，已被宋朝列為貢品。南宋《乾道臨安志》就記載，貢品有山茶、楊梅、筍等。《咸淳臨安志》也記載：歲貢見《舊志》，錢塘寶雲庵產者名寶雲茶；下天竺香林洞產者名香林茶；上天竺白雲峰產者名白雲茶。這裡的《舊志》當為北宋《祥符圖經》，可見北宋時，杭州佛寺山茶就被列為朝廷歲貢，已堪稱茶中佳品。

北宋著名僧人辯才於上天竺寺居住二十年之久，雖然沒有明確記載他開山種茶，但當時上天竺寺僧種茶製茶，則是肯定無疑的，而且上天竺寺僧所栽種的茶，應就是「白雲茶」。辯才晚年退居到僅一嶺之隔的獅子峰下壽聖院，到其去世前後十年。期間，他和弟子在壽聖院獅子峰麓開山種茶。龍井茶以「龍井」之地為名，此「龍井」自北宋辯才居住時就開始出名。他曾做《龍井新亭初成詩呈府帥蘇翰林（蘇軾）》，其中提到：「軒眉獅子峰，洗眼蒼龍湫」、「煮茗款道論，奠爵致龍優」。「煮茗」就是他與蘇軾品茶的活動。北宋著名文學家秦觀在《遊龍井寺記》中也記載，他於元豐三年（一〇八〇）秋，曾夜行山路，前往老龍井壽聖院拜訪辯才法師，「上風篁嶺，憩於龍井亭，酌泉據石而飲之」。

宋元以降，龍井地區所產高品質綠茶，屢見於文人詩文中。明清時，以今老龍井獅子峰一帶為中心的龍井茶，名聲日益顯著，「龍井茶」逐漸成為天下第一的「貢茶」。清人就說：「龍井色香青鬱，無上品矣！」因此，若探究清代龍井茶的前身，無疑應當是北宋時期的白雲茶、香林茶、獅子峰佛寺茶。而獅子峰、老龍井一帶成為龍井茶的發祥地，茶葉開始名揚天下，正是從北宋時期開始。

【三】發明很超前

14 最早發現「石油」的是誰？

石油是現代工業的血液，中國古人就已發現並利用了石油。

石油這個詞最早見於宋代。在《夢溪筆談》中，沈括第一次提到了石油，並做了比較詳細的記載。這本書的第二十四卷中，有這樣的記載：「鄜延境內有石油，舊說高奴縣出脂水，即此也。」意思是說在當時鄜延路，也就是現在的陝西發現了石油，並指出在古代被稱為「脂水」。在唐代所修的《元和郡縣圖志》曾提到這種東西，不過當時並沒有名字，而是在石脂水這個地方發現的，沈括可能是把這個地名誤解成了石油的名字。可以說是沈括第一次起了石油這樣一個正式的名字。

在《夢溪筆談》中，沈括說石油是從水邊的沙石中，隨泉水一起流出地表的。當地人往往用羽毛等東西將它收集到罐子中。石油非常黏稠，像漆一樣。燃燒的時候類似於麻的燃

燒，但是煙很濃，並且能把它沾到的東西熏黑。因而，沈括認為這種煙可以用來做墨，並親自做了試驗，取得了成功。用這種石油的煙做出的墨，比松煙做出的墨品質更好，於是他進行了大量的生產，並在上面做了「延州石液」的標記。根據石油的性質，沈括還推測將來石油必然能夠在社會上大量使用。因為它出產於地下，蘊藏量無窮。

正如沈括所預言的一樣，在以後的元明清各個朝代都有使用石油的記載。特別是到近現代以後，石油得到了更加廣泛的應用，幾乎達到須臾也不可離的程度。但並不是像沈括所說的那樣只是用於製墨，而是成為了推動現代工業發展的強有力的動力。這就是沈括所不能預料到的了。

【豆知識】

宋代城市的生活燃料有哪些？

在較長時間裡，城市人口的生活燃料主要是木炭。比如唐朝白居易就有一首《賣炭翁》詩，說明木炭是城市生活的重要燃料之一。據《壇經》記載，佛教禪宗的創始人六祖慧能在出家之前，就是到城市賣柴的人。可見，柴在唐朝也是重要的生活燃料。在宋代柴和木炭仍然是城市生活中的重要燃料。《水滸傳》中的拚命三郎石秀就曾經以賣柴為生，可見柴仍然是城市生活中的燃料之一。但是隨著歷史的發展，宋代出現了和唐代不同的現象，就是煤在城市生活中的廣泛應用。

據歷史文獻記載，宋朝「汴都數百萬家，盡仰石炭，無一家燃薪者」，石炭也就是煤。《清明上河圖》中腳夫趕著五匹馱炭的毛驢也就是說當時北宋的首都汴京的主要燃料是煤。可見，煤在宋代得到了非常廣泛的應用。由考古工作者的考古發掘也可以看到這種情況：在接近開封的地方發現了規模比較龐大的宋代煤礦遺址，對宋代用煤的情況提供了更為直接的證明。為了保證城市的用煤，宋朝開封還建立了數個煤炭的儲藏場地。煤的廣泛使用在很大程度上解決了當時城市生活的燃料供應問題，並且能夠防止由於砍伐林木造成的環境破壞問題。對於煤的廣泛使用，當時的人們是給以很大的關注和喜悅的。如蘇軾就因為在徐州發現煤礦並將煤用於冶鐵而做《石炭詩》來表達他的喜悅之情：「君不見前年雨雪行人斷，城中居民風裂骭。濕薪半束抱衾裯，日暮敲門無處換。豈料山中有遺寶，磊落如磐萬車炭。流膏迸液無人知，陣陣腥風自吹散。根苗一發浩無際，萬人鼓舞千人看。投泥潑水愈光明，爍玉流金見精悍。南山栗林漸可息，北山頑礦何勞鍛。為君鑄作百煉刀，要斬長鯨為萬段。」

15 世界上最早的專業消防隊出現在什麼時候？

北宋都城東京十分繁華，人口最多時已超過一百五十萬，是當時世界第一大城。宋代以街巷制代替坊市制，商店貨鋪，鱗比櫛次，勾欄瓦舍，棚屋相連，城市化進程十分迅速。但是人煙稠密，必然帶來火災隱患，一旦起火，財物損失不說，人員死傷衆多，甚至連皇室宮殿也屢受劫難。據《宋史》記載，北宋的一百多年裡，東京開封僅重大火災就發生四十四起。宋仁宗時皇宮曾發生火災，仁宗皇帝與皇太后不得不移御延福宮。

為了及早發現火警，北宋京城汴京建立瞭望火樓，這標誌著城市消防工作的專職化。《東京夢華錄》中記載：「於高處磚砌望火樓，樓上有人卓望，下有官屋數間，屯駐軍兵百餘人，及有救火家事，謂如大小桶、灑子、麻搭、斧鋸、梯子、火杈、大索、鐵錨兒之類。每遇有遺火去處，則有馬軍奔報軍廂主，馬步軍殿前三衙、開封府各領軍級撲滅，不勞百姓。」《營造法式》裡對望火樓的規制也有詳細規定。

中國現代使用的「消防」一詞則是在晚清時來自日本。但北宋已經建立了專司防火救火的軍隊，名為「潛火隊」。洪邁《容齋三筆》說：「今人所有潛火字，如潛火軍兵、潛火器具，其義為防。」「望火樓」，樓下有營房數座，常駐潛火隊員百餘名，作為防火救火的據點。另外，潛火隊員還分布在京城各處，每相隔約三百步便設一所軍巡鋪，住鋪兵五人，主要任務是夜間巡警，防查火情。《宋史．職官志》記載：「分六部都監界，分差兵一百四十八人鋪，以巡防煙火。」南宋中葉，在臨安也設置專職消防隊，稱為「隅」，也稱「火隅」，共十二隅，各隅兵士一百零二人；此外，又設有「潛火」七隊，即水軍隊、搭材隊、親兵隊等，兩部共有，總人數為五千餘人。《夢粱錄》載：「官府坊巷近二百余步置一軍巡捕，以兵卒三、五人為一鋪，遇夜巡警地方盜賊煙火……於諸坊界置立防隅官屋，屯駐官兵，及於森立望樓，朝夕輪差兵卒瞭望。」

西元一六六六年英國倫敦大火之後才成立的所謂世界上最早的消防隊，比北宋東京的消防隊晚了六百年。美國在西元一八五三年紐約市才正式成立了第一支專職消防隊。因此有學者認為宋代誕生了世界上第一個專職消防隊，這是歷史事實。

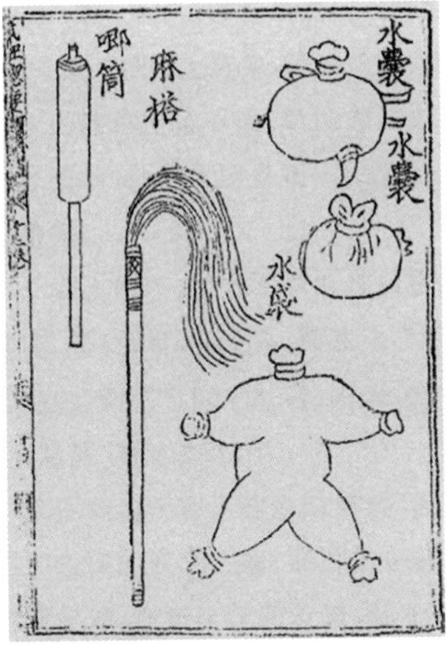

宋代消防工具

【豆知識】

宋代的「消防噴水槍」是什麼樣子？

據學者研究，中國古代撲滅火的設

施，自宋代始漸完備。宋代城市撲滅火器具，主要是水桶、水囊、水袋、灑子、麻搭、斧、鋸、梯子、火叉、大索、鐵錨兒、唧筒之類。水囊是最常用的滅火器具，是用豬、牛膀胱製成的。起火時，內部盛水，潛火軍兵擲向著火地點，水囊被燒穿，或破裂，水即流出滅火。還有用油布縫製成的油囊，其用法同豬、牛膀胱製成的囊一樣，盛水擲著火處滅火。麻搭是在長八尺的杆上束住重約二斤的散麻，上蘸著稀泥、漿水，去撲打或濕潤火焰或燒著的物品，以防擴大蔓延。火鉤、火叉、利斧、快鋸，都是拆除障礙工具；大索、帶有長鏈的鐵錨兒，則是切斷火源的工具，用以套住或掛住房梁立柱，用力拉倒，以阻止火勢蔓延。

在所有滅火器具中，唧筒的發明和使用，是一劃時代的貢獻。唧筒是一種手動抽水的工具，它是用長竹製成，中間有水杆，水杆外裹棉絮，下開竅。竹筒內緊裹在水杆上的棉絮起著活塞的作用，向上提拉水杆，水便湧進竹筒，將水杆按下，筒裡的水便噴出，實際就是個手動泵，可以說是中國消防史上最早出現的「消防噴水槍」。

16 我們為什麼說「吹牛皮」而不說「吹羊皮」?

在中國古代，羊皮不僅是製造浮囊和浮環等個人游泳工具的重要原料，也是製作大型渡河工具的重要材質。如何渡過水面寬廣的黃河，尤其挑戰古人的智力，古人則採取集合一定規模的羊皮浮囊來組成浮動平臺以解決這個問題。具體的製作流程為：宰羊時，先設法剝下羊的整張毛皮，然後用鹽水將整張毛皮脫毛，再以植物油塗抹其四肢和脖頸處，並將其浸水、曝曬，使之變得鬆軟後用細繩將其縫紮成袋狀，只留一小孔，待吹足氣後將小孔封緊，變成「羊汽球」，把數個「羊汽球」一列排開，以木板條將數個皮袋串綁，再以繩相連，上架細木，浮動平臺即告做成，民間稱為羊皮筏子。二十世紀五〇年代之前，在鐵路尚未開通、貫江橋梁又未建立的黃河上游地區，羊皮筏子一直是生活在該地區人們的一種重要的運輸工具。把羊皮筏子連在一起，可以成為大羊皮筏子，大羊皮筏子連在一起，甚至可以承載數千斤的重物過河。

羊皮體積小，如果以體積更大並且更堅韌的牛皮作為「汽球」單位，那麼不就會獲得更大的浮力和穩定性嗎?但是人們在生產實踐中，發現以牛皮作「汽球」是十分困難的事。這是因為，古代人們沒有打氣筒和氣泵之類的東西，要想給「汽球」充氣，只能人工用嘴吹。

《武經總要》中的浮囊

羊皮袋體積小，可以用嘴直接吹起。但即便是羊皮袋，一般也只有體格非常健壯、肺活量很大的人才能吹得起。而牛皮袋子由於體積很大，牛皮即使經過柔化處理，仍然堅韌而不能充足氣體。

給羊皮「汽球」充氣是十分費力的，充氣過程中吹氣者臉腮鼓起，面紅耳赤，很像爭強好勝的樣子；而人在說大話時，也常常會顯得氣勢奪人，二者在外表上十分類似。大話常常是空話而不能實現，吹牛皮也是沒有實際可能，所以生活在青海、甘肅、寧夏、陝西等黃河上游一帶的人民，就用「吹牛皮」代指「誇口、說大話」。「吹牛皮」本是地方方言，後來在流傳過程中被廣為接受。

【豆知識】

「救生圈」最早出現於何時？

救生圈並非由歐美傳入中國，而是古代中國人的創造發明。救生圈的起源，可以追溯到兩、三千年前。《易經》裡說：「包荒，用馮河。」對此，中國歷史學家郭沫若先生有過考證，他認為，這句話的意思是「用葫蘆瓜渡河」。可見，在那時，救生圈就是曬乾了的葫蘆瓜。《詩經》中也說「匏有苦葉，濟有深涉」。宋人朱熹指出，匏是瓠的一種，有的匏味苦不能入食，卻可佩以渡水，但有葉子的匏則不行，必須等匏葉乾枯了方才可以。中國詩人聞一多先生則將《詩經》中的這句話翻譯為：「匏的葉子落了，葫蘆也乾了，可以摘來作腰舟用了。」從先賢們的解釋可以知道，兩、三千年前的中國古人，抱著枯乾的葫蘆瓜，就能使身體浮在水面上，不致淹死。可見，這乾葫蘆瓜便是最原始的救生圈。

宋代的渡河工具種類增多，可分為兩種：渾脫和浮環。渾脫由整個羊皮製成，吹滿氣後，羊皮膨脹起來，再把它繫在兩邊腋下，然後兩手用力向後划水，人便漂在水中，不會下沉，遠遠望去，好像是羊皮托著渡水之人，所以此物被稱為渾脫。宋朝兵書《武經總要》中，渾脫被稱為浮囊。時人渡水時，若有渾脫，別說是普通的小江小河，即使是黃河，也不在話下。宋代的另一種救生圈被稱為浮環，有羊皮和杉木兩種。羊皮浮環自不待言，至於杉木浮環，則猶如一個袋匣。據宋人陳正敏《遁齋閒覽》記載，做浮環的材料是杉木。杉木材質細密且輕、易乾燥、易加工，而且膠著性能較好。為防木材沾水變形，用它做的浮環，外面還要塗有油漆。因製作材料不同，浮環的使用方法也不相同：把羊皮製的浮環斜掛在肩膀一側，可以渡過黃河；帶著杉木製的浮環渡水，則要把它綁在腰間。浮環的使用方法雖因製作材料的不同而有異，但其具有的輔助渡水功能卻是一樣的。

宋代的救生圈不僅有助於百姓渡水，還被廣泛應用於軍事戰爭。我們所熟知的抗金名將韓世忠駐守鎮江時，曾在一天傍晚，命帳前提轄王權潛至金山抗敵，並提醒他不得用船渡江，以免引起敵方警覺。於是，王權請求帶上浮環並得到批准。隨後，他帶領士兵們在西津渡口下水，因為有了浮環，他們悄然渡江，最終順利游到對岸，完成了突襲金軍的任務。

宋朝以後，軟製木料和蘆葦也被用來製作環形救生圈。有人用軟質木料、蘆葦等編製成一個環狀物體，讓人可以鑽進去，使環托住人的身體，這更加接近現代意義的救生圈了。

17 爆竹和竹子有關係嗎？

王安石《元日》詩云：「爆竹聲中一歲除，春風送暖入屠蘇。千門萬戶曈曈日，總把新桃換舊符。」這首詩描述了宋代春節放爆竹和換桃符的風俗。

中國的爆竹起源於「庭燎」習俗。古時傳說深山中叫「年」的四角怪獸，每相隔三百六十五天就出來傷害人畜，但這種怪獸怕光亮和聲響；漢東方朔《神異經》說有名「山臊」的鬼魅，「犯人則病寒熱」，也怕聲響。所以每逢歲暮年首時，為了嚇跑怪獸鬼魅，古人都在自己庭院中燃燒柴禾，以「爆竹燃草起於庭燎」，稱為「庭燎」。中國南方多竹，點燃後竹節內的空氣因受熱膨脹，使竹腔爆裂，發出劈劈啪啪的爆炸聲，因此稱之為「爆竿」。宋代袁文《甕牖閒評》云：「歲旦燎竹於庭。所謂燎竹者，爆竹也。」這種又有光影又有音響的驅鬼風俗受到人們廣泛熱愛。梁朝宗懍《荊楚歲時記》載：正月一日「雞鳴而起，先於庭前爆竹，以辟山臊惡鬼」。

唐代也稱爆竹為「爆竿」。來鵠《早春詩》中有「新曆才將半紙開，小庭猶聚爆竿灰」的句子，即指爆竹。《通俗編．排優》記載：「古時爆竹，皆以真竹著火爆之，故唐人詩亦稱爆竿。後人捲紙為之，稱曰『爆竹』。」宋代開始出現用紙張包裹火藥的爆竹，宋人施宿《會稽志》卷十三說：「除夕爆竹相聞，亦或以硫磺作爆藥，聲尤震厲，謂之爆仗。」宋朝除夕春節放爆竹之風較前代更盛，爆竹的普及也更為廣泛了，宮內宮外、大街小巷都有人競相燃放爆竹。宋代的「爆竹」已經十分接近現代的紙質「鞭炮」，宋代因而成為中國爆竹的大為發展及普及的時代。

【豆知識】

地雷的發明和鞭炮有關係嗎？

地雷是用於埋藏在地下和置於地面，等待目標作用或由人操縱發火爆炸的武器，是戰爭中使用廣泛的障礙物。金世宗大定年間山西陽曲（今太原）有個專門捕捉狐狸的獵人叫李鐵，他用陶瓷製造了一個下粗上細的火花罐子炸狐狸，常常滿載而歸。有學者認為李鐵製造的這種火藥罐子可以說是最原始的地雷。但是為了使地雷延時起爆，必須要有引信技術。北宋仁宗時的《武經總要》前集卷十二記載兩種火藥兵器，霹靂火球施放時，「用火錐烙球」，蒺藜火球「放時燒鐵錐烙透，令焰出」。看來當時尚無藥線引爆。火錐引爆有很大的危險，只能適用於爆炸力不大的情況。

但是鞭炮的發明解決了地雷的引信技術。宋代的一些手藝人大大推廣了火藥的應用，他們在開封設立「煙花作坊」，製造各色爆仗即爆竹、五色煙火、起輪、走線、流星、水爆、地老鼠等各種煙火成品。《說郛》引王銍《雜纂續》載「又愛又怕」的事目，就有「小兒放紙炮」。紙炮就是爆仗，時值北宋與南宋之交。周密《武林舊事》卷三《歲除》記載南宋晚期臨安說，「至於爆仗，有為果子、人物等類不一」，「而內藏藥線，一爇連百餘不絕」。「藥線」就是以薄紙包裹火藥而搓成細繩狀的引信。可見，正是鞭炮的發明解決了古代地雷的藥線引爆技術。《喻世明言．史弘肇龍虎君臣會》中有「劉兩府作《水底火炮》詩」，中國歷史學家王曾瑜先生參對《碾玉觀音》所引《鷓鴣天》詞考證：「是關西秦州雄武軍劉兩府所作。自順昌大戰之後，閒在家中。」可知劉兩府即是抗金名將劉錡。劉錡官至太尉，人稱劉兩府。劉錡此詩如下：「一激轟然如霹靂，萬波鼓動魚龍息。穿雲裂石響無蹤，卻虜驅邪歸正直。」宋時所謂火炮不是後世的管狀火炮，其實是類似於今天的炸藥包，而用人力拋石機拋射。但水底火炮卻是在水下爆炸，顯然不可能使用拋石機。劉錡詩證明，至少在南宋初已有此類兵器，這無疑是世界歷史上最早的水雷。水底火炮能在水面下引爆，既要有防水技術，也證明解決了藥線引爆技術。明朝戚繼光在鎮守薊州同韃靼作戰時也使用了地雷，最早出現的有炸炮、萬彈地雷炮、無敵地雷炮等十幾個種類，製作的材料有鐵、石、陶瓷，引爆方式有踏發、絆發、點發等。明代宋應星《天工開物．佳兵火器》中說：「地雷埋伏土中，竹管通引，衝土起擊，其身從其炸裂。」這說明中國古代地雷在明代得到較大發展。

18 宋人刷牙嗎？

西元一九五四年，內蒙古赤峰縣大營子村一號遼墓中出土了兩柄一指多長、刷柄用骨製、牙刷頭部有八個植毛孔的牙刷。經專家鑒定，認為這是人類最早的植毛牙刷。

宋代關於牙刷的記載多了起來。南宋吳自牧《夢粱錄》「鋪席」一節羅列臨安的著名店鋪，則有「凌家刷牙鋪」和「傅官人刷牙鋪」，可見當時已經有生產、經營牙刷的專門鋪子。《夢粱錄》「諸色雜貨」一節，在「挑擔賣」之後所列的小商品名目中，有「刷牙子」一項。臨安城中的貨郎沿街叫賣日用雜貨，「刷牙子」是其貨擔上的常供貨品之一。但是宋代的「刷牙子」的製造還不科學，常用可能還會引起牙齒病痛。南宋周守中《養生類纂》中載：「早起不可用刷牙子，恐根浮並牙疏易搖，久之患牙痛。蓋刷牙子皆是馬尾為之，極有所損。」元代正式出現了「牙刷」一詞，並且牙刷做工更為精細。元人郭珏有《郭衡惠牙刷得雪字》一詩，描述道：「南州牙刷寄來日，去膩滌煩一金直。短簪削成玳瑁輕，冰絲綴鎖銀騣密。」

中國人發明牙刷，比之西方要早八百多年。西元一七七〇年，英國人威廉·何迪斯在監獄中發明了現代牙刷。中國牙刷的發明人，應是中國的少數民族。從西域到遼元王朝，少數民族一直在推動牙刷的發展，這與遊牧民族大量食用肉類的生活習俗相關。宋代牙刷則開始進入漢族文化圈，並成為城市中大眾化的衛生用具。

【豆知識】宋以前古人怎麼清潔口腔？

在宋代以前，中國古人清潔口腔主要有兩種方法：一是使用「齒木」，即直接嚼楊柳嫩枝，稱為「晨嚼齒木」。漢代人們用楊枝的一端砸扁或咬成刷狀，露出纖維，或蘸水或蘸藥或蘸鹽用以刷牙。武則天時期《大方廣佛華平經疏演義鈔》記載：「西域皆朝中嚼楊枝，分淨穢。」如沒有柳枝，也可以手指代替，敦煌壁畫有一幅《勞度叉鬥聖圖》，畫中人物就以手指揩齒。唐代高級的潔牙方法是用「揩齒巾」，法門寺地宮出土衣物帳中，就記有皇室進獻的「揩齒巾」。二是漱口，西漢初期醫學家淳於意在「齊中大夫病齲齒」案例中，明確提出患者的病得之「食而不漱」，並囑其以「苦參湯」漱口而癒。古代漱口普遍採用含漱法，以鹽水、濃茶、酒為漱口劑。唐孫思邈《備急千金要方》：「每旦以一捻鹽內口中，以暖水含……口齒牢密。」中國古代也有用濃茶漱口的記載。

19 現代的密碼是怎麼來的？

古代的軍事密碼是隨著戰事肇始應用而生的。據史料記載，最早制定軍隊祕密通訊暗碼的是周代著名軍事家太公望，即《封神演義》中的姜子牙。他制定的兩種軍事通訊密碼，一是陰符，二是陰書。陰符是使用者事先製造一套尺寸不等、形狀各異的「陰符」，共八種，每種都代表一定意義，只有通訊雙方知道，如大勝克敵符，長一尺；請糧益兵符，長五寸；敗軍亡將符，長四寸。較之陰符，陰書進了一步，它應用「一合而再離，三發而一知」的方法。也就是說把一份完整的軍事文書裁成三份，分寫在三枚竹簡上，派三個通訊員分別持這枚竹簡出發，到達目的地後，三枚簡合而為一，方知原意。中途即使其中一人或二人被捕，也不致失密。

北宋在頻繁的戰爭實踐中，發明了中國第一本真正的軍用通信密碼表。它保存在曾公亮編纂的《武經總要》中。曾公亮把一般可能出現的軍事情況分為四十種，給它們分別編上相應的代碼數字：一請弓……九請糧料……二十八賊固守……四十戰小勝。

大將率兵出征時，選用一首四十個字不出現重複的五言律詩，規定每一字代表一種軍情。偏裨（偏將、副將）將校與部隊主將各留一本存根，「其字型大小只令主將選定，毋得漏軍中」。這首律詩就是解碼金鑰，傳送情報時，就在普通書狀或文牒中根據情報內容寫上該詩對應文字，並上做記號；對方回復亦如法炮製。例如，某次出戰，主持與其偏將約定以杜甫《春望》一詩為「字驗」，該詩是「國破山河在，城春草木深。感時花濺淚，恨別鳥驚心。烽火連三月，家書抵萬金。白頭搔更短，渾欲不勝簪」。偏將在向主將的普通書信中設法寫進「抵」字與「簪」字，並在旁邊加一小墨點，或在兩字上加蓋印章，以表示此字是個關鍵。主將根據兩字分別在詩中第二十八與第四十字位量，核對四十項軍情相應位置，即知該偏將「戰獲小勝」、「敵方仍固守頑抗」。同樣，主將在複書中寫上「春」字與「淚」字，即表示「給你增馬」、「立即移營」。「字驗」即取意於通訊雙方驗核與軍情具有對應關係的字元。

「字驗」是一套以舊詩為載體的軍事通訊「密碼」。舊詩很多，可隨意選定，它不但能保證情報落入敵手不致洩密，而且即使通訊人中途變節，情報也能確保安然無樣。這種軍事密碼，較之陰符、陰書有了不起的突破，在當時來說是前無古人的，是中國古代通訊史上的一大創舉，也可以說是現代密碼的雛型。

【豆知識】

古代人是如何傳遞訊息的？

中國是世界上最早建立有組織的傳遞資訊系統的國家之一。早在三千多年前的商代，資訊傳遞就已見諸記載。乘馬傳遞曰驛，驛傳是早期有組織的通信方式。

秦漢時期，形成了一整套驛傳制度。隋唐時期，驛傳事業得到空前發展。唐代的官郵交通線以京城長安為中心，向四方輻射，直達邊境地區，大致三十里設一驛站。據《大唐六典》記載，最盛時全國有一千六百三十九個驛站，專門從事驛務的人員共二萬多人，其中驛兵一萬七千人。郵驛分為陸驛、水驛、水路兼併三種，各驛站設有驛舍，配有驛馬、驛驢、驛船和驛田。「一騎紅塵妃子笑，無人知是荔枝來」，就是用軍用郵驛來運送荔枝。天寶十四年（七五五），安祿山在范陽起兵叛亂，當時唐玄宗正在華清宮，兩地相隔三千里，六日之內唐玄宗就知道了這一消息，傳遞速度達到每天五百里。由此可見，唐朝郵驛通信的組織和速度已經達到很高的水準。

宋代將所有的公文和書信的機構總稱為「遞」，可分為三種，即：步遞、馬遞和急腳遞。由於皇帝的重視及戰爭需要，宋朝軍事通信十分發達，沈括《夢溪筆談》中曾寫道：「急遞最速，唯軍興用之。」在全國各地軍事要道上，每五公里設一急遞鋪，轄鋪兵五至十人，鋪長以上有節級軍官管理。急遞的驛騎馬領上繫有銅鈴，在道上賓士時，白天鳴鈴，夜間舉火，撞死人不負責。鋪鋪換馬，數鋪換人，風雨無阻，晝夜兼程。急遞可日行二百公里，專門傳遞軍事消息。宋神宗時又設金字牌急腳遞，南宋初年抗金將領岳飛被宋高宗以十二道金牌從前線強迫召回臨安，這類金牌就是急遞鋪傳遞的金字牌，含有十萬火急之意。

收集在《永樂大典》中的《金玉新書》是兩宋遞鋪法規總集，也是迄今為止中國古代較為完整的一部通信法規，規定：凡是交急腳遞或馬遞傳送的文書，要當著官員面實封裝入筒內，叫做「實封入遞」；宋朝為了確保郵驛的傳遞速度，在機構設置方面「均地理」，在時限方面要求「謹時刻」，在布局方面要「亭傳相望」，在監督檢查方面「分置巡轄」，制度相對較為完善。驛站是傳遞政府公文的機構，很長時期禁止寄送私信。直到西元九八五年，宋太宗才詔令臣僚，允許臣僚把他們的家信交驛附遞，這是中國私郵的最早記錄。

北宋建立的一套較為健全的遞鋪組織，特別是急遞鋪組織，為以後各朝所繼承，一直延續到清末。中國現存的姑蘇驛亭遺址，位於蘇州，建於宋代紹興十四年（一一四四），現有清人題聯：「客到烹茶，旅舍權當東道；燈懸待月，郵亭遠映胥江。」不由讓人遐想當年驛道上的故事。

20「太師椅」是秦檜發明的嗎？

古人席地而坐，室內以床為主，地面鋪席；再後來出現屏、几、案等家具，床既是臥具也是坐具，在此基礎上又延生出榻等。到商、周、秦、漢各時期，沒有太多變化，有凳、桌出現，但不是主流；直到漢代，胡床進入中原地帶，到南北朝時期，高型坐具陸續出現，垂足而坐開始流行。憩居形式到了唐代仍然是兩種形式並行，高的桌、椅、凳等已被不少人所使用，但席地而坐仍然是很多人的日常習慣。宋人真正開始垂足高坐，各種配合高坐的家具也應運而生。宋代家具中，有一種以官銜命名的家具十分特別，這就是「太師椅」。

有關太師椅名稱的最早記載見於宋代張端義的《貴耳集》：「今之校椅，古之胡床也，自來只有栲栳樣，宰執侍從皆用之。因秦師垣宰國忌所，偃仰，片時墜巾。京伊吳淵奉承時相，出意撰制荷葉托首四十柄，載赴國忌所，遺匠者頃刻添上。凡宰執侍從皆用之，遂號太師樣。」栲栳即屈木為器，「栲栳樣」的交椅就是一種圓形椅圈。文中提到的秦師垣，即當時任太師的大奸臣秦檜。當時秦檜坐在那裡一仰頭，過一會頭巾墜落。吳淵看在眼裡，便命人製作了一種形如荷葉可以托頭的部件，由工匠安在秦檜等人的椅圈上。不僅自己送上門去，還把秦檜的侍從的椅子也都改良了。太師椅這一名稱也由此傳開。這種發明當然能使人

《勘書圖》中的椅子

更好地休息，但卻是阿諛奉上之作，「太師椅」是中國古代家具中唯一以官銜命名的，或許人們保留的是一份諷刺意味吧。

太師椅為後世所繼承。清代時，太師椅原來靠背與椅面、扶手與椅面都設計成直角，樣子莊重嚴謹，用料厚重，寬大誇張，裝飾繁縟，具備了清式家具的典型特徵。但是這種改革脫離了舒適要求，而是為了突出顯示主人的地位和身分的尊嚴。

【豆知識】

梁山好漢坐的「交椅」是什麼家具？

梁山好漢排座次時，稱為坐第幾把交椅。第一把交椅稱為金交椅，表明是極重要的職位或極高的地位。梁山這一做法對後世各類江湖組織產生了很大影響，清代紅幫謂其最高頭目即為「金交椅」，紅幫切口謂：「金交椅：幫中第一把交椅也。總理全山內外事務者，亦呼為大爺。「交椅」是什麼樣的家具呢？

「交椅」是一種腿交叉、能折疊的椅子。亦名「交床」、「胡床」、「繩床」。交椅由漢末北方傳入的胡床演化而來，形制為前後兩腿交叉，交接點作軸，上橫樑穿繩代座，上安裝弧形椅圈，正中有背板支撐。宋陶穀《清異錄．逍遙座》說：「胡床施轉開以交足，穿便條以容坐，轉縮須臾，重不數斤。相傳明皇行幸頻多，從臣或待詔野頓扈駕，登山不能跛立，欲息則無以寄身，遂創意如此，當時稱逍遙座。」此為胡床改交椅之始。椅本作「倚」，《因話錄》謂：「交倚謂之繩床，夷狄所制，歐公不禦。」

交椅對建立梁山的等級排位順序有著重要貢獻，交椅的座次穩定了權力的分配，所以梁山才能保持欣欣向榮的局面。

在後來的語言演進中，「第一把交椅」又轉化成「第一把手」，又稱「一把手」，是對各級領班主要負責人的形象化稱呼。人們常說的第一把手、第二把手的那個「把」字，其實與「手」並不相關，倒是與誰坐第一把椅子、誰坐第二把椅子的「把」字相關連。「第一把手」的稱謂已經隱去了交椅的意向，本來是椅子量詞的「把」字反而突出出來，因為「把」字還有「把持」之意，用來形容各級各類主要領導也是合適不過的了。

21 春聯產生於何時？

對聯源於古代律詩，古律中的頷聯和頸聯，兩上下句不僅要求照應、貫通、呼應，而且要工整、對偶、平仄合律，因而獨立為「對聯」文學形式。春聯是春節時貼在門上，以表示辭舊迎新、表達美好願望的對聯。

春聯古稱桃符。據《淮南子》載，桃符以長條桃木製作，桃木板上寫上神荼、鬱壘二神的名字，懸掛在門兩旁，或者還畫上左神荼、右鬱壘兩個神像。這既是春聯的起源，也是門神的起源。所以，清人《燕京歲時記》上說：「春聯者，即桃符也。」

關於春聯的起源，民間傳說起自書聖王羲之。傳說王羲之在春節前夕，先後寫過幾副對聯貼在門上，都因字體妍美雅麗而被人悄悄揭走。除夕將至，王羲之又寫一聯：「福無雙至，禍不單行。」這副不吉利的對聯自然沒有人揭。初一黎明，王羲之又續添幾字，成為「福無雙至今朝至，禍不單行昨夜行」的妙聯。因此有人認為這時已產生春聯，但此事只是傳說，不見史書記載。

史書中最早的春聯出現在五代，據《宋史．蜀世家》說：後蜀主孟昶令學士章遜題桃木板，以其非工，自命筆題云：「新年納餘慶，嘉節號長春。」第一句的大意是：新年享受著

宋代《四美圖》

過去的遺澤；第二句的大意是：佳節預示著春意常在。不僅以駢體聯語來替代「神荼」、「鬱壘」，而且還擴展了桃符的內涵，不只是避邪驅災，還增加了祈福、祝願的內容。這是中國有記載的最早的春聯。

直到宋代，春聯仍稱「桃符」。王安石的詩中就有「千門萬戶曈曈日，總把新桃換舊符」之句可以為證。但是宋代，桃符由桃木板改為紙張，叫「春貼紙」。春節貼春聯的民俗起於宋代並在明代開始盛行，「春聯」一詞的出現，則是在明代初年。明代陳雲瞻《簪雲樓雜話》中載：「春聯之設，自明太祖始。帝都金陵，除夕前忽傳旨：公卿士庶家門口須加春聯一幅。」朱元璋巡視時，有一家從事殺豬和劁豬營生，因不識字沒有貼春聯。朱元璋為這家書寫了一副春聯：「雙手劈開生死路，一刀割斷是非根。」由此可見，「春聯」的得名和推廣與朱元璋都有很大的關係。

【豆知識】

中國最早的年畫興起於何時？

年畫是中國畫的一種，用於春節時張貼，裝飾環境，含有祝福新年吉祥喜慶之意，俗稱「喜畫」，是中國特有的一種繪畫體裁。年畫最早起源於門神畫，自漢朝以前就已經有了。晉代的《荊楚歲時記》記載：「貼畫貓雞戶上，懸葦索於其上，插桃符其旁，百鬼畏之。」宋代商業經濟的繁榮、市民文化的興起，為年畫提供了廣闊的市場；雕版印刷的繼續發展與普及，為年畫的傳播奠定了技術基礎；宋代的宮廷畫、文人畫繁榮發展的同時，也促進了民間繪畫的發展。

宋朝年畫稱為「紙畫」，北宋都城開封到處都有賣畫市場，《夢粱錄》記載：「朱雀門西大街相對梁家珠子鋪。余皆賣時行紙畫花果鋪席。」「冬至後，大禮預教車象，御街遊人戲集，觀者如織，賣撲土木粉捏小像兒並紙畫，看人攜歸，以為獻遺。」《武林舊事》中「小經濟」條中，還記有「紙畫兒」行業。關於年畫的內容，孟元老《東京夢華錄》記載：近歲節市井皆印賣門神、鍾馗、桃板及財神馬驢、回頭鹿馬、天行貼子。北宋時的年畫中心是開封，一一二七年靖康之難後，年畫中心遷至朱仙鎮，並以新的產地而得名。現在，我們見到的最早的年畫是南宋的《隋朝窈窕呈傾國之芳容》，一般叫它《四美圖》，畫的是王昭君、班姬、綠珠、趙飛燕四大美人。到了明清時期，隨著刻版藝術的發展，年畫藝術也愈來愈繁榮起來。

宋代是中國畫漸趨成熟的時期，出現了出售年畫的畫市和生產年畫的作坊，說明宋代的年畫已經開始由宗教信仰的載體逐漸轉化為世俗的買賣商品。

22 麻將的張數是依據《水滸傳》一百零八條好漢故事確定的嗎？

史載「宋江以三十六人橫行河朔」，早期流傳的《水滸傳》故事也都是三十六人。到了《水滸傳》，這三十六人變成了三十六天罡，另外又添了七十二地煞，合成了一百單八將。這個轉變大概是在宋末元初發生的，一百單八將的說法最早見於《甕天勝語》中「宋江」一條，宋江在李師師家的題壁詞裡云：「六六雁行連八九，只待金雞消息。」這六六加八九，正好是一百單八將，下一句暗寓盼望受招安的意思。相傳元末明初有個名叫萬秉迢的人，非常推崇施耐庵筆下的梁山好漢，欲將《水滸傳》的故事讓達官貴人也知，進而愛民護民，遂發明麻將，將《水滸傳》英雄融入這個遊戲中。麻將共一百零八張，代表梁山一百零八將；梁山好漢來自天南海北、四面八方，因此麻將裡有了東、南、西、北；梁山好漢出身不同，有貴族，有貧民，因此麻將中有了中、發、白，中為家境出身中等，發為家境富裕，白為出身貧民；九條喻為九紋龍史進，二條喻為雙鞭呼延灼，一餅喻為黑旋風李逵。麻將中有萬、餅、條，這正是發明者萬秉迢名字的諧音。麻將本名應是「抹將」，抹的正是《水滸傳》的一百零八個好漢。

這個傳說基本不可信，但是古代民間多喜歡遊戲上畫上《水滸傳》人物則是真實的，如明代馬吊牌是一種紙製的牌，全副牌有四十張，分為十萬貫、萬貫、索子、文錢四種花色，其中十萬貫、萬貫的牌面上畫有《水滸傳》好漢的人像，萬萬貫自然派給了宋江，意即非大盜不能大富。由於紙牌數量一多，在取捨組合牌時十分不便，人們從骨牌中受到啓發，漸漸改成骨製，把牌立在桌上，打起來就方便了，麻將此時正式形成。但是紙牌面積大，可畫人物，而骨製麻將體積較小，只能刻上文字了。

那麼現代麻將一百零八張與《水滸傳》一百零八將有沒有關係？一百零八張還是由遊戲本身的趣味性與複雜性相互取捨決定的，中國古代各類群體性事物只有《水滸傳》衆將能達到一百零八的數目，《水滸傳》故事又在民間廣泛流傳，所以麻將與《水滸傳》還是有一定關聯的。

【豆知識】

麻將是怎麼發明的？

關於麻將起源，有多種說法。一說與鄭和下西洋有關，是在長年的航海過程中，為解決海上生活單調枯燥和思鄉之苦而由鄭和發明的。海船上多有毛竹，所以做成竹牌。紅「中」代表中原大地，代表思鄉之情，中國人偏愛紅色基調，故特意將「中」字設置成紅色。因為航海的目的是經商，故竹牌刻上「發」字，以迎合大家的發財心理。「萬」為發財數目，「餅」表示航海日常主食的圓形大餅，「條」表示捕魚數目，「白板」表示茫茫海面，「東」、「南」、「西」、「北」表示航海人最關心的是風向，「春桃」、「秋菊」、「夏荷」、「冬梅」四朵花來代表一年四季的冷暖變化。因為遊戲使將士們如癡如醉，所以稱為「麻將」。

另一說麻將本是江蘇太倉「護糧牌」。江蘇太倉曾是皇家的大糧倉，常年囤積稻穀，以供「南糧北調」。糧多自然雀患頻生，每年因雀患而損失了不少糧食。管理糧倉的官吏為了獎勵捕雀護糧者，便以竹製的籌牌記捕雀數目，憑此發放酬金，這就是太倉的「護糧牌」。這種籌牌上刻著各種符號和數位，既可觀賞，又可遊戲，也可作兑取獎金的憑證。這種護糧牌，其玩法、符號和稱謂術語無不與捕雀有關。「筒」的圖案就是火藥槍的橫截面，「筒」即是槍筒，幾筒則表示幾支火藥槍。「索」即「束」，是用細束繩串起來的雀鳥，所以「一索」的圖案以鳥代表，幾索就是幾束鳥，獎金則是按鳥的多少計算的。「萬」即是賞錢的單位，幾萬就是賞錢的數目。「東南西北」為風向，故稱「風」，火藥槍射鳥應考慮風向。「中、白、發」：「中」即射中之意，故為紅色；「白」即白板，放空炮；「發」即發放賞金，領賞發財。麻將玩法的術語也與捕雀護糧有關。如「碰」即「彭」的槍聲。又如成牌叫「糊」，「糊」即「鶻」諧音，「鶻」是一種捕雀的鷹。除此還有「吃」、「槓」等術語也與捕鳥有關。在太倉地方方言叫「麻雀」為「麻將」，打麻雀自然也就叫成打麻將了。

中國首家麻將博物館建在寧波，認為麻將是自清代至今的民間娛樂工具，發明人為清代甬人匠人陳魚門。麻將到底是怎麼發明的，現在還沒有定論，只能等待學者們的進一步考證了。

23 指南針本是指向北方的，為什麼不稱指北針？

「指南針」是中國四大發明之一，其指標明明指著北方，但為什麼不稱為「司北」、「指北針」，而稱為「司南」、「指南針」呢？有學者認為中國一直以南方為尊位，帝王的座位都是南向的，所謂「南面而王，北面而朝」，說的就是面向南面的是帝王，而面向北面的則是朝拜帝王的臣子。中國傳統文化中，「南」為南北方向之主，因此雖然指南針指鋒向北，還是稱為指南針。但是這一解釋有牽強之處。

中國最早的指示方向的儀器是指南車，又稱司南車。相傳黃帝與蚩尤戰於涿鹿之野，蚩尤作大霧，兵士皆迷。黃帝作指南車以示四方，遂擒蚩尤。指南車利用齒輪傳動系統，根據車輪的轉動，由車上木人指示方向。不論車子轉向何方，木人的手始終指向南方，「車雖回運而手常指南」。後世歷代都有仿造，成為帝王出行的儀仗。

指南車利用差速齒輪原理，而不是利用地磁效應。司南是中國春秋戰國時代發明的最早的指示南北方向的指南器，是後世指南針的前身。漢代王充記載：「司南之杓，投之於地，其柢指南。」「司南之杓」是個磁勺，「地」是青銅製成的光滑如鏡的底盤，「柢」即磁勺柄。磁勺在底盤上停止轉動時，勺柄指的方向就是正南，勺口指的方向就是正北。所以稱之「司南」也是名實相符。

到了宋代，勞動人民掌握了製造人工磁體的技術，又製造了指南魚。指南魚是把薄鋼片剪成魚形，長二寸，寬五分，魚的肚皮部分凹下去，使魚像船一樣能浮在水面上。然後把魚和天然磁鐵放在一起，由於磁體的吸力，鋼片受磁感應也具有磁性。這種人工傳磁方法製成的指南魚比使用司南方便多了，只要有一碗水，把指南魚放在水面上就能辨別方向了。大約在唐末宋初，人們又把鋼針在天然磁體上摩擦，鋼針也有了磁性。這種經過人工傳磁的鋼針可以說是正式的指南針了。宋代指南針開始應用於航海事業上。北宋朱彧所著《萍洲可談》一書中，最早記載了航海中使用指南針的情況，「舟師識地理，夜則觀星，晝則觀日，隱晦觀指南針」。其後，南宋福建路市舶司提舉趙汝適在所著《諸蕃志》中提到：「舟舶來往，惟以指南針為則，晝夜守視唯謹，毫釐之差，生死繫焉。」

要確定方向，除了指南針之外，還需要有方位盤相配合。南宋時就已製造出具有固定支點的旱羅盤。一九八五年在江西省臨川市出土了一尊「張仙人」俑，其所持就為旱羅盤。不過，明末以前所普遍使用的是水羅盤。它是在水浮法和懸掛法的基礎上發展起來的。一般是在地盤（古時又叫羅盤或羅經盤）中心挖一圓洞，內盛水，放進橫貫燈芯的磁鍼，就稱為水羅盤。後來中國的指南針（或者說羅盤）通過阿拉伯商人傳入歐洲。此後，羅盤在世界航海事業上被廣泛應用，因此才有十五至十六世紀歐洲人的世界地理大發現。

指南車是在陰霧天氣用以指示行軍方向的，後世尊崇黃帝，以後的方向指示器也都以指南命名。而指南針發明後，可以一端指南一端指北，因而指南指北之爭，似乎徒費口舌。

【豆知識】

中國古代皇帝的座位為何要坐北朝南？

中國古代皇帝的座位是面南背北的，有時也用「坐北朝南」作為皇帝的代稱。中國古代皇帝為何要坐北朝南，有的學者從地理學角度進行了解釋：因為中國在北半球，太陽自東向南再向西運行，所以南方在古代是重要的方位；有的學者從風水學的角度進行了解釋，認為風有陰風與陽風之別，清末何光廷在《地學指正》中云：「平陽原不畏風，然有陰陽之別，向東向南所受者溫風、暖風，謂之陽風，則無妨。向西向北所受者涼風、寒風，謂之陰風，宜有近案遮攔，否則風吹骨寒，主家道敗衰丁稀。」中國面朝正南的房子總要比其他面向的房子在一天裡獲得日照更充足，所以也有道理。康熙時，法國人佩雷菲特在《停滯的帝國：兩個世界的撞擊》一書中寫到清代皇帝的御座、宮殿、陵墓、寺廟，甚至紫禁城，一切尊貴的建築物都朝向南方，「雖然皇帝是來自北方的滿人，他的論據卻是始料不及的：『在北方，一切活動在凋萎，在衰亡』……『力量、精氣和繁榮都在南方。』」中國古代確實是尊崇南方的。

皇帝要座北朝南的另一個原因可能是中國古代歷史上都是北方統一南方，歷代皇帝都希望符合這個統一趨勢。黃帝與蚩尤時期，北方部落戰勝了南方部落；夏商周三朝基本都活動於現在的黃河流域，都屬於北方，當時南方還屬於蠻荒之地，直到周朝後才分封了幾個南方的國家：楚國、吳國、越國等；秦始皇統一天下，是西北方向的秦國，先後滅掉韓趙魏楚燕齊；秦末農民戰爭，烽煙起於南方，但最後的勝利者劉邦卻是從北方開始征戰的；三國時西晉取代魏，西晉先滅蜀再滅吳，也是北方統一南方；北方的隋朝滅掉南方的陳，中國再度統一，依然是北方統一南方；唐取代隋也是先在北方奪取了政治經濟文化中心後，逐步取得全國政權的；五代十國，宋取代後周後，依然是從北方開始逐步消滅了盤踞在南方的諸多政權，最後完成國家統一的；北宋被來自北方的金國所滅，南宋則依然被來自北方的元所滅，北方的元再次統一了中國；明朝被來自北方的清所滅。古代中國史中，只有盤踞於南方的明政權，從南向北推翻了北方的元，這是因為蒙古政權早已失去民心。

中國古代皇帝登基後，自然要對近代史進行研究，座位的形式是一定要講究的。在龍椅上，背靠根據地，面對新子民，「坐北朝南」自然更符合帝王的心理。

24 算盤是何時形成的？

英國《獨立報》在二〇〇七年評選出一百零一項改變世界的小發明，排在第一位的就是有近兩千年歷史的中國算盤。中國算盤源於古代的「算籌」，根據現代學者研究，算盤形成時間大概在宋代。

一九二一年在河北巨鹿縣曾挖掘到一顆出於宋人故宅的木製算盤珠，已被水土淹沒八百年，但仍可見其為鼓形，中間有孔，與現代算珠毫無兩樣。宋代名畫《清明上河圖》中，畫面左端趙太丞藥鋪，其正面櫃檯上赫然放有一架算盤，經中日兩國珠算專家將畫面攝影放大，確認畫中之物是與現代使用算盤形制類似的串檔算盤。算盤名稱之見於算書者以宋代《謝察微算經》為最早，可以確定至遲在宋代，有橫梁的穿檔的大珠算盤已經出現。另有些歷史學家認為，算盤的名稱，最早出現於元代學者劉因（一二四九—一二九三）撰寫的《靜修先生文集》裡，中有《算盤》為題的五言絕句：「不作翁商舞，休停餅氏歌。執籌仍蔽簏，辛苦欲如何。」但是劉因是宋末元初人，他的《算盤》詩，與其說是描寫元代的事物，還不如說是宋代事物的反映更為確切。在《元曲選》無名氏《龐居全誤放來生債》裡也提到算盤。劇中有這樣一句話：「閒著手，去那算盤裡撥了我的歲數。」元代陶宗儀《南村輟耕錄》第二十九卷《井珠》，引當時諺語形容奴僕說：「凡納婢僕，初來時曰擂盤珠，言不撥自動；稍久，曰算盤珠，言撥之則動；既久，曰佛頂珠，言終日凝然，雖撥亦不動。」後人稱此為「三珠戲語」，把老資格的奴婢比作算盤珠，撥一撥動一動，說明當時的算盤已很普及。元初的蒙學課本《新編相對四言》中，有一幅九檔的算盤圖，既然在元初已為訓蒙內容，又在民間已廣泛流傳使用，可見已是尋常之物，它的出現，至少可上推到宋代。明朝程大位《算法統宗》是專講珠算的書，卷末載有《盤珠集》、《走盤集》，說是元豐、紹興、淳熙以來的刻本，這些都是北宋南宋時的珠算書，可見北宋時珠算已有專書。

算盤自從宋代開始應用，從此成為東亞商人的主要計算工具。《天龍八部》有個「金算盤」崔百泉，還是比較符合實際歷史的。明朝永樂年間編的《魯班木經》中，已有製造算盤的規格、尺寸，還出現了徐心魯《算珠算法》、程大位《直指算法統宗》等介紹珠算用法的著作，可見算盤在明代的使用已經更為廣泛。

算盤的出現，被稱為人類歷史上計算器的重大改革。算盤製作簡單，價格便宜，珠算口訣便於記憶，運算又簡便，後又陸續流傳到了日本、朝鮮和東南亞等國家和地區，產生了世界性影響。

【豆知識】

中國什麼時候有了「會計」？

現代會計是指監督並管理財務的工作。「會計」一詞最早見於《周禮》，中國周王朝時期，已經設有「司會」這一官職，掌管國家「百物財用」，表明計量和記錄工作已經專業化了。《孟子．萬章下》云：「孔子嘗為委吏矣，曰：『會計當而已矣。』」說明孔子也曾做過管理倉庫的小吏，他說，「出入的數字都對了就行了」。封建社會時代，各級官府為了加強對錢糧、財物的管理，逐步建立和完善了政府部門的會計，官廳會計便成為中國古代會計的中心。唐人李吉甫撰《元和國計簿》，韋處厚撰《太和國計簿》，收錄了唐代人口、賦役、財政、稅收等方面的統計資料，按照國家財政收入專案分別記載其收入數位。

宋朝的《會計錄》是繼唐朝《國計簿》之後，有關國家財政收支方面的著作，是以年報資料（包括戶籍、計帳報告在內）為基礎，按照國家規定的財計體制和財政收支專案歸類整理，並加以會計分析的經濟文獻。據《玉海》第一百八十五卷記載，有《景德會計錄》、《祥符會計錄》、《皇祐會計錄》、《紹興會計錄》等十幾種。這些財計著作，在宋代層出不窮，是中國財計史上財計著作空前繁盛的時代。《會計錄》創立了「四柱結算法」。所謂「四柱」，是指舊管（上期結餘）、新收（本期收入）、開除（本期支出）和實在（本期結存）四個欄目。四柱法促進了中國傳統的中式記帳法的形成。宋代建立了中國會計史上第一個獨立的政府會計組織——「三司會計司」，總核天下財賦收入，提高了會計機構的地位；同時，隨著人們對帳簿的認識，宋代產生並流行著一些有關帳簿的專門用語。此外，「簿記」一詞作為中國最早的文字記載亦已見於宋代的文獻中。明清時期中國民間會計有較大發展。清末，隨著西式會計的引入，中式會計趨於衰落。

25 中國最早的紙幣是什麼時候出現的？

紙幣是當今包括中國在內的世界各國普遍使用的一種貨幣。由於它體積小，重量輕，攜帶方便，成本低廉而受到各國人民的普遍歡迎。中國是世界上最早創製紙幣的國家，那麼，中國的紙幣最早出現在什麼時候呢？

北宋真宗朝，出現於四川地區的交子，不但是中國歷史上最早的紙幣，也是世界上最早的紙幣。它的出現是受到當時商品貨幣經濟繁榮發展的影響，而紙幣之所以首先產生於宋代四川地區，也與當地使用的鐵錢有關。宋代四川商品經濟相當發達，而鐵錢價值太低，十個鐵錢才當一個銅錢使用。當時，每十貫小鐵錢就重六十五斤，因而即使是三、五貫的生意，一般人拿著就很費勁了。這樣，商品流通的發達和等價物的鐵錢之間產生了嚴重的矛盾，這一矛盾促成了中國最早的紙幣——交子的產生。

宋代四川的交子，它的發展可以分為開創時的民辦和後來的官辦兩個階段。宋真宗時，張詠在四川為官，他看到鐵錢使用不便，於是組織當地的十六家富商「連保作交子」。用同一色的紙張印造，上面用印，印文為樹木、人物，還有各自的押字和隱祕題號。當時的交子數額是臨時填寫，不限多少，持交子領取現錢的人，每一千文要扣掉三十文作為鋪戶收益。

宋朝交子

而在夏秋糧食收穫時期，又印交子一、兩次。由於鑄造交子利潤很大，交子戶大發橫財。但交子能夠兌現現錢，當富商們準備金不足時，他們往往關門不出，或者規定一千文只能兌換七、八百文，以至老百姓聚眾鬧事。最終，在大中祥符末朝廷停止了交子的發行和使用。

到了宋仁宗天聖元年，薛田擔任成都知府，看到取消交子後，又出現貿易不便、買賣蕭條的現象，於是提出由官府主持發行新交子。朝廷批准他的請求，當年十一月，成立了四川交子務，開始了官辦交子發行的歷史。交子是以鐵錢為本位的紙幣，當時規定：發行的交子上標明數額，自一貫至三十貫，並用印、押字，由監官掌管。交子可以兌換現錢，每兌換一貫小鐵錢扣下三十文入官。與現代紙幣發行最為不同的是，當時的官造交子有使用期限，稱為一界，當時規定二年為一界，到期要回收舊交子，換發新交子。這一次，宋朝官府發行的交子流通比較成功，至南宋普遍行使於東南諸路，還出現了錢引、東南會子、淮交、湖會等眾多紙幣形態。宋代紙幣的發明、官方化及廣泛使用，對於宋及以後中國乃至世界經濟的發展起到了積極的推動作用。

【豆知識】

宋朝政府是如何紙幣防偽的？

偽造紙幣是現代社會一個時常出現、受到人們廣泛關注的問題。那麼，宋代最早創製的紙幣存在私人偽造現象嗎？宋朝政府又是使用哪些防偽技術來控制紙幣偽造犯罪呢？

實際上，宋朝在開始使用紙幣的時候，類似今天偽造紙幣的問題就已經出現了。北宋仁宗朝，官印交子剛行用不久，四川轉運使曾因人們多偽造而打算廢棄它。南北宋之交，天下大亂，偽造紙幣現象因而增多。南宋川陝宣撫使張浚破獲了一個偽造紙幣的五十人的犯罪團夥，繳獲偽鈔三十萬貫。可見當時偽造紙幣規模是很大的了。在宋金達成和議、戰爭停止後，偽造紙幣現象一度得到控制。南宋中後期，這種現象又增多起來，而且還出現了境外集團偽造紙幣、流入南宋使用的情況，導致南宋貨幣市場一度出現混亂。

宋朝政府為防止和禁止偽造紙幣的努力，幾乎在紙幣創行之初就開始了。首先在紙幣鑄造技術上，宋朝政府不斷改進。為了防止偽造，官方在用紙、設計圖案、用印等各個製作環節都做了一定努力。就用紙來講，南宋印造紙幣多選用四川地區高品質紙，少量甚至採用徽州精品紙，而且還立法規定，用於印造紙幣的紙張，禁止私自生產和銷售。在圖案設計上，宋朝紙幣外型也愈來愈複雜多樣。用印方面，每張紙幣都蓋有橫豎數種紅色印文，印文外有黑色的欄框。文字內容多為詔令的節錄。圖案有人物、靈芝、寶瓶及裝飾性花紋等。

此外，宋朝政府還嚴格立法，加强對偽造紙幣的查處力度。最初，宋朝對私造紙幣者懲罰較輕，一般是發配到邊遠地區。到南宋紹興三十二年，朝廷明令：偽造紙幣處以斬刑。此後一直沿用。同時加强對告發人的獎賞。同時，加强對官府雇傭鑄幣工人的監管，防止他們私自偽造。

但是，由於偽造紙幣「無銅碳之廢，無鼓鑄之勞」，成本低廉，又可以獲取暴利，私人鑄造技術水準又足可以假亂真，故而兩宋時期，偽造紙幣一直是屢禁不止，令官府頭痛不已。

【四】醫學很發達

26 人們為什麼也稱醫生為「大夫」或「郎中」？

宋朝是中國古代官僚社會最典型的一個朝代，無數士子文人努力讀書，參加科舉，以便將來謀得一官半職，光宗耀祖。宋朝社會各階層也對官員充滿仰慕和尊重。反映在社交中，就是人們彼此的稱謂往往帶有官職，以表示尊重，如岳飛曾加官「檢校少保」，故人稱「岳少保」。宋慈多次任諸路提刑官，故人稱「宋提刑」，甚至給沒有真正做官的人也加上官稱，以突顯他的地位。

宋朝的醫生被稱作「大夫」或者「郎中」也正是出於這種社會心理需求。「大夫」或「郎中」本來都是宋朝官名。北宋前期文官官階中包括吏部、兵部、戶部、刑部、禮部、工部諸司郎中，這些郎中只是官階，不代表實際職務。北宋中期，宋神宗元豐年間，對這種官職不符的現象進行了改革，原先的「郎中」在元豐改制後成為官員的實際職務，包括刑部、戶部、兵部等諸司郎中，並重新確定文臣寄祿官，從朝奉大夫上至金紫光祿大夫共十七階。

宋朝官府醫生官階中也包括眾多的「大夫」和「郎中」，如「和安大夫」、「成和大夫」、「成安大夫」為從六品，「成全大夫」、「平和大夫」、「保安大夫」為正七品，其下還有「和安郎」、「成和郎」、「成安郎」、「成全郎」、「保和郎」、「保安郎」等，為從七品。這些官府醫生和官員其「大夫」和「郎中」的稱呼，必然對民間醫生稱呼也帶來重要影響。

因此可見，「大夫」和「郎中」為宋朝包括醫官在內的眾多官員的官職稱謂，這在宋朝普通人心目中產生重大影響，而宋人又有以官職來稱呼人的習慣，故而他們將這個榮耀而又重要的官稱給了懸壺濟世的民間醫生，以表達對他們的尊重。一些官府醫生的後人在民間開醫藥鋪，為了顯示自己特殊地位，也張貼「大夫」、「郎中」的廣告。如《清明上河圖》有「楊大夫」醫藥鋪。《夷堅志》中有「張二大夫者，京師醫家」的記載。《東京夢華錄》中記載宋朝東京開封馬行街上有「銀孩兒柏郎中家」等。此稱謂逐漸為宋及後代人們所沿用，成為「醫生」的代名詞。

【豆知識】

宋朝人為什麼愛當醫生？

宋代是中國古代科舉發達的時期，眾多士子文人通過科舉走向政治舞臺，實行其治國平天下的政治抱負。而另一個值得注意的現象就是宋代的文人，對醫藥學非常關注，北宋著名政治家范仲淹就曾說：「達則為賢相，窮則為良醫。」南宋朝官崔與之的父親崔世明也曾表示：「不為良相，則為良醫。」那麼，宋代為什麼會出現這樣突出的「士人崇醫」現象呢？

首先，宋代醫生地位的提高是宋代「士人尚醫」的重要原因。在唐代，受「學而優則仕」思想的影響，醫學是不受人重視的，唐代著名文人韓愈在《師說》一文中就說：「巫醫樂師，百工之人，君子不齒。」可到宋代這種情況有了好轉。宋代從中央到地方都建立起醫學院校，學醫的學生經考試合格後可以錄用為醫官，享受朝廷俸祿。醫生地位的提高是宋代士人尚醫的重要原因。范仲淹能將「良相」和「良醫」兩個抱負並稱，說明了宋人對醫生這個救死扶傷職業重視程度的提高，醫生群體較前代更受人們尊重。

其次，宋朝政府對醫藥學的重視。宋朝政府很重視醫學人才的培養。范仲淹在慶曆改革時，就開始在中央建立太醫局，培養方脈和針灸兩個專業的學生。宋神宗時期，朝廷又大規模發展醫學教育，規定太醫局設教授一名，學生定額三百人，此後政府醫學學校教授科目、招收學生規模日益增多。同時宋朝政府還注重編修醫書。宋太祖開國之初，即編修《開寶新詳定本草》。宋太宗組織編纂《太平聖惠方》一百卷、《神醫普救方》一千卷。同時，宋朝政府也將醫藥書籍廣泛印刷，如《脈經》、《千金方》等，任人購買，從而為士人瞭解醫藥知識提供了方便。

再次，宋人對人體健康的重視和救死扶傷的社會責任感也促進了「士人尚醫」。如北宋著名學者沈括就非常注重醫藥學，他在《夢溪筆談》中多處記載有醫藥的條目。為了更好地治病救人，沈括廣泛搜集藥方，編成《良方》十五卷。書中所記述的「秋石方」，是現知最早的關於提取激素的記載，療效也極為突出。而著名文學家蘇軾也曾記載下不少有奇效的驗方，沈括與蘇軾的書被人合編為《蘇沈良方》，備受人們好評。他們對醫藥學的關注也對廣大士人尚醫起了引導作用。多方面的原因使得宋朝廣大士人將「良醫」和「良相」並稱，懸壺濟世成了他們入仕之外的又一個人生選擇。

27 宋代為何地震頻繁？

宋朝是中國古代一個地震頻發的時期。宋朝建國的三百二十年中，僅《宋史．五行志》中記載的地震就有七十七次，這還不包括宋徽宗時期喜言祥瑞、地方多不上報地震災害的特殊時期。兩宋地震次數之多，強度之大，超過了此前的唐朝和其後的元朝。

宋代地震多發地區包括開封及河南、陝西、四川、山西、河北地區。北宋時期開封常常發生地震，真宗景德元年正月初四，京師發生地震，沒過幾天，又發生強烈餘震，房屋都晃動有聲。此後仁宗、英宗時期，開封均發生多次地震。其最為嚴重的地震發生在宋神宗時期。從熙寧元年七月開始，開封地震就多次發生，有聲如雷，百姓死傷甚眾。地方上也多發生地震，有一日十數震，有逾半年震不止者。導致宋神宗不得不下詔罪己。

宋代山西地震也非常頻繁。仁宗景祐四年，忻、代、並三州地震，死亡官民兩萬兩千三百多人，傷者五千餘人，牲畜死亡五萬餘，房屋倒塌數萬間。而陝西地區在整個宋朝地震發生也很頻繁，建炎二年時，長安城發生大地震，導致城牆毀壞，宋朝軍民傷亡慘重，而此時正在攻城的金軍婁室部隊則趁地震之機攻占了長安。此外，宋代歷史上發生地震的地方還包括青州、登州、定州等地。總體看，南宋時期由於偏安東南，地震頻率和強度較北宋相對要小，主要集中於四川地區。

宋朝人通常把地震歸咎為朝政無道，天降怨怒，如王安石變法時多地震，司馬光等反變法派就借機上奏說這是王安石變法引起的災異。也有認為這是兵災發生的先兆。比如《宋史》記載，太宗至道二年十月，陝西、寧夏地區發生地震。當時占卜說主兵災，不久，西夏進攻靈州。南宋楊萬里也舉例說：宣和五年十月，京師地震，不久，就有金人寇汴京之役。而我們今人當然不相信這些迷信說法。整體來看，宋朝時期中國正處於一個地殼運動加劇期，不同版塊間碰撞融合加劇，從而導致處於版塊交界地區如四川、陝西、山西等地區地震多發。而且這些地區在宋代以前就屬於地震多發區，因而宋朝地震頻發，純屬自然現象，並無特殊災異。

【豆知識】

宋朝政府怎樣防範和應對疾疫？

宋朝水旱、地震、颱風等自然災害頻繁，加之戰爭不斷，導致廣大民眾死傷眾多，疾疫流行。比如宋太宗至道二年，江南水災頻年，「多疾疫」。又如北宋末，金兵圍困開封，京城中百姓因饑餓而疫死者將近一半。而由於城市人口增多，也容易爆發階段性的流行疾疫。兩宋爆發有記載的四十二次疾疫中，發生在京師的就有二十餘次。那麼，除了戰亂時期宋朝統治者自顧不暇，一般情況下，宋朝政府對疾疫都有哪些防範和應對措施呢？

宋朝人已經認識到地震等大災之後常伴隨瘟疫，而農業領域每隔幾年就會有一個災荒年，出現大量饑民，容易發生瘟疫。因而對災年後疾疫的防範就成了政府應對的一個重點。宋朝政府採取撥付給地方政府資金用於購買防疫藥物的措施。比如宋真宗景德三年，朝廷就撥付各州五十貫錢用來購買防治瘟疫的藥物。宋仁宗朝又把各州防疫的藥錢增加到二百貫，這成為後來一直延續的制度。同時，對饑民採取糧食救濟、減免賦稅徵發、在空曠處搭棚安置、防止向城鎮擴散等措施，對遷移的饑民，沿途州縣要及時報告動向，防止大規模瘟疫發生。針對軍隊中人數眾多、容易發生瘟疫的情況，宋朝政府派專使和醫博士在軍中宣傳防疫知識，各級軍隊也設立專門的醫官，配置防瘴疫的藥物。此外，自宋神宗開始，在京師和地方創辦了許多官辦的藥局，製造和出售成藥，這些藥局也配置防疾疫的藥物，人們通過購買使用，也起到防疫的作用。

而宋朝一旦發生大規模疾疫時，政府也採取多種管道加以救治。派出翰林醫官院、太醫局醫生來發放藥物是其中最主要的專案。如太宗時，京城發生瘟疫，太宗就下令選派良醫十人來診視病人。南宋高宗朝，臨安發生瘟疫，高宗拿出柴胡製藥，「救活者甚衆」。而那些藥局也發揮了重要作用。如孝宗淳熙十四年，臨安瘟疫，和劑局就製成防疫湯藥，在城中免費發放。宋朝官府還注意及時掩埋疫死者，防止疫情擴散。同時，發放給傷病者糧食、衣服等生活必需品。

宋朝在疾疫發生後，還注意借助商人力量進行救助。宋朝減免其販往災區物品的商稅，以加大物資供應，平衡物價，並鼓勵商人捐款捐物。同時還動員民間力量，勸諭富有的人戶施醫給藥，進行無償賑濟救助。

28 肚子裡有「應聲蟲」應該怎樣治？

宋代陳正敏《遁齋閒覽》中有這樣一段記載：北宋末年「六賊」之一的楊勔中年得了一種怪病，每次說話的時候，肚子裡都有一個小聲音在仿效。數年之間，這個聲音愈來愈大。一個道士見到後十分驚訝，他說：「這是應聲蟲，如久不治，會傳給妻子兒女，應當去讀《本草》，讀到哪味藥，蟲子不應答了，服用了就可治病。」楊勔照著去做，當他讀到雷丸時，蟲子忽然不作聲了，於是趕快吃了一些，病就好了。唐代張鷟的《朝野僉載》中也有一則大致相仿的關於「應聲蟲」的故事。後世用「應聲蟲」比喻自己無主見、隨聲附和的人。明代田藝蘅的《留青日劄》便說：「己無特見，一一隨人之聲而和之，譬之應聲蟲焉。」

據《中國藥典》載，雷丸又名竹苓、雷實、竹鈴芝，屬白蘑科真菌類，有殺蟲消積功能，用於絛蟲、鉤蟲、蛔蟲病，蟲積腹痛，小兒疳積等病的治療。不知「應聲蟲」是什麼怪病，但以雷丸治肚裡蟲子，還是有一定道理。

唐宋時是中國藥用植物的大發展時期，新藥層出不窮。宋代馬志《開寶本草》載藥物九百八十三種，蘇頌《嘉祐本草》載藥物增至一千零八十三種，《政和本草》介紹各種藥材一千五百五十八種。可見這一時期人們對藥用植物認識的進步之大。唐宋時代中國藥用植物的栽培技術也有空前發展，如唐《千金翼方》、宋《經史證類備用本草》中，收集了一千八百九十二種藥物，均記述有完整的藥用植物栽培技術。正是有這種醫學基礎，「應聲蟲」這類的怪病才消失了吧。

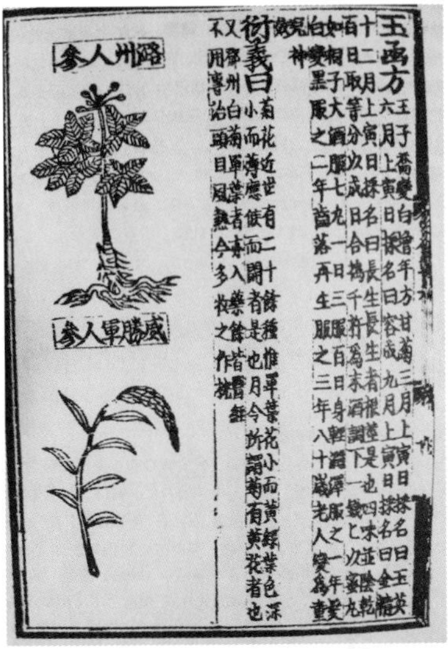

《重修政和經史證類備用本草》

【豆知識】

為何說《清明上河圖》體現了宋代醫學的時代進步？

宋政府很重視百姓看病吃藥的民生問題，宋初設立「尚藥局」，廣泛地收集宋代以前之方劑及民間驗方，編成大型方書。《太平聖惠方》是首部編著的大型方書，由翰林醫官使王懷隱等於西元九八二年撰成，共載一萬六千八百三十四個處方，並對方劑、藥物、病證及病理都進行了論述。北宋王安石改革時，鑒於生藥售賣中以次充好、夾帶偽劣、坑害顧客的弊病極多，遂在京城汴梁首創太醫局熟藥所，專售成藥和中藥飲片，配製方法都按標準從嚴掌握，售價只有市價的三分之一，製藥和供貨都由太醫院主管。其後，這種平價藥房又從京師推廣到各州縣，以「天子賜錢合藥，惠及百姓」，深受民眾歡迎。宋室南渡後，官辦熟藥所改名醫藥惠民局，要求各州軍至少都有一所，在品質、專利、作息等方面，都訂有嚴格的制度。如紹興六年（一一三六）詔：「熟藥所、和劑局、監專公吏輪留宿值。遇夜，民間緩急贖藥，不即出賣，從杖一百科罪。」宋代就出現通宵營業的便民藥房了。

從《清明上河圖》中，我們也可以看到宋人生病求醫的情況。畫面上有三處繪有中醫診所，兩處是小兒科，反映了當時中醫小兒科的發展盛況。作者之所以這樣繪製是有根據的。小兒科作為中醫領域的專科之一，始於唐代而盛於宋代。宋代湧現出以「兒科聖手」錢乙為代表的一批兒科專家，其弟子閻孝忠後他的理論及經驗整理成《小兒藥證直訣》一書。此書是兒科專著，包括生理、病理及治療方面，已能防治痘疹（天花）、水痘、痲疹、驚風、疳積等兒科疾病，使宋代成為中國醫學發展史上兒科學發展的鼎盛時期。《清明上河圖》中一家兒科診所門前掛著一個挑子，上面寫著「專治小兒科」。堂內坐著一位醫生，旁邊有一人領著自己小孩請醫生診治。小孩大概怕醫生，欲掙脫跑掉，畫面生動有趣。

《清明上河圖》中趙太丞家

《清明上河圖》中還有一處診所，門前豎的牌子上寫著「專門接骨」的字樣。中國在唐代之前並無外科、傷科之分，統稱為「金創折瘍」。至宋代，外科、傷科才開始分開，有了專門的接骨醫生，圖中的骨傷科診所就是佐證。從圖中可以看到，診所門前有兩位頭頂斗笠的人在徘徊著，其中一人欲入內求治。畫家真實勾畫出初診者的心理活動，非常形象逼真。

《清明上河圖》中還繪有一處藥鋪，招牌上「本堂法制應症煎劑」八字依稀可辨。隔壁房內，買藥人和賣藥人之間用專門的櫃檯隔開，井然有序。現代中藥鋪的櫃檯形式，可能就是沿襲了宋代的傳統。這家藥鋪是官營還是民營不得而知。《清明上河圖》畫面最後的一處房屋，屋簷下掛有「趙太丞家」的四字匾，有人正在求醫問藥。《清明上河圖》從多個側面反映了宋代醫學的時代進步，真是宋代社會生活的風情寫真之作。

29 韓國學者稱百分之九十九的針灸穴位國際標準是韓醫制定的，真的是這樣嗎？

中國古代針灸分為針法和灸法，針法是運用各種金屬針刺入穴位，運用不同手法治病；灸法是採用艾條、艾柱點燃後熏灼穴位治病。二者常配合使用，所以合稱為針灸。針灸醫術是中國古代人民對世界醫學的巨大貢獻。

宋代皇帝對針灸也很有興趣。《宋史》記載趙匡胤曾親為趙光義針灸：「太宗嘗病極，帝往視之，親為灼艾。太宗覺痛，帝亦取自灸。」宋仁宗多次接受針灸治療，《醫部全錄》載：「嘉祐初，仁宗寢疾，下召草澤，始用針自腦後刺入。針方出，開眼目：『好惺惺！』翼日，聖體良已，自稱其為『惺惺穴』。」「惺惺」為當時口語，為高明之義，惺惺穴就是風府穴。《宋人軼事彙編》又說：「仁宗嘗患腰痛，李公主薦一黥卒治之，用針刺腰。才出，即奏曰：『官家起行。』上如其言，行步如故。賜號『興龍穴』。」

宋代統一針灸學說成為社會需要，一方面是因為不斷發現新的穴位，另一方面流傳至宋的針灸學古籍脫簡錯訛甚多，用以指導臨床，往往出現不應有的差錯事故，因而急需整理。宋仁宗令太醫王唯一編繪規範的針灸圖譜以統一針灸諸家之說。西元一〇二六年，王唯一鑄造兩尊標有十二經循行路線及穴位的銅人，銅人在臟腑的布局、經絡的循行、穴位的定位方面都十分精確。王唯一還對過去針灸學著作訂正改進、去偽存真，編繪了三卷《銅人腧穴針灸圖經》。銅人與圖經互相配合，「以銅人為式，分臟腑十二經，旁注腧穴」，直觀描繪了十二經脈及三百五十四個穴位，圖樣完整，經穴較多而系統。按照圖可查到所需用的穴位，按照穴位可查到所治之症候，並詳述各個針灸穴位間的距離長短，針刺的深淺尺度，以及主治、功效等項。

宋仁宗十分重視王唯一的成果，下詔將《銅人腧穴針灸圖經》刻在兩塊石碑上，樹立在開封，供學習者研讀。針灸銅人一尊放在大相國寺的仁濟殿，讓醫生們學習參考，另一尊放在皇宮太醫署。王唯一制定了中國最早針灸穴位的國家標準，為統一和發展中國針灸學做出劃時代的貢獻。針灸醫學至今仍然造福於中華民族，並且對人類健康做出愈來愈大的貢獻。

二〇〇八年六月，韓醫協會表示，人體上可以進行針灸的穴位有三百六十一處，世界衛生組織制定的國際標準中的三百五十七個穴位採用了韓醫學的標準，接近百分之九十九。這是韓國對中國文化的公然搶掠，在宋代就確定了針灸穴位標準，事實上，國際標準《針灸經穴定位》三百六十一穴中三百五十九個針灸穴位與中國國家標準相同，中國在針灸穴位國際標準制定中起了決定性作用。

【豆知識】

中國最早的人體解剖圖出現於何時？

中醫並不重視對人體的解剖，因而中國古代解剖學比較落後。在中國古代歷史中，人體解剖的案例十分稀少。據學者考證，商代從剖開的屍體中已認識到心的形狀，這很可能是中國醫學最早認識臟腑的記錄。《史記》中記載上古時名醫俞跗善用外科解剖術治病的事蹟。《漢書》中記載西漢王莽時，曾令太醫院醫生解剖過死者的屍體。這些很少的案例，只有文字記錄而沒有圖像資料。

但是宋代，中國古代解剖學則有新的發展。北宋時吳簡等人，曾對被官府處死的歐希範等五十六具屍體進行解剖，並由繪工宋景畫成圖譜，即《五臟圖》，這是中國目前已知最早的人體解剖圖，惜早佚失。《五臟圖》在圖著中對五臟六腑的位置、解剖形態作了較詳細的描述，與正常人體五臟六腑的位置基本相符合。

宋徽宗崇寧年間（一一〇二—一一〇六），泗州刑賊於市，郡守李夷行遣醫并畫工往觀，決膜摘膏，曲折圖之，盡得真形。楊介考訂校正，繪述了從咽喉到胸腹腔各臟腑的解剖，因以所見五臟之真，繪而為圖，又益之以經絡十二經，名為《存真環中圖》，謂存真即五臟六腑圖，環中即十二經絡圖。《存真環中圖》對人體胸、腹腔、消化、泌尿、生殖系統等內臟及血管都有較為詳細的描述，所繪的解剖位置和形態，基本上正確。《存真環中圖》

是中國現存最早的人體解剖圖譜，對中醫的發展有較大影響，後世的醫書如朱肱的《內外二景圖》、高武的《針灸聚英》、楊繼洲的《針灸大成》等，都引用過部分《存真圖》的史料。

《存真環中圖》是中醫解剖的代表性著作，過去學者多認為《存真環中圖》已亡佚，但現在經過《中國中醫古籍總目》編纂專家調查，已確認此書現存國家圖書館。

【五】娛樂消遣

30 宋朝的「小品」和今天的一樣嗎？

宋朝雜劇是當時社會各階層喜聞樂見的一種藝術形式，其中流傳最廣者，是一種類似現代小品的滑稽戲。它的表演「全以故事，務在滑稽」。其表演者一般是民間藝人，一些著名的滑稽戲演員還被請去參加皇家重大宴會。

宋代滑稽戲表演每臺出場一般四到五個演員，「末泥」負責引入戲情，「副淨」負責逗哏，「副末」負責捧哏，「裝孤」者扮演長官或君王，「把色」者「吹曲破斷送」，即為表演者伴奏。宋代滑稽戲之所以受歡迎，其重要原因，就是它們反映社會現實，使人們在笑聲中得到警醒。

北宋時科舉發達，當時一些舉子為應付科考而盲目模仿唐朝詩人李商隱的文風，一齣滑稽戲中就反映了這個問題。一個演員上場，身上破衣爛衫，背上寫著「李商隱」三個大字。

宋朝滑稽戲《眼藥酸》

另一個演員見此，大驚失色問：「大詩人為何如此模樣？」答說：「現在許多學生都從我身上撕扯一點東西，拿去拼湊，搞得我已無完整之處了。」看戲的人哄堂大笑，同時這笑聲也有力地鞭笞了那些只重形式的膚淺文人。

宋朝滑稽戲甚至對於君主和權臣的劣政也敢於諷刺。如在高宗專為秦檜舉行的慶功宴會上，滑稽戲表演者演出了一齣諷刺二人屈辱求和的劇碼。此戲開場，表演者先說了不少歌功頌德的話，二人正得意間，只見一個演員忽然摔了一個大跟頭，帽子摔出老遠，露出頭髮上別著的一個大髮環，有人問：「你頭上戴的是什麼？」答說：「二勝環。」這是當時流行的一種髮環，但卻也和宋人「恢復中原，迎還徽欽二聖」同音。於是有人打了摔倒者一個耳光，斥責道：「你老實坐你的太師椅，領你的高薪厚祿，至於二勝環，應該把它放置腦後才是。」這句話頓時使宋高宗、秦檜如鯁在喉，羞惱不已，而愛國者則暗地稱讚。

宋代的滑稽戲反映的社會問題還有很多，它與現實融合的特點和當今的小品有類似之處，從而具有旺盛的生命力，十分受到當時民眾的喜愛。

【豆知識】

「跳樑小丑」是怎麼來的？

「跳樑小丑」是今天人們常用的一個成語，用來比喻那些上竄下跳、興風作浪卻沒有多大本事的壞人。那麼，這個成語的由來是怎樣的呢？它和歷史上那些博得君民歡笑的被稱為「俳優侏儒」的滑稽戲演員有沒有關係呢？

「跳樑」一詞很早就已經出現了，在《莊子．逍遙遊》中，莊子和惠施談論事物的功用。莊子舉例說：「子獨不見狸狌乎？卑身而伏，以候敖者。東西跳樑，不辟高下，中於機辟，死於罔罟。」以此來說明事物都有它的功用，但是不能太出色，否則就會受害。「跳樑」隨之也被後人用來比喻那些跋扈而又沒多大能耐的小人物，特別是反叛者、農民起義軍、少數民族叛亂者等。比如《漢書．蕭望之傳》中就提到：「今羌虜一隅小夷，跳樑於山谷間。」《宋史．張運傳》中也說：南宋初，「鼎州賊楊麼、黃誠擁眾數萬，殘破城邑，跳樑湖北」。

「小丑」一詞，出現也很早，《史記．周本紀》中就記載：周共王出遊，令密國國君康公隨從。途中見到三個耕田的女子。康公私下帶回了三女，沒有獻給周共王。她們的母親對康公說：「眾以美物歸女，而何德以堪之？王猶不堪，況爾之小丑乎？小丑備物終必亡。」

第二年，周共王滅密國。在此之後，「小丑」也多用來代指那些沒有多大能耐的反派人物，如宋仁宗曾說：「元昊小丑也，旋即誅滅矣。」可見，「小丑」一詞在歷史上與「跳樑」所指大致相同。

在此基礎上，宋人首先提出「跳樑小丑」一詞，從動作和形態兩方面更加醜化敵人。宋仁宗朝，大臣宋祁曾上書論攻打西夏的軍事策略問題，開篇即道：臣「以為勇夫扞外，儒者計內，合為威略，以行天誅，則跳樑小丑，指期烹醢」。從此，「跳樑小丑」一詞開始代指那些上竄下跳的無能的反派人物。

31 金魚是從什麼時候開始馴化家養的？

金魚是由野生鯽魚馴化家養培育而成的，是中國觀賞魚的典型代表，經過歷代人辛勤的培育，金魚的形態和顏色有了豐富多彩的變化，顏色有黃金色、紅色、黑色、紅白花、藍紫色等等，形態上有兩眼突出的「泡眼」，尾鰭長大飄逸的「龍井」等等。金魚以其性情溫和、雍容華貴、肥身長尾的特徵為中外觀賞魚愛好者所喜歡。那麼，這麼多彩美麗的金魚是從什麼時候開始馴化家養的呢？

早在唐朝的時候，人們就已經開始觀賞黃金色的鯽魚。但是當時還沒有馴化家養。北宋時期，金色的鯽魚被放養在杭州西湖等地，其時尚處於半野生的狀態中，蘇軾也曾記載說杭州六和寺後池中有魚如金色，自己投餅餵之，久不復見，因此感歎此魚的珍貴。此時金鯽除了顏色之外，其體貌特徵與野生鯽魚並無不同。至南宋初年，宋高宗在退位後好養禽獸以為樂。於是孝宗為其在德壽宮專門建池養金鯽，士大夫相繼仿效，蔚然成風。而市場上也出現了一批專門養殖金鯽的商販，他們十分注重培養新品種，使金鯽的許多變異在繁育中被人工保留下來，金鯽遂轉入馴化家養階段，即演變而成金魚。養殖者將金魚養在大缸中，從污水中撈取紅蟲餵養牠們，從而產生了色變。《咸淳臨安志》就記載：魚販們「以闤市洿渠之小紅蟲飼，凡魚百日皆然。初白如銀，次漸黃，久則金矣」。在家養狀態，金魚生活空間變小，覓食容易，也不用躲避天敵，因而其在水裡的游行速度由敏捷迅速轉變為優雅遲緩，體態從細長、前尖、中寬、後細變為肥短厚重，尾鰭變成如同花瓣綻放的形態。當時南宋商販已經培育出白底黑花的金魚，名曰「玳瑁」。此後，經過一代一代金魚養殖戶的雜交、培育和人工選擇，金魚的顏色更加多彩，形態更加多樣化。金魚的培育成功，是宋代人在生物學上的重大貢獻，傳到西方，為達爾文的進化論的形成也提供了一定的參考。同時，南宋時期金魚的馴化家養，為中國觀賞魚發展奠定了堅實的基礎。而它從皇宮內廷走向民間大眾，也反映了宋代市民文化娛樂生活的繁榮發展。

【豆知識】

宋朝的水族表演為什麼廣受歡迎？

兩宋時期，隨著社會經濟文化的發展，人們的社會娛樂活動較前代也更加豐富多彩，城市中乃有瓦舍、勾欄的興起，標誌著演出場所發生的跨時代變化。東京開封的《東京夢華錄》中記載有瓦舍十餘座，其中各有勾欄五十多個場子。里瓦中夜叉棚、象棚最大，可容納數千人。宋代瓦舍勾欄中有一種名叫「戲水族」的動物表演，也非常吸引人，常常引得大家歡笑不止。那麼，這是怎樣一種表演呢？它又為什麼廣受民眾歡迎呢？

「戲水族」屬於宋代馬戲的一種。馬戲原始意思是指馬術特技表演，騎手在馬上表演立馬、跳馬、倒立、蹬裡藏身等高難動作。其引申意思也用於經過訓練的動物參加表演，包括教禽獸、教水族等。「戲水族」正是通過訓練水中動物表演來博取人們娛樂的一種馬戲活動。宋周密《癸辛雜識》中就記載了這種有趣的動物表演。「七寶戲」是宋代水族表演的代表形式，表演時藝人先端上七個盛滿水的大水盆，各盆中裝有龜、鱉、泥鰍、魚、螃蟹等七種水族動物，藝人用手敲銅鑼並呼喚動物的名稱，盆內的龜、鱉等水族聞呼叫即出，頭戴面具，邊游邊舞，舞完即沉。然後藝人再一一呼叫其他水族的名稱，次第表演各自的舞蹈，如此周而復始，非常有趣。每次表演都能吸引大量觀眾前來捧場，笑聲不斷。除了「七寶戲」之外，宋朝教水族表演還有「魚跳刀門」、「烏龜踢弄」等節目，也很受觀眾歡迎。

宋代人之所以喜歡水族表演，首先是由於這種表演妙趣橫生，人與動物配合的默契程度令人歎為觀止。當時戲水族的高超表演，以至皇宮內院也叫藝人前去表演。比如南宋孝宗淳熙十一年，孝宗過宮看望太上皇宋高宗，便讓人「盛七寶水戲」，並宣押官趙喜等教舞水族，以博取宋高宗的歡笑。其次，宋人對水族表演的歡迎，也是由於這種表演的創新性。人們通常很難看到魚、鱉、泥鰍等水中生物表演，由於新奇和獨創，所以廣受民眾歡迎。再者，魚、龜等水族動物，在古人看來都是象徵吉祥、長壽、豐收的祥瑞之物，通過觀賞它們的表演，人們相信會給自己帶來好運。宋代水族動物表演的盛行，反映了宋代動物馴化水準的提高，同時也反映了宋代娛樂業商業化、通俗化、大眾化程度的提高。

32 燕青擅長的「相撲」是什麼運動？

相撲又稱角抵或爭交，即摔跤。《都城紀勝》中說：「相撲爭交謂之角抵。」宋代的相撲在朝野都很流行。在朝廷重大活動中，常由軍士表演相撲節目，《夢粱錄》卷二十載：「角抵者，相撲之異名也，又謂之爭交。且朝廷大朝會，聖節御宴第九盞，例用左右軍相撲，非市井之徒，名曰『內等子』。」《宋史》記載紹興年間因金國聘使「到闕筵宴」，節目表上就有「相撲一十五人」。而宋代民間也有很多相撲高手，並以表演為生：「瓦市相撲者，乃路歧人聚集一等伴侶，以圖摽手之資。先以女颭數對打套子，令人觀睹，然後以膂力者爭交。」有的地方在農閒時節，也有自發的業餘角抵運動，「民秋後結朋角抵，謂之野場」。宋代相撲不僅是男子運動，還有很多女性相撲手，上文中「女颭」即是指此。宋代女性中還不乏相撲高手，如賽關索、囂三娘、黑四姐等。宋仁宗在上元節時曾觀看過女子相撲表演，對此司馬光還氣憤憤地說：「上有天子之尊，下有萬民之衆，后妃旁侍，命婦縱觀，而使婦人裸戲於前。」但實際情形不是司馬光說的那樣，女相撲選手僅是為了活動方便而著衣較少而已。南宋時臨安護國寺南高峰的露臺是全宋相撲錦標賽的場地：「擇諸道州郡膂力高强、天下無對者，方可奪其獎。」

《水滸傳》第七十四回詳盡敘述了浪子燕青與「太原相撲擎天柱任原」的相撲比賽。比賽地點在岱嶽廟，由年老的部署任裁判，首先要讀「相撲社條」，即宣布比賽規則，然後著重提示「不許暗算」。任原「頭綰一窩穿心紅角子」，「喝了一聲參神喏，受了兩口神水」，燕青則除了頭巾，「光光的梳著兩個角兒」，「赤了雙腳」，「布衫脫將下來」。燕青腳步靈活，身軀高大的任原「轉身終是不便，三換換得腳步亂了」。燕青瞅準機會，使一個「鵓鴿旋」，四兩撥千斤，將任原頭在下，腳在上，掀下臺去。

宋代相撲與當今日本的國術相撲相比較，二者有很多相似之處。如都有賽臺、裁判，都要赤膊光腳，頭上的髮式都要束成角狀，比賽前要喝所謂的神水。因此說日本相撲起源於中國是有道理的。

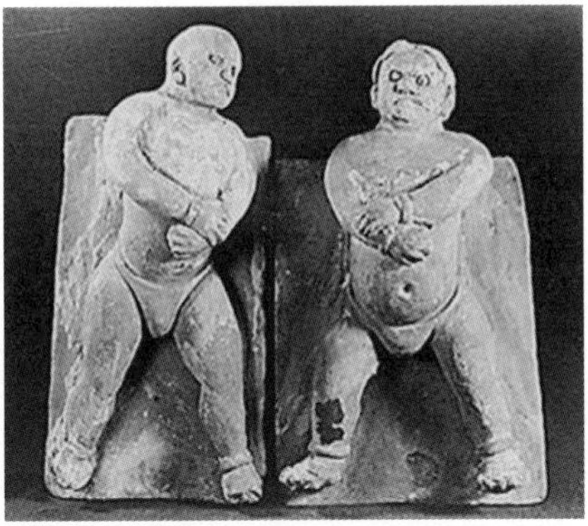

金代力士相撲磚雕上身赤裸，下身光腿赤足，僅在腰間繫一個兜襠。

【豆知識】

被稱為「中國古代的高爾夫」的是什麼運動？

捶丸宋代還有一種捶丸遊戲，元朝時的《丸經》中記述說捶丸最早在宋徽宗的時候就出現。在泰山岱廟西城牆遺址中出土的宋代石刻畫《捶丸圖》和現存於山西省洪洞縣廣勝寺水神廟壁畫中的元代《捶丸圖》，都為我們瞭解這一運動提供了珍貴的圖像資料。從這些資料我們可知，捶丸是一種以球杖擊球的體育運動，極似現代的高爾夫球，所以，捶丸也有「中國古代的高爾夫球」之稱。這項運動在宋、金、元三代較為普及並逐漸發展繁榮。中國古代的捶丸與西方的高爾夫也許有著一定的淵源關係，現在西方的高爾夫最早見於蘇格蘭，它出現的時候，中國古代的捶丸已經存在三、四百年了，而且兩項運動的規則、方式基本上一致，很有可能就是元代蒙古大軍西征時，把中國古代的捶丸遊戲帶到西方去的。

33 宋朝人踢什麼球？

提到宋朝人踢什麼球，大家首先就會想到一個人——高俅。在小說《水滸傳》中，高俅正是因為他高超的球技而得到了當時還沒有做皇帝的端王趙佶的寵愛。高俅本來是一個浮浪破落戶子弟，平時不務正業喜歡耍槍使棒，「最是踢得好腳氣毬」。他的球技確實高超，小說

《宋太祖蹴鞠圖》

中這樣描述：「高俅只得把平生本事都使出來，奉承端王。那身分模樣，這氣毬一似鰾膠黏在身上的。」由這些文字我們可以看出，宋朝所踢的球叫做氣毬。這種氣毬正式的名字叫蹴鞠，是唐宋時期最為繁榮的一項運動，從事和觀賞蹴鞠表演的人都很多。也正是因為這樣的社會背景才會使高俅這樣一個「破落戶子弟」能夠依靠他的球技而發跡。

宋代的蹴鞠是用十二片皮子縫製成的，不露線腳，是一種充氣球。球的重量被規定為十二兩。可以說，宋朝的製球技術是相當高的，這也促進了踢球技術的發展。宋代蹴鞠家歸結出了肩、背、拍、拽、捺、控、膝、拐、搭、臁等「十踢法」，可以說和現代足球運動的技術相差無幾。如控球時須用雙眼四顧，以尋找最佳傳球落點，拽球時「用身先倒」，即現在常見的「鏟球」等。「十踢法」完全可以視作個人練習踢球時的最基本的技術。

蹴鞠在宋代獲得了非常大的發展，上至皇室貴族、達官顯貴，下至平民百姓、販夫走卒；男男女女、老老少少，喜愛踢球和看球的都大有人在。上海博物館藏一幅《宋太祖蹴鞠圖》，描繪的就是宋太祖趙匡胤踢蹴鞠的情景。宋代社會上還有專門靠踢球技藝維持生活的足球藝人。為了維護自身利益和發揚互助，至少在南宋時期，宋代的踢球藝人還組織了自己的團體，叫做「齊雲社」，又稱「圓社」。這是專門的蹴鞠組織，專事負責蹴鞠活動的比賽組織和宣傳推廣，這可被看做中國最早的單項運動協會，也可以說，它就是世界上最早的足球俱樂部。

【豆知識】

宋朝踢足球的規則和現代有何不同？

宋代的足球比賽和我們現代的足球比賽有很大不同，主要有不用球門和用球門兩種玩法。高俅得以青雲直上所憑藉的是一種不用球門的玩法，在宋代叫作「一人場戶」，是一個人的踢球法，這種踢法不需要很大的場地，帶有取悅於人的表演色彩，需要很高的技巧。除此之外《事林廣記》中的蹴鞠球門，其他還有「二人場戶」：即二人對踢，一來一往，達三、五百遭；「三人場戶」：或一踢、兩踢傳到下位，不許倒踢給上位，周而復始；「四人場戶」：四人站據方形四角之上，用大球各一支，來往對踢，各依次轉場換位；「五人場戶」：第一人踢與第三人，輪流隔一位傳踢，必須按節次踢，若踢著人，自請賞罰；「七人場戶」：七人排成一縱隊，依次傳球至第七人，再由第七人把球從衆人頭上踢越至第一人；「九人場戶」：九個人，立三排，一人居中為「心」，八人圍邊為「花」，對踢「花心」。其他的踢球方式還可舉出許多。

還有一種就是有球門的蹴鞠運動。這種蹴鞠運動，較之不用球門的蹴鞠運動增加了一些對抗性。和現代足球運動的規則不同，參加運動的兩隊各有十六人，兩隊共三十二人，通常被稱作「左右軍」。運動的場地無明確尺寸，有明確尺寸的是球門，但和現代足球運動的球門不同，是兩根高三丈二尺的木柱，木柱相距二尺八寸，網闊九尺五寸，球門上有一個直徑三尺左右的「風流眼」，作進球用。雙方的主攻方向就是球門上的「風流眼」。要射中這種高達三丈的單球門上的小小「風流眼」，不是很容易的，需要技巧高絕的球頭來踢。比賽就圍繞著球頭進行，先由其他球手將球踢端正再傳給球頭，球頭大步將球踢入「風流眼」。球射過「風流眼」，對方接球後，將球踢過數遭，也傳給球頭，球頭若能再踢過這個「風流眼」，即為勝一球，反之為敗。正式比賽是「左右軍」同賽三次或五次。比賽前先拈卷子分前後，兩隊著裝顏色也不同，以便識別。這種蹴鞠比賽已有很詳細的規則，一般是三次決出勝負。倘若勝不了對方，球頭就要受「吃鞭」的懲罰；勝者，則被賜賞銀盃錦繡。

34 宋代男子為什麼也喜歡戴花？

宋代男子非常注重穿著，理學大師朱熹就說：「大抵為人，先要身體端正。自冠巾、衣服、鞋襪皆須收拾愛護，常令潔淨整齊。」而且，與現代截然不同的是，宋代的男子特別是士大夫也同女子一樣特別喜歡戴花。這是怎麼一回事呢？

在宋代，戴花又稱為簪花、插花，無論朝廷還是民間，都很流行。宋代男子喜歡戴花，首先與朝廷禮儀有關。宋初就形成慣例，凡是朝廷舉行隆重的集會，皇帝、大臣都戴花。戴花的禮儀也很有講究。北宋時有三品之說：皇帝生辰，因為有遼國使臣到場，所以戴絹帛做的花，以示節儉；而春秋時節舉行的國宴，則戴用羅、帛做的花，甚為美麗；而在一些遊樂場合如到金明池觀看爭標，則賜宰執們滴粉鏤金花，極為珍貴。皇帝賜的花，稱為御花，依照官品從高到低各有不同材質。一般將花插在襆頭上。當時遇到慶典或正式場合，大臣們都要穿朝服，戴御花。南宋時，官員每逢重要節慶，如郊祀、聖節等也都在襆頭上簪花。花朵分為三種，一是大羅花，二是欒枝，即雙枝花朵，三是大絹花。皇帝賜的花也有鮮花，當時稱為生花，宋真宗就曾在宜春殿設宴時賜百官鮮花牡丹百餘朵。

宋代男子喜歡戴花，與士大夫們風雅的生活態度有關。當時士大夫聚會時多愛戴鮮花助

南宋李嵩《花籃圖》

興。如北宋韓琦作揚州知州時，州衙花園芍藥盛開，其中有四朵金黃色的最為豔麗，於是就下令在花園設宴。四朵花非凡品，給誰戴呢？自然韓琦自己一朵，當時州簽判官是王安石，通判是王珪，都是天下名士，也可以分得一朵。還有一朵給誰呢？恰巧此時名士陳升之赴任途經此地，於是將第四朵給了他。因而諸公擺宴賞花，飲詩唱詞，興致非常高。此後，這四位戴花的男子都作了宰相，於是人們都說這是上天降下的「花瑞」。

宋代普通男子也有戴花的習俗，除了對士人的模仿外，也是出自於對美的自然追求。除了羅、絹做的花外，還有鮮花和用琉璃、草編的花朵。大文學家歐陽修就曾講到：「洛陽之俗，大抵好花。春時城中無貴賤皆插花，雖負擔者亦然。」宋人簪花的習俗促進了花卉種植業的發展，同時也為製作假花和鮮花生意提供了重要市場。

【豆知識】

宋代為什麼興起「牡丹熱」？

宋人喜愛鮮花，而其中對牡丹的熱衷，更非其他花卉可比。當時的僧人仲林在《越中牡丹花》序言中就說：「越之所好尚惟牡丹，其絕麗者三十二種。」實際上不僅吳越之地，在中原開封、洛陽，以至巴蜀等地，只要氣候土壤適合之處，都廣泛栽培牡丹。時人養殖牡丹的技藝也達到非常高的水準，有關牡丹養殖、欣賞的專業書籍也更為多見，人們日常戴花也喜歡戴牡丹，可以說興起一股「牡丹熱」。那麼，宋朝為什麼會興起「牡丹熱」，這種熱潮在當時又產生了哪些影響呢？

宋代「牡丹熱」的興起，首先是由牡丹花本身的特點決定的。宋人所養花卉，種類是比較多的，比如芍藥、菊花、茉莉、含笑等。但是牡丹是最受歡迎的一個品種，原因就在於牡丹花朵大，有王者之氣，顏色豔麗而多，氣味芳香，花期長，變異品種多，嫁接容易成功等優點。如當時西京洛陽中「洛中花甚多種，而獨名牡丹曰『花王』」。

其次，當時的牡丹熱，也與宋代皇家和士大夫階層對牡丹花的讚賞和推崇有關。每年春暖花開，皇帝都要和大臣們一起賞牡丹遊樂。而一些熱衷風雅的士大夫對牡丹花也推崇備至，如大文學家蘇軾就曾做《牡丹記敘》，其中讚歎牡丹「此花見重於世三百餘年，窮妖極麗，以擅天下之觀美。而近歲尤復變態百出，務為新奇以追逐時好者，不可勝紀」。而一些士大夫如歐陽修、陸游等還作《洛陽牡丹記》、《天彭牡丹記》等，對牡丹進行了研究。這些也推動了宋代「牡丹熱」的興盛。

再次，宋代的牡丹熱，也與遊園風氣盛行有關。《東京夢華錄》中就說：大抵都城左近皆是園圃，「次第春容滿野，暖律暄晴，萬花爭出」。而《洛陽名園記》也記載了洛陽的著名園林二十餘所，三、四月牡丹盛開，四方男女雲集，飲酒賞花。洛陽、揚州等地還舉行「萬花會」，以牡丹花作屏帳，「插花釘掛」，舉目全是牡丹花，形成花海。這種遊園活動也促進了「牡丹熱」的興盛。

當然，宋代的牡丹熱，必然也和宋代人戴花風氣盛行有關。人們對美的自然追求促使戴花風氣盛行，當時戴花以牡丹、芍藥等富貴之花為多，故而城市中也是「處處筠籃賣牡丹」。

35 宋代社會為何賭徒多？

賭博是指以營利為目的，兩人以上以共同認可的方式比輸贏，達到獲得對方財物的行為。宋代社會賭風盛行，各行各業都有大批賭徒。宋朝士兵是賭徒的重要來源，如宋真宗時有巡卒三人，在寒食節時，質當軍裝進行賭博，輸個精光，於是結夥在天明時襲擊路上行人，棄屍河流，取下衣物質賣，以贖回軍裝。宋代的賭場稱為櫃坊，蘇軾記載：「城中有開櫃坊者百余戶，明出牌榜，招軍民賭博。」宋代市民和惡少也常參與賭博。陸游說當時有市人以賭博取人財者，每賭必大勝，號「松子量」。《夷堅志》中亦有記載池州東流縣，嘗有少年數輩，相聚於酒店賭博，各齎錢二、三千，喝酒酣賭。

宋代在各類人群聚集場所，多有臨時設置的賭局。《水滸傳》一百四回《段家莊重招新女婿，房山寨雙併舊强人》中描述有三、四十只桌子，都有人圍擠著在那裡擲骰賭錢。對賭徒們的嘴臉，文中更是作了形象刻畫，輸者面紅耳赤，贏者得意洋洋：「那些擲色的，在那裡呼么喝六，錢的在那裡喚字叫背，或夾笑帶罵，或認真廝打。那輸了的，脱衣典裳，褫巾剝襪，也要去翻本，廢事業，忘寢食，到底是個輸字。那贏的，意氣揚揚，東擺西搖，南闖北踅的尋酒頭兒再做，身邊便袋裡，搭膊裡，衣袖裡，都是銀錢。」

宋代賭徒增多，主要是因為無業遊民增多，他們都希望在賭博中獲得財富。這些無業之人，宋代稱之為「閒漢」。《水滸傳》中高俅曾投奔一個開賭坊的閒漢柳大郎，鄒淵是閒漢出身，自小最好賭錢。這些閒漢，一部分活動於市井，一部分又通過「募兵制」成為士兵，而賭博風氣也帶入社會各個角落，所以宋代社會中賭徒很多。《水滸傳》中施恩開的快活林就有二、三十處賭坊兑坊，這與宋代的歷史是實際相符合的。

【豆知識】

中國古代最有影響的博戲是什麼？

中國古代最為重要、最有影響的博戲形式是擲骰子。由於骰子的點數可有許多種不同的組合方式，而投擲時，在骰盆中跳躍不定，使人又無法預測所定的點數，更能刺激賭徒的神經；投定後，不會變動，可以杜絕紛爭。因此骰子從產生之日起，便與賭博結下了不解之緣，並一直流傳至今日。

據五代《續事始》記載，骰子是三國時魏國曹植所造。本來只有二枚，取投擲之義，故名投子。宋人程大昌《演繁露》則認為：「骰子之制，即祖襲五木」，是從五木演變而來的。五木的兩頭尖，中間兩面平。骰子則削平尖端，形狀為正立方體，由兩面而成六面。

骰子初以木製、竹製，後有玉製，唐時改以骨製，始有「骰子」之稱。骰子的六面，分別刻以「么、二、三、四、五、六」的數字。唐時除么數、四數為紅色，其他全為黑色。「四」數著紅色的原因，據清趙翼《陔餘叢考》引《言鯖》云：玄宗與楊貴妃在後宮擲骰遊樂，眼看要輸了，只有出現四點方能解救敗局，此時尚有一個仍在旋轉之中，唐玄宗心中焦急，「連叱之，果成四。上悅，顧高力士令賜緋，遂相沿至今」。這裡「賜緋」就是允許骰子可以描紅，後世相沿成習。骰子點數著色，故亦稱色子。唐代詩句中對骰子也多有題詠，白居易《就花枝》詩：「醉翻衫袖拋小令，笑擲骰盤呼大采。」溫庭筠《南歌子》：「玲瓏骰子安紅豆，入骨相思知不知。」用紅豆（相思子）嵌入骨製的骰子之中（以之著色），比喻情人入骨的相思。宋人陶穀《清異錄》載：開元年間，因為後宮繁衆，侍寢皇帝者難於取捨，於是集宮嬪用骰子擲，最勝之人，「乃得專夜」，因而私號骰子為「挫角媒人」。

骰子賭也是宋代最流行的賭博遊戲之一。宋代宣和牌中三十二扇牌，就是由兩枚骰子分別組合而成的，如雙「六」為「天牌」，雙「么」為「地」牌，雙「四」為「人」牌，「么、三」為「和」牌。宋代骰子之戲常常與其他遊藝相結合，如「升官圖」，又稱彩選格，是在一個棋盤或紙上繪有由賤至貴的六十八個官職，最低為縣尉，最高至宰相。玩時用六枚骰子擲彩，根據不同的彩與不同的官職相對應。如果紙上所列的仙位，則稱「選仙圖」。二〇〇五年，河南省文物考古研究所發掘了鄭韓故城的宋墓，出土了十個製作精緻的瓷骰子，骰子的形狀及上面所刻的數字和現在的骰子一模一樣。

自清代開始，骰子的娛樂方式被基本決定下來，一般採用三枚骰子在骰盅中賭。這是我們影視中最為常見的形式。清代宣和牌及骰子近代又發明了電動骰盅，避免人為作弊的可能，因而在澳門等地賭場中廣泛使用。

【六】藝術風潮

36 為什麼說「家有萬貫不如鈞瓷一片」？

鈞瓷，是中國五大名瓷之一，窯址位於現在的河南省禹州市。禹州市的神垕鎮素有「鈞都」之稱。由於夏禹的兒子啓曾在這裡的鈞臺宴會天下諸侯，舉行盛大的開國典禮，於是鈞瓷由此得名。

鈞瓷始於唐，盛於宋，又經歷了元、明、清，直到今天，依然閃耀著絢麗奪目的光彩，為世人所青睞。特別是宋代以來，鈞瓷一直被皇家定為御用珍品，宋徽宗更是將其誥封為「神鈞寶瓷」，每年欽定生產三十六件，只能皇家使用，不許民間收藏。鈞瓷的燒製是一種複雜的高難技術，在燒製過程中有百分之七十的產品會報廢掉，而其中的上品則更為罕見，故有「黃金有價鈞無價」、「縱有家產萬貫，不如鈞瓷一片」、「雅堂無鈞瓷，不可自誇富」等說法。

宋代鈞窯尊

鈞瓷是中國宋代五大名窯瓷器之一，以獨特的窯變藝術而著稱於世，它造型古樸，工藝精湛，配釉複雜。尤其是其「入窯一色，出窯萬彩」的神奇窯變，可幻化出令世人驚歎的玫瑰紅、海棠紅、胭脂紅、雞血紅、朱砂紅、茄皮紫、葡萄紫、鸚哥綠、蔥翠青、梅子青、天青等各種色彩。相傳尤以胭脂紅、蔥翠青和墨色為難得的佳品。這種窯變色彩就像蔚藍色天空中的彩霞一樣，五彩滲化，相映交輝。釉中的流紋更是形如流雲，變化莫測，意境無窮。因為它的釉色是自然形成而非人工描繪，因而每一件鈞瓷的釉色都是唯一的，也就是說，世上僅此一件，因而「鈞瓷無雙」。

鈞瓷的造型端莊、渾厚、古樸、文雅。鈞瓷器皿，棱角分明，線條優美，文飾簡練，雕塑別致。其傳統造型約有二百餘種，主要有香爐、寶象瓶、葫蘆瓶、連座瓶、玉壺春瓶、梅瓶、雙龍活環瓶、鵝頸瓶、出戟尊、三羊開泰尊、蓮花尊、花盆、鼓釘洗、碗等。將這些優美的鈞瓷作品置之庭室則富麗堂皇，滿屋生輝；陳之幾案則賞心悅目，雅致韻人。

對於鈞瓷的優美，古人有許多詩句來讚揚，如「出窯一幅元人畫，落葉寒林返暮鴉」、「雨過天晴泛紅霞，夕陽紫翠忽成嵐」、「峽谷飛瀑菟絲縷，窯變奇景天外天」等。民間也有「鈞與玉比，鈞比玉美，似玉非玉勝似玉」的盛譽。

【豆知識】

宋代「五大名窯」是哪些窯口？

宋代的五大名窯除了鈞窯外，其他四窯是定窯、汝窯、官窯和哥窯。

定窯，位於現在的河北省曲陽縣，曲陽在宋代時隸屬於定州，因而被稱為定窯。定窯瓷器以白瓷為主，以覆燒工藝著稱，並以刻花、畫花、印花裝飾聞名，特別是印花裝飾最為精美。定窯所使用的覆燒工藝，指的是一種燒製碗類器物的先進裝燒技術，把多件器物扣疊在一起，形成一個筒形的組合式匣缽，這樣就大大增加了裝燒量，增加了產品的產量。定瓷最初為宋朝宮廷用瓷。但覆燒的瓷器口沿不能上釉，形成芒口，影響了美觀，導致宋代宮廷不再使用定瓷。但覆燒法在全國各地的瓷窯中卻得到了廣泛運用。

汝窯，位於在現在的河南省寶豐縣清涼寺村，這裡在宋代屬於汝州，因而被稱為汝窯。汝窯以燒製青釉瓷器著稱，特別是印花青瓷的風格是它的首創。繼定窯之後，這裡成為燒製貢瓷的窯場。汝窯瓷器的釉色主要有天青、天藍、淡粉、粉青、月白等。釉面有細小的紋片，稱為「蟹爪紋」。汝窯燒宮廷用瓷的時間僅二十年左右，約在北宋哲宗元祐元年（一〇八六）到徽宗崇寧五年（一一〇六），因而傳世品極少，被人們視為稀世之珍。

官窯，有北宋官窯和南宋官窯的區分。據宋人筆記記載，北宋官窯的窯址在汴京（今河南開封），徽宗政和至宣和年間（一一一一—一一二五），官府在這裡設窯燒造青瓷。宋室南

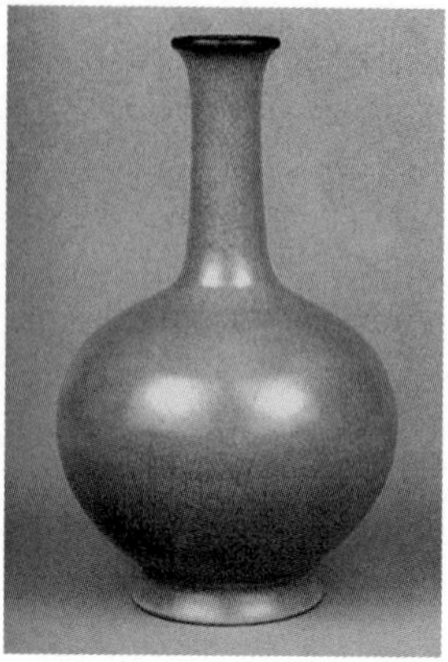

汝瓷天青釉長頸瓶

遷杭州後，在杭州附近設置了兩個官窯，一個在杭州鳳凰山下，名修內司窯，也稱「內窯」。另一個在今杭州市南郊的烏龜山，即郊壇下官窯。以上統稱南宋官窯。官窯以燒製青釉瓷器著稱於世，器物造型往往帶有雍容典雅的宮廷風格。瓷器釉層普遍肥厚，釉面多有大開片，形成金絲鐵線的效果。

哥窯，一般認為窯址在浙江龍泉。當時，龍泉有章氏兄弟二人都以燒製瓷器聞名，而哥哥章生一所燒產品比弟弟章生二略高一籌，因而備受民間和宮廷的讚賞和青睞。哥窯釉色以灰青為主，並且釉面有許多淺白的細小裂紋，紋路交錯，被稱為「百圾碎」。這是哥窯瓷器的最大特點。但由於哥窯的確切窯址至今也沒有找到，因而也有人認為哥窯就是南宋的修內司官窯。

37 婦女裹小腳為什麼會普及？

纏足是中國封建社會特有的一種妝飾陋習，最早開始於西元九六九至九七五年南唐後主李煜在位時期。宮嬪窅娘為接近李後主進而得到他的寵幸，用布帛將腳纏成了新月形狀。窅娘體態輕盈，再配上一雙小腳，跳起舞來別有一番韻致，李後主十分喜歡。纏足之風隨之而起，人們競相仿效。宋代沿襲這種風氣，出現了一種專門給纏足婦女準備的尖底弓鞋，名「錯到底」，文人墨客對此極為欣賞。元代在江南地區，「窅腳」已成為習慣，不「窅腳」的女孩會被人笑話。明清時期，小腳崇拜更為張狂。西元一九一二年，孫中山擔任臨時大總統期間，曾正式下令禁止纏足。

林語堂認為，纏足的盛行，並非出自審美的需要，而是崇拜權力以及壓抑性的產物。此說亦對亦錯，因為纏足從開始出現到最後被廢除，畢竟一直與男性乃至整個社會的審美觀相伴始終。所以，我們可以說，纏足惡習之所以能廣為流行，首先在於滿足了男性畸形的審美觀。裹小腳因男性的癖好而興起，以人工的方式營造出了一種獨特的「女性美」，成為時人的審美標準和時尚，而且符合時人的心理規範。在男性看來，裹小腳不僅使女子的步態更加婀娜妖嬈，增加情趣；還可以限制女子的活動能力，防止「紅杏出牆」，有利於家庭和社會

纏足婦女（宋人《搜山圖》局部）

的穩定。與男子相比，女子的愛美天性更加强烈，那麼，纏足既然已經成為時尚，是判斷美醜的重要標準，大部分母親就不得不忍痛為女兒纏足。

【豆知識】

「三寸金蓮」之說是怎樣來的？

三寸金蓮作為區分女子美醜的標準之一，形成於南唐後主李煜時代，後風行於漢族地區。它指的是古代女子因纏裹而成的小腳，源於「女子以腳小為美」的觀念。那麼，為什麼稱其為「金蓮」?「金蓮」和小腳是如何聯繫在一起的？真的只有三寸長嗎？

通常的狀況是，女孩子長到四、五歲，她們的母親或祖母就開始給其纏足。由於布帶的長期緊緊纏裹，雙足最終變成尖、彎、瘦小、狀如菱角的錐形。這就是「三寸金蓮」。「三寸金蓮」是書面用語，日常生活中則稱其為「小腳」（南方）或「小腳兒」（北方）。和其他事物一樣，「三寸金蓮」這一稱呼專指女子小腳有著一個變化過程。由五代十國和宋代「淩波步小月三寸」、「穩小弓鞋三寸羅」之類的詩作來看，最初的三寸金蓮是用來形容纏足女子所穿的綢緞或布面的繡花尖形小鞋（弓鞋）。但由於這樣的尖形小腳和所穿的弓鞋時刻不離（睡覺時換上的睡鞋，也是一種軟面小鞋），尖形小腳與弓鞋的複合體逐漸被看作「三寸金蓮」。後來，由於男性審美觀的畸變和極力推崇，「三寸金蓮」便成了婦女小腳的代名詞並流傳下來。

小腳被稱為金蓮，與佛教文化中的蓮花不無關係。佛門視蓮花為清淨高潔的象徵，古代中國人也以蓮花為吉祥物，故而，把婦女小腳稱作蓮花是當時的一種美稱。至於在「蓮」字前加一「金」字，則和古人喜歡以「金」修飾貴重或美好事物的傳統語言習慣有關，由此看來，在崇尚小腳的纏足時代，「金蓮」實屬一種表示珍貴的美稱。

「三寸」金蓮是形容女子腳的小巧，實際並非一定要小到三寸。這是因為，纏足起於南唐，歷經宋元明清，並一直延續到民國初期。在這期間，各朝代甚至同一朝代的各個時期的度量衡也不盡相同，「三寸」的標準長度肯定有所差別。如浙江衢州南宋儒者史繩祖墓中曾出土一雙銀製弓鞋，全長有十四釐米，便超過了「三寸」的標準。由此看來，古代纏足是純粹的民間行為，它以約定俗成為基礎，雖有越纏越小的趨勢，但以腳纏得小而又能走路為美足，並沒有嚴格的尺度。古人對金蓮（三寸之內者）、銀蓮（四寸之內者）、鐵蓮（大於四寸者）的區分也充分說明了這一點。

38 宋朝人為何喜歡驢呢？

宋人喜歡驢，首先是因為牠是時人重要的交通和運輸工具。由於缺少了北方草原，宋朝馬匹數量急劇下降，有限的馬匹主要用來軍隊作戰。因而驢在宋朝人出行中發揮了重要作用。如宋初著名的隱士陳摶，曾「乘驢遊華陰」。宰相章粢在做官前，初入四川，他的妻子乘驢，他掌控方向，兒女還小，「共以一驢馱之」。北宋時期騎驢出遊最典型的名人當屬王安石，王安石在罷相後，退居金陵，「居鐘山，惟乘驢」。當時驢在貨物運輸中也發揮了重要作用，如宋仁宗朝，為討伐西夏，曾詔令徵調五萬頭驢來運糧食。

宋人喜歡驢，還因為牠在娛樂活動中扮演的重要角色。據《東京夢華錄》記載，宋代有乘驢擊球的娛樂活動，與打馬球相似，比賽時有化裝男子百餘人，分為青衣、紅衣兩隊，他們各跨雕鞍驢子，以杖擊球。因驢比馬小，所以也叫「小打」。一般實行單球門制度，先進三球者為勝。比賽時球場上群驢爭先，球杆揮舞，煞是精彩。此外，還有一種叫「驢舞柘枝」的舞蹈表演。表演者騎在驢上，使驢踏著節奏，伴著音樂，跳躍搖擺，技巧難度很高。當時此類表演在開封、臨安等大城市比較常見。

宋人喜歡驢，還因為它鮮美的肉味和藥用功效。據記載，歷史上陳後主就嗜好吃驢肉。

《清明上河圖》中的毛驢

而北宋因驢在運輸、生產中的重要作用，官方是禁止吃驢肉的，但實際上禁令一直難行。如宋真宗東封泰山時，路上吃住不易，就有宰相等「私食驢肉」的情況。而宋仁宗朝，錢若水在洛陽作留守時，有人送驢肉，因而戲詩兩句道：「廳前捉到須依法，合內盛來定付廚。」看來也是知道驢肉鮮美的。南宋楊萬里在詩文中也有《謝周丞相饋歲三物：鳩、獐、驢肉》的文章，看來驢肉已經可以公開吃了。而根據唐朝《千金方》記載，驢肉有治療中風、抑鬱、安心的作用，驢皮製膠，更是功用非凡。由於驢在宋代生產、生活、娛樂、飲食中所發揮的獨特作用，宋人對驢的特殊鍾愛，也就可以理解了。

【豆知識】

宋朝為何動物學專著特別豐富？

在翻看宋代學者著作時，類似《蠶書》、《相馬經》、《促織經》、《蟹譜》之類的動物學專著相當豐富。宋朝為

蘇漢臣《秋庭戲嬰圖》

什麼動物學著作特別豐富呢？

宋朝動物學專著大致可分為三類。第一類是某一類動物的專著。包括如徐咸《相馬書》、秦觀《蠶書》、傅肱《蟹譜》、賈似道《促織經》等。這些單一動物學專著凝結了作者對這一動物多年觀察、研究的心血。比如宋末宰相賈似道荒淫誤國，終日以鬥蟋蟀為樂，所著《促織經》，對蟋蟀的形態、習性、品種選擇、養鬥等都作了論述，可謂玩出了名堂，也不枉他「蟋蟀宰相」的稱號。第二類是有藥用價值動物的著作。這些著名一般是醫學類書籍，如唐慎微《證類本草》著錄有藥用價值的動物三百餘種，分為獸、禽、魚、蟲四部。除對其功效加以論述外，還論述了其產地、習性等。此類著作還都在文中插入動物圖案，圖文並茂，便於人們識別。第三類是全面涵蓋各種動物的動物志。這些書籍有的是資料彙編性質的，如高承《事物紀原》就有蟲、魚、禽、獸等部，分別在其下列入歷史上有關的典故、記載、逸聞等。有的是系統性的研究著作，比如鄭樵《通志．昆蟲草木略》分為蟲魚、禽、獸三目，他對昆蟲的研究分類已經非常深入，僅蟬下就列有數十種不同形態、不同鳴音、不同時節出現的蟬，可見其觀察研究之用心。

宋代動物學專著之所以如此豐富，一是由於當時社會經濟的發展，農業生產的需要，促使如《蠶書》、《相馬經》之類著作出現。二是城市經濟繁榮發展，人們對美味飲食的需求，刺激了諸如《蟹略》、《蟹譜》的產生，以幫助人們更好地飼養和選擇美味的動物食品，而出於博戲的需要，也出現了對能鬥的鵪鶉、蟋蟀之類動物的研究著作。三是宋代文人士大夫興起，他們延續前人「昆蟲草木之學」的傳統，對新發現和已知的動物種類進行總結，如鄭樵《通志．昆蟲草木略》等都是如此。此外，醫學上治病的需求，促使宋代醫學家探索和開發動物的藥用價值，也促使他們撰寫了眾多的動物學著作。

39 宋代為什麼喜歡將地圖刻在石頭上？

宋代蘇州城《平江圖》將地圖刻在石碑或石崖上，是宋代地圖繪製的一個創新。中國現存的石刻地圖，大部分都是宋代的。宋代石刻地圖的種類很多，有全國性的總圖，也有地方圖和城市地圖，甚至還有石刻的天文圖。現藏於蘇州的《地理圖》是南宋著名的石刻全國性地圖。它是理宗淳祐七年由王致遠刻石。全圖寬約一米，高約兩米，幾乎包括中國絕大部分地區，準確標出各州府和山川、湖泊、森林、長城等名稱，地名均加有醒目的方框。此圖整體畫面清晰，標注資訊雖多，但毫不紊亂。此外現存於西安的《禹跡圖》、《華夷圖》等都是著名的宋代石刻全國性地圖。現存在於蘇州博物館的《平江圖》為宋代石刻蘇州城市地圖，刻石於理宗紹定二年，它也是中國現存最早、最完整的城市平面圖，寬一點四二米，高二點七六米，圖中清楚地注明了平江城的建築布局、河流、街道、橋樑、寺觀等。全圖繪製詳細，為研究宋代城市史、建築史的重要實證資料。此外還有晚出的《靜江府城圖》為宋代石刻廣西桂林城市地圖。

將觀測到的恆星繪製到石頭上，也是宋代人的創舉之一。現存於蘇州的《石刻星圖》，也是南宋理宗淳祐七年王致遠刻石製成的。它採用北宋元豐年間恆星觀測結果繪製而成，高二點一六米，寬一點零八米，圖分為兩部分，上半部為一圓形全天星圖，下半部為天文知識的說明文字，全圖以天球北極為圓心，繪製了恆星一千四百三十餘顆，星宿位置刻治嚴肅認真，方位準確，具有珍貴的科學價值。

那麼宋代為何喜歡將地圖刻在石頭上呢？首先，將地圖刻在石頭上，便於長久保存。宋代人不僅在石頭上刻地圖，還刻個人文章、詩詞、朝旨等，甚至元祐黨禁時也把黨人名單刻在石頭上，以便後人觀看。其次，將地圖刻在石頭上，也便於製成各種拓本廣為流傳。再者，宋朝君臣喜愛收藏也促使宋代石刻地圖增多。宋理宗就非常喜愛石刻地圖，他在位期間，就下令將寧宗皇帝收藏的《石刻星圖》、《地理圖》及《平江圖》等全部刻於石碑上，而宋代許多士大夫也有收藏石刻資料的愛好。此外，宋代人對地圖測量的重視以及繪製工藝、石刻技藝的成熟也是促成宋代石刻地圖豐富、繁多的重要原因之一。

【豆知識】

宋代人為何熱衷金石之學？

金石學是收集、研究中國古代銅器、玉器、石刻等金石器物的學問。早在先秦，一些人就開始注意收集金石之物，但將其作為一門專門的學問進行研究則創始和興盛於宋代。北宋中期，著名士大夫曾鞏在撰寫的《金石錄序》中，正式確定了「金石」這一專有學科名詞。

當時一批著名文人、士大夫都投入金石收集和研究中。宋人對金石之學的研究，主要由搜集、保護古物，整理鑒定真偽、拓片臨摹圖形、編目著錄、考證解釋等幾部分組成。大文學家歐陽修是較早的研究者之一，他著有《集古錄》，書中收集自南朝開始的碑文四百餘篇。呂大臨的《考古圖》是現存最早的有系統的銅、玉器研究專著。此書圖、文對照，考訂詳細，在分類、定名、圖摹、論述方面對後世影響很大。宋徽宗時期，金石學研究趨於鼎盛。著名女詞人李清照的丈夫趙明誠堪稱這一時期金石收藏和研究的最著名專家。他注意到歐陽修《集古錄》的不足，開始致力於收錄撰寫一部更完整的金石著作。他花費二十年時間和幾乎所有家資，購買、研究金石器物，終於完成《金石錄》三十卷，收錄三代以來下至漢唐古物、奇器、豐碑、巨刻兩千篇。此書著錄完善，考證精密，見識卓越，堪稱宋代金石學研究的最高水準。南宋時期金石學研究對銅、玉器形制、文飾的研究逐漸衰落，而對銅、石銘文的研究日益繁盛，同時更加注重金石學理論的總結。

宋人熱衷金石之學，主要出於幾方面原因。一是宋代社會經濟文化發展，使士大夫階層興起，他們多以詩文、書畫娛樂，而收藏金石器物可以體現他們的文化品味，追憶上古盛世，故尤其為宋人所喜愛。二是宋代農田、水利、城市建設興盛，土木工程繁多，銅、石古器時有出土，人們對收藏的興趣激發其價格的暴漲，進而導致更多器物的出土，有充足的實物為金石學研究提供資料。三是宋人治學疑古之風很盛，這些出土的金石器物為考證前代史事、官職、地理、經文謬誤提供了更有價值的參考，可與文獻記載互證，正如宋趙明誠所說：「史書出於後人之手，不能無失，而刻詞當時所立，可信不疑。」此外，宋代拓片、繪圖、刻印技術的成熟也為金石之學的興起提供了重要技術基礎。

40 宋朝人為何崇尚「胡服」？

「胡服」指的是少數民族的服裝，其對漢族人服飾影響非常久遠。春秋戰國時期，趙武靈王改革內政，就採用「胡服騎射」，終使趙國強大。宋朝人受到少數民族服飾的影響也非常大，當時人對「胡服」的崇尚達到了法律無法禁止的狂熱，這其中原因何在呢？

北宋時期，宋人就多效仿契丹遼人的服飾。契丹人服裝多以綠色、褐色為主，宋人因而也穿胡人衣裝，裹番頭巾，多穿銅綠、兔褐色的衣服。當時宋朝婦女還仿效契丹女子，「製旋裙必前後開胯，以便乘驢」。顯示了「胡服」對宋人影響的加深。宋仁宗因擔心胡風亂宋，因而屢次下令禁止人們仿效契丹人服飾，否則進行杖、笞。但到宋徽宗時，京城人們仍多穿「胡服」，繫番束帶，戴氈笠，穿釣墪（婦女襪褲）。南宋時期，穿著「胡服」之風更盛。士大夫日常都穿「虜人」的紫窄衫，或白色涼衫。而當時逃到南宋的北方「歸附人」還延續「胡服」的穿著，軍隊也都仿效「番裝」。南宋大理學家朱熹也說過：現今人們穿的大都是胡服，如上領衫、靴鞋之類，「先王冠服掃地盡矣」！

宋人崇尚「胡服」的原因何在呢？首先，「胡服」簡潔大方，適合人們生產、生活、作戰需要。沈括就說，胡服窄袖、短衣、長靿靴，窄袖利於馳射，短衣長靿，便於過草地，比中原傳統的寬大服飾更加便利。凡是符合人性化設計需要的產品必然會得到推廣，這也是「胡服」在宋代得到廣大民眾喜愛的重要原因。

女眞《番騎獵歸圖》

其次，宋朝人對新奇服飾的追求和效仿也是一個重要原因。宋朝「服妖」現象的增多，正說明當時人敢於仿效新奇服飾，少數民族服飾對宋人來說正是新奇元素的體現，因而這種仿效心理也促成宋代「胡服」盛行。

最後，南宋時期，由於北方居民大量南遷，以及大量從金朝、蒙元逃到南宋的「歸正人」，他們穿戴的北方衣著對南宋人們服飾也產生了重要影響。種種原因促使宋代人對「胡服」的崇尚，即使是那些持有深刻民族偏見的士大夫痛心疾首、嚴令禁止也是難以阻擋的。

少數民族和漢族一起，互相交流、促進，共同創造了偉大的中華文明。

【豆知識】

遼、金等少數民族服飾是否也受到宋人的影響？

遼、金等少數民族服裝簡捷大方、穿著方便，深受宋朝境內漢族民眾歡迎，在當時出現「胡服」盛行的情況。那麼，遼、金等少數民族服飾是否也受到宋朝境內漢人服飾的影響呢？

實際上，文明的衝突和交流、影響從來都是相互的，在遼、金等少數民族服飾深刻地影響宋人之時，他們也同樣受到來自宋朝漢族服飾的影響。比如，契丹早期服飾等級制度並不嚴格。南下中原後，後來的遼朝君主仿照漢制制定了等級森嚴的「服制」。據《遼史》載：「太祖帝北方，太宗制中國」，「於是定衣冠之制，北班國制，南班漢制，各從其便」。其實，其所定北班國制，也受到很強的漢服影響，等到「（遼太宗）會同中，太后北面，臣僚國服，皇帝南面，臣僚漢服。（景宗）乾亨以後，大禮雖北面，三品以上亦用漢服。（興宗）重熙以後，大禮並漢服矣」。由此可見，隨著與宋朝交往增多，漢服莊重、典雅、等級制度森嚴的特點，已經為遼朝統治者逐漸認可和採用。

而女真金朝服飾受宋人服飾影響更為明顯。北宋末，女真官員平居衣著極為簡樸，「平居惟著上領褐衫，無上下之辨。富者著褐色毛衫，以羊裘、狼皮等為帽」。即使是金朝太子初入中原時，「止著褐布衫」。但是等他們攻破北宋都城，也開始仿照漢族服飾，無不穿著錦繡。再到後來，太子面見臣僚時則和宋朝漢族官員相仿，「襆頭公服，靴笏皆如中國之制」。金熙宗時就「雅歌儒服」，等到金章宗時，禮官請參酌漢唐，更製祭服。同時公朝朝服定為緋、紫、綠三色，與宋朝朝服完全相同。

遼、金等少數民族居民因與宋人交往增多，也受到漢族服飾一定的影響。如宋真宗時路振出使契丹，在幽州看到當地居民「俗皆漢服」，「中有胡服者，蓋雜契丹、渤海婦女耳」，已經有受漢服影響者。金朝自破遼滅宋之後，改變了過去不修文飾的習俗，「婦人或裹逍遙巾，或裹頭巾，隨其所好」。大定二十七年（一一八七），金世宗禁女真人「學南人衣裝」，表明其受漢人服飾影響的顯著。文明的碰撞、交流和融合使得宋與周邊少數民族彼此影響日益增强，在保留自身特點的同時，彼此也在吸收對方的長處，服飾這一外在表現突出反映了這一鮮明特徵。

41 范仲淹作《岳陽樓記》時到過岳陽樓嗎？

范仲淹的千古名篇《岳陽樓記》，描述了岳陽樓和洞庭湖優美的自然風光，而其中所抒發的「先天下之憂而憂，後天下之樂而樂」的人生境界，成為無數仁人志士畢生努力追求的目標。自此之後，岳陽樓便名冠天下，使人們無不嚮往之。但是誰又能想到，寫下這篇奇文，為人們介紹和宣傳岳陽樓的範文正公，自己當時卻還沒親臨過煥然一新的岳陽樓。這又是為什麼呢？

范仲淹在《岳陽樓記》開篇說得很清楚，這篇文字是受他的老朋友，當時被貶為嶽州（今湖南岳陽）知州的滕子京的請求而作的。滕宗諒，字子京，是范仲淹的同年好友。他在知岳州時，勤於政務，把當地治理得政通人和，百廢俱興。他又募集資金重修破敗的岳陽樓，將其規模擴大，刻唐宋名賢詩文於其上。為增加此樓的知名度，他又做《求記書》給遠在陝西前線的好友范仲淹，請他為重修的岳陽樓做記，並附有《洞庭晚秋圖》以資參考。但范仲淹自署《岳陽樓記》作於宋仁宗慶曆六年，當時他入朝實行「慶曆新政」已然失敗，並遭貶知鄧州（今河南省鄧縣），從鄧州到嶽州有近千里路程，而且朝廷又不允許官員擅離職守，要讓年已五十八歲的范仲淹遠道趕去遊覽此重修一新的岳陽樓，顯然是不可能的。因而

岳陽樓

唯一合理的解釋，就是范仲淹在鄧州寫好了《岳陽樓記》，再派人送給在岳州的滕宗諒。

范仲淹沒有親臨重修後的岳陽樓，他為何能如此出色地描繪洞庭山水和登樓的感受呢？這是由於范仲淹此前曾到過洞庭湖和重修前的岳陽樓，瞭解當地的湖光山色，如他在景祐元年（一〇三二）所寫《新定感興五首》，其中就說：「去國三千里，風波豈不賒。回思洞庭險，無限勝長沙。」「回思」必然是到過的。他也上過重修前的岳陽樓，如明道二年（一〇三二）《送韓瀆殿院出守岳陽》一詩中就說：「岳陽樓上月，清賞浩無邊。」有過登臨的感受，再加上有新作的《洞庭晚秋圖》作參考，即使范仲淹此次未見到重修之樓，亦能出色描繪洞庭山水和岳陽樓景色。而其中的主題則是他在改革失敗後，對國家、對百姓、對人生的反思和感悟，與此間山水的關聯就不甚大了。

【豆知識】

宋代「四大名樓」指的是哪幾座樓？

宋代亭臺樓閣衆多，極具觀賞價值的名樓也不在少數，南宋士人林升就發出過「山外青山樓外樓」的感歎。宋代衆多名樓中有四座最為人稱讚，被讚譽為四大名樓。那麼，宋代的四大名樓是指哪幾座樓呢？

宋代的四大名樓集精巧建築、秀美山水、人文歷史於一體，均是傳世名作。比如四大名樓中的岳陽樓，樓高三層，「四面突軒如十字狀，面各二溜水」，其建築精巧，與洞庭山水相融合，令人讚歎不已。宋代的岳陽樓還有獨特的「四絕」，是其他樓閣所不具備的，即「滕（宗諒）子京建樓，范（仲淹）希文記，蘇（舜欽）子美書，邵竦篆」。這四位是當時的名士，他們所留的樓閣、記文、篆刻、書法保留在一起，成就了宋代岳陽樓的美名，不僅在宋代，在後世乃至我們今天的人，也都希望到岳陽樓去看一看。

四大名樓中的其他三座，包括江州（九江）之庾樓、鄂州（武昌）之南樓、洪州（南昌）之滕王閣。這些樓閣均為前代已經名揚天下的樓閣，如庾樓正對廬山之雙劍峰，北臨長江，氣象萬千，附會晉時名士庾亮曾在此鎮守而得名，陸游曾讚歎此樓：「樓不甚高而覺江山煙雲皆在幾席間，真絶景也！」而鄂州南樓在州城前的黃鶴山上，氣勢宏偉，從這裡觀看風光，「獨得江山之險要」，晉時名士庾亮曾為江荊刺史，在此駐守，登樓賞月，故而揚名。宋時此樓規模更大，當時有人稱讚「江東、湖北行畫圖，鄂州南樓天下無」，從而可見此樓的名氣之大。洪州之滕王閣是因唐代才子王勃《滕王閣詩序》，使詩人與滕王閣均名聲遠播。南宋理學大師朱熹在登臨滕王閣後撫今追昔，不禁賦詩一首：「金闕銀台夢想中，樓前拜舞早囊空。十年殄瘁無窮恨，歎息今人少古風。」宋代的四大名樓以及其他眾多樓閣，使人們飽覽了漁舟唱晚的優美景色，感受到了樓融景裡、人在畫中的非凡享受。宋代名樓文化的發達，是中國古代旅遊資源中歷史與人文、自然景色融合的典型體現，具有特殊的價值和意義。

【七】風俗趣聞

42 結婚戴「蓋頭」始於何時？

蓋頭作為中國古代婦女的一種隨身攜帶品，自漢代就已經出現了。當時叫面衣或面帽，用來遮蔽風沙和陽光侵蝕。魏晉隋朝時期，當時婦女戴冪羅，是從少數民族那裡學來的，它把全身都遮蓋起來。唐代前期，貴戚之家仍是如此。到了唐朝高宗永徽年間後，此習俗發生改變，開始出現了只遮擋面容的帷帽，較冪（覆蓋器物的方巾）短了許多，穿著更加方便。一般用於女子防備被陌生男子看到，遮擋面容。

宋代中上層婦女中仍有帶帷帽以遮擋他人視線的習慣，名稱已經改為「蓋頭」，更加通俗形象了。多以五尺方形的羅、帛等材料製成。可以直接蓋在頭上，也可以把它繫在冠上，以遮蔽臉面以至上半身，供婦女出行使用。比如著名詞人柳永在《荔枝香》中就描繪了一位偶遇的美女：「素臉紅妝，時揭蓋頭微見笑。」南宋時期，理學士大夫宣導婦女出門要遮蔽

面容、遵守婦道，婦女戴蓋頭的更多了起來。

宋代也開始把蓋頭引入禮儀中。與現在不同的是，當時舉行喪禮，身穿喪服的婦女，也有戴蓋頭的情況，司馬光在《書儀》中就提出在舉行祭奠儀式的時候，婦人要戴蓋頭出帷幕，降階，立哭。

而在婚禮中女子戴蓋頭也開始於宋朝，最初是媒婆戴蓋頭，《東京夢華錄》就說：「其媒人有數等，上等戴蓋頭，著紫背子，說官親。」宋代結婚流行戴蓋頭大約開始自南宋時期。蓋頭為紅色，五尺方形，富貴之家還有用金銀的裝飾繡在蓋頭上。南宋吳自牧《夢粱錄》記載：婚禮前三日，男家「送催妝花髻、銷金蓋頭、五男二女花扇、花粉盝（小盒子）、洗項、畫彩錢果之類」。婚禮時，男女雙方並立堂前，請男方家「雙全女親以秤或用機杼挑蓋頭，方露花容」，然後拜堂，再拜諸家神及家廟。而在記載北宋開封的《東京夢華錄》中，男家送的則是「冠帔、花粉」，還沒有蓋頭這一項。

【豆知識】

宋代訂婚前男女雙方見面嗎？

中國古代傳統婚禮風俗應經過納采、問名、問吉、納徵、請期和親迎六個程序，宋代人設計簡化了這些程序，其結婚風俗包括議婚、定聘和迎娶三個步驟。

議婚即選丈夫，宋人沿用傳統習慣，即父母之命、媒妁之言。「門當戶對」與「郎才女貌」相比，宋人更注重後者，袁采就說：「男女議親，不能貪圖對方門第高、資產厚，如果品貌不相當，則子女終身抱恨。」在議婚時，還可讓雙方見面相親。約定好日子，男方到女方家中，或約在酒肆，雙方見面，如果男方中意，就把一根金釵插在女方頭髮中，稱為「插釵」，不中意就送給女方兩匹彩緞，以示壓驚。女方則只能在事後對父母說明自己的看法。宋代還流行「榜下擇婿」的習俗，每到科考放榜的時候女孩子們也跟隨父母到現場去選如意郎君。這都表明訂婚前男女雙方是要見面的，並不像小說中表現的那樣入洞房、掀開蓋頭之後才看清對方面目。

在雙方議婚成功後，還要下定帖和聘禮。定帖包括男女各一份，說明他們的姓氏、所嫁（娶）何人、年、月、日及一些祝願和誓言性的語言。聘禮根據男方的家庭實力各不相同，富貴人家有「三金」之說，即金釵、金鐲、金帔墜。還有給現錢的，稱為「下財禮」。而一般普通百姓，所下聘禮只有一、二匹布、官會子一、二封、鵝酒茶餅而已。一旦下定帖和聘禮後，一方毀約，是要受到譴責的。

婚禮至迎娶的時候，達到高潮。大體包括鋪房、親迎、拜舅姑、回門等步驟。親迎前三天，男方到女方家中送催妝花髻，銷金蓋頭之類。親迎前一天，女方到男方家布置新房，陳設器具，稱為鋪房。迎親是最隆重的一項，到選定的吉日，新郎在預定時辰出發到女家迎親，迎親隊伍帶著禮品，雇傭樂隊鼓吹，引迎花擔子或藤轎往女家迎娶新人。迎回新婦，進門時要踏青氈、跨馬鞍、撒豆穀、坐虛帳等。然後新郎、新娘交拜，各抽一縷青絲作合髻狀，象徵結髮夫妻，白頭到老。然後換裝，入中堂對親長行參謝禮，男家還領新婦拜家神。

拜姑舅就是結婚第二天早晨，新娘拜見公婆，行拜姑舅之禮，表示尊公婆之意。公婆要對兒媳進行宴享。回門則是新娘在結婚幾日內陪同丈夫回家見父母，女家設宴招待等，名目繁多，一般要持續將近一個月，才算婚禮結束。這些婚禮儀式，在中上層家庭中比較盛行，而一般普通家庭，親迎等步驟相對從簡。

43 宋朝為什麼多「剩男剩女」？

剩男剩女是當代流行語中對熟齡單身男女青年的稱呼，一千多年前的宋朝也存在這樣的族群。

在宋代轄區內，剩男剩女遍布各地，這一現象的出現，與宋朝的文治政策緊密相關。宋代「崇文抑武」，重用文臣治天下，讀書為「士」成為最有前途的職業，而且，有了功名就有了一切。在美好前景的誘惑下，宋代許多男性把考中進士作為自己的終極奮鬥目標，立志「先立業，後成家」。於是，不少讀書人鍥而不捨，有的人甚至忙活到古稀之年方才中第。就這樣，這些「壯年未娶」的讀書人，一個個都成了剩男。如宋人陳修七十三歲才登科，「尚未娶」，實在是個「老大難」，最後宋高宗通過賜婚方式為他解決了難題，「出內人施氏嫁之，年三十」。以致有好事者大開玩笑：「新人若問郎年幾？曰：五十年前二十三。」

宋代官宦、富豪之家為了招到進士女婿，也是使出了渾身解數。宋代「榜下捉婿」現象很突出，每逢放榜的日子，搶女婿大戰總在上演，一日之間「中東床者十之九」。如宋真宗時，范令孫「登甲科」，宰相王旦立即「妻以息女」；神宗時，蔡卞「登科」，宰相王安石馬上把女兒嫁給了他。一些品級稍低的官員和地主老財們自知敵不過宰相等高官，便採取了先

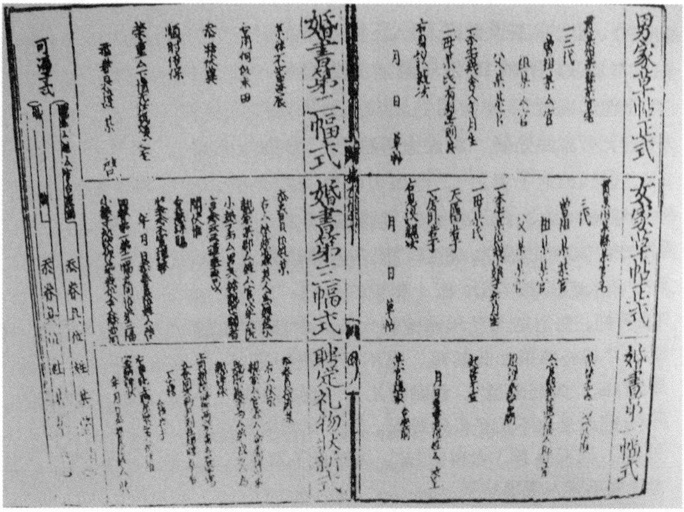
男家草帖正式
女家草帖正式
婚書第一幅式
婚書第二幅式
婚書第三幅式
聘定礼物狀式

《事林廣記》中的宋代婚書

預訂、登科後再完婚的方式，如大文學家歐陽修未登第時已被當朝翰林學士胥偃初預訂，許多商人也採取了這種做法。然而，進士女婿的數量畢竟有限，搶不到女婿的家庭採取了「等」的方式，就這樣，等來等去，最終等出了一批剩女。

宋代農村剩男剩女現象也很嚴重，這主要是由於婚嫁費用過高所致。宋朝崇尚奢華，攀比風行，「日甚一日」的婚嫁消費，連皇室宗親和官員們都覺吃力，靠借款支撐者比比皆是，那些收入來源有限的鄉民，當然更是難以負擔了。在這種情況下，婚嫁「失時」者比比皆是，剩男剩女也就多了起來。

【豆知識】

宋代擇偶最看重什麼？

唐宋時期，土地產權制度的變革，引起了思想領域的變化。婚姻觀念中最突出的變化，便是「婚姻不問閥閱」，即宋代官宦階層擇偶不再「重門第」，而以重才學為其主要特色。在「文治」國策的引導和官宦群體的帶動下，重才學也漸漸成為富有階層擇偶時首先要考慮的問題。與此同時，社會經濟的繁榮，使得「拜金」主義盛行，民間擇偶也不例外。

民間擇偶中的拜金表現，主要藉由嫁妝問題反映出來。在當時，許多男方家庭選擇媳婦的標準，首先看的就是女方的家底是否厚實，因為有了厚實的家底，方能準備出豐厚的嫁妝。相反，若沒有豐厚的嫁妝作後盾，則有可能影響女子的一生，貧女難嫁、終身不嫁現象的普遍存在便是證明。「剩女」隊伍的逐漸擴大化，當然也在一定程度上影響到同階層男子的婚嫁狀況。因此，為了解決「剩女剩男」問題，官方、家庭、個人做出了許多努力。宋朝廷先後制訂了為數不少的嫁妝法規，許多家庭的家長也把資助族中女子出嫁寫入了家法族規中，一些貧困家庭裡的女子則通過自己的辛勤勞作提前自置嫁妝。

可見，宋代「剩男剩女」新群體的出現，不僅表明了時人的價值取向，也折射出時人的擇偶標準，從而反映出當時社會在政治、經濟、文化諸方面的變化。當然，有宋一代的擇偶標準並非完全整齊劃一，全部以才學和金錢為衡量尺度。由於政治、經濟、階級、宗教、社會風俗、倫理道德等外部因素和個性、人品等內部因素的共同作用，各階層家庭的擇偶標準也呈現出多元化狀態，這是我們所必須明瞭的。

44 宋人為什麼會有「榜下捉婿」之風？

在某一個春寒料峭的早晨，宋朝都城大街上突然異常熱鬧起來，車水馬龍，人們都站在路邊，翹首以望。這些人中，有很多達官貴族、富商大賈。他們駕著車，帶著大量的錢財，守候在路邊。原來今天是新科狀元放榜的日子，他們希望能夠從新科進士中選到一位乘龍快婿。這種現象在宋代稱為榜下捉婿。

宋代是個重文輕武的時代。通過科舉考試的文人，能夠在仕途上比較容易地平步青雲。宋代的文人通過科舉考試中了進士之後，馬上就會被授予官職，脫離平民百姓隊伍，進入官僚體系。進士出身的人升官的速度和級別遠遠高於其他途徑做官的人。宋朝政府的高級官員中，科舉出身的人占據壓倒性的優勢。比如在北宋時期，做到宰相的人，有百分之九十以上是透過科舉而進入仕途的，南宋時期，這一比例則更高。可以說，考中進士就意味著榮華富貴。這強烈地吸引著當時的達官顯貴、富室豪商。他們在選擇女婿時「一不問家世」，「二不問人品」，「三不問婚否」，只要考中進士就是他們選擇的對象。為了做到先下手為強，每到科舉考試結果揭曉放榜的那天，官僚地主家庭一大早便紛紛出動，爭搶新科進士做女婿。

為了能夠釣到金龜婿，他們使出渾身解數，不惜使用高官厚祿、大筆財富來引起這些天子門生的青睞。當時給男方的「繫捉錢」，甚至達到千餘緡，相當於北宋時期一戶中等人家的全部財產。

宋代「榜下捉婿」之風的盛行，有非常深刻的社會政治、經濟和文化背景。由於科舉考試的盛行和逐步制度化，國家對科舉出身的知識分子給以特殊重視。過去門閥貴族的勢力日益崩解，門第觀念蕩然無存，新興的科舉出身的官僚地主階級成了政治上的代表勢力。此外，宋代的商品經濟發達，城市繁榮，追逐錢財成為當時的社會風尚，市民生活興起導致了宋代婚姻觀念的變化，從而興起了「榜下捉婿」之風。

【豆知識】

宋朝官員為何爭當贅婿？

在中國，無論是現代社會，還是古代社會，都把就婚於女家並成為女方家庭成員的男子稱為贅婿。贅婿的產生，或是女方需要勞動力，需要養老接代，或因男子家貧無力娶妻。贅婿的地位無論是在社會上還是在女方家族中，都是很低的。贅婿最先出現在先秦時的齊國，秦國商鞅變法之後，贅婿也多了起來。漢代以降，贅婿明顯減少了。

與之前的朝代相比，宋代很多官員成為贅婿，成為比較特殊的現象。宋代一個小官戚文林曾入贅本場衙前市戶胡千二家；揚州縣令褚生也是趙宋一宗室家的贅婿；更有甚者，屯田郎中劉宗古因貪圖財產，也差點成為一個李姓寡婦的贅婿。諸如此類的例子，還有很多。很顯然，為了財產或權勢，下自七品芝麻官，上至京官，不再顧忌時人對贅婿的態度，紛紛入贅。部分官員之所以能夠放下身段，成為贅婿，反映出時人強烈的個性化特徵。所有這一切，都和宋代經濟的繁榮發展，個人觀念的多元化有著一定的聯繫。

宋代時，除一般意義上的贅婿以外，在川峽、湖湘等個別地區還存在有子嗣而招婿入贅的習俗。在宋代的民事判牘《名公書判清明集》中，贅婿和養子共存於一個家庭中的例證也有不少，而且，官方對這種情況是認可的。在官方律令中，對那些能力出眾、為妻家財產增值做出貢獻的贅婿，也予以其部分財產繼承權。這些現象表明，時人雖仍帶著有色眼鏡看贅婿，女家的近親旁支雖仍在想方設法地排擠和打壓贅婿，但部分贅婿仍以辛勤努力和樸實人品為自己在妻家、在法律上、在社會上爭得了一席之地。

45 宋朝的丈人是指岳父嗎？

宋代的「丈人」一詞，在多數時候指父輩朋友，並不是指妻子的父親。這和「丈」字的本意有關，它從「杖」字發展而來，本指尊老，有古書《淮南子》「老而杖於人」之說為證。漢朝人王充在他的著作《論衡》中也說，「人身以一丈為正，故名男子為丈夫，尊公嫗為丈人也」，把老先生和老太太都稱為丈人。唐代時，丈人這個稱呼的意思仍未改變，且十分流行。著名詩人杜甫在寫給韋濟的詩中說：「丈人試靜聽。」在當時，不僅年輕者稱年長者為丈人，在年齡相近的朋友間也有以「丈」字尊稱對方的。如在柳宗元給韓愈的書信中，便以「十八丈」稱呼韓愈。到了宋代，士大夫仍以「丈」稱呼父輩友人。平民百姓也以「丈」稱呼他人，並成為一種習俗，且不再區分輩分和年齡，一律以「丈」相稱，有的人甚至在「丈」

前加上對方的姓，稱某丈某丈。面對此風，有士大夫慨歎稱謂氾濫，認為同輩之間互相稱「丈」，雖有調侃的意味，在「丈」前加姓，更是有侮辱對方的意思在內。

既然「丈人」不是宋人對妻子父親的稱呼，那麼，他們到底用什麼詞彙來稱呼妻子的父親呢？早在先秦時期，便用「翁」指代父親，唐朝時，婦翁仍是時人稱呼妻子父親的常用語，除此之外，「泰山」一詞也開始出現。這一新稱呼的出現和唐朝宰相張說有關：唐玄宗到泰山封禪時，任命宰相張說為封禪使。按照慣例，封禪之後，三公以下官員都提了職，官升一級。但在按例封官時，張說打破常例，渾水摸魚，把自己的女婿鄭鎰連提數級，並賜他穿緋色官服。於是，本為九品小官的鄭鎰一下子坐到了五品官的位置；而且，按唐制，緋色官服四品官穿深緋色官袍，五品官穿淺緋色官袍，所以，賜鄭鎰「服緋」等於他的待遇又超過了五品官。在封禪後的宮廷宴會上，這件事情被唐玄宗發現了，他覺得很奇怪，就問鄭鎰為什麼「官位騰跳」數級？鄭鎰臉紅脖子粗，無言以對，宰相張説也無話可說。此時，一位姓黃的官員替他們做了解答：「此乃泰山之力也。」此句可謂一語雙關：鄭鎰的提職既得益於泰山封禪，更得益於妻子的父親；泰山中有丈人峰，丈人又是對父輩的尊稱。從此，唐朝人便把泰山作為妻子父親的專門稱呼。宋去唐不遠，在許多方面因襲唐朝，以此推之，婦翁、泰山應該也是專指妻子的父親。

【豆知識】

宋代的親屬稱謂與現在有什麼不同？

稱謂是一種經常性的、廣泛易見的血緣識別方式。宋代人的親屬稱謂，自有其特點。現簡述如下：

宋人稱父親為爹爹或阿爹，祖父稱翁翁或阿翁，母親稱媽媽，祖母稱娘娘。以世父世母稱呼爹爹的弟弟和弟媳，以舅父舅母稱呼媽媽的兄弟及他們的妻子。宋初沒有嬸、妗二字，後來，為了娃娃學話的方便，把世母和舅母分別合讀為「嬸」字和「妗」字。對他人的父母則稱令尊和令堂。已婚女子稱丈夫的父母為翁姑或翁舅，男子稱妻子的父親稱婦翁、泰山。婦人稱呼丈夫的兄長為伯。男孩和女孩對父母，分別自稱兒子和奴家。

父母對兒子、女兒都可稱息，另還可稱兒子或為小兒，或按兒子的排行稱呼，如九郎（做官後）、九哥（未做官時）或岳九郎、劉五郎等等。兒媳婦不論結婚多少年，一律稱新婦或息婦，新婦之間以妯娌相稱。老泰山稱女婿為婿或倩，贅婿則為布袋。

平民夫妻以郎君和娘子互稱，妻子也稱丈夫為官人。男子任高官後，和妻子可以相公、夫人互稱，此處的夫人指的是國夫人或郡夫人等封號，當然也有的妻子稱丈夫為老爺。兄弟間以排行相稱，如老大和老五互稱大哥和五哥。表兄弟不論內外，均稱內兄內弟（舅舅之子和姑姑之子），或通稱表兄表弟。侄子則稱猶子。

官員家的僕人，稱主人的兒子為衙內，女兒為小娘子。富人家的僕役，稱主人為員外，女主人為夫人。

宋代的稱謂實際上是本家嚴格，外家模糊。父親的哥哥是伯父，弟弟是叔父，母親的哥哥和弟弟都是舅父；本家的男方嚴格，女方模糊，父親的哥哥和弟弟要有區別，但父親的姊姊和妹妹都是姑母；外家的男方女方都模糊，母親的哥哥和弟弟沒有區別，母親的姊姊和妹妹也沒有區別，都是姨母。這一傳統沿習至今。

46 女詞人李清照為何再婚後又離婚？

才氣縱橫、文詞灑落的北宋女詞人李清照出身於北宋官宦家庭，她有過兩次婚姻，宰相之子趙明誠是她的第一任丈夫，夫妻二人是文學知己，門當戶對，志趣相投，同研金石，琴瑟和諧。西元一一二九年，趙明誠去世時，正值兩宋之交，因戰亂不斷，處在顛沛流離中的李清照疾病纏身、孤獨無助。正在此時，時任右承奉郎的張汝舟出現在李清照的生活中。張汝舟用「如簧之説」、「似錦之言」騙取了李清照的信賴，沒多久，她再次披上嫁衣，成為張汝舟的妻子。

張汝舟追求、迎娶李清照，意在李清照無與倫比的才華，並企圖獲得她和趙明誠的金石收藏品。婚後不久，張汝舟淺薄、暴虐、惡俗的市儈本性便暴露無遺，再加上李清照的古玩字畫並沒有他想像中的那麼多，而且還不願相讓，張汝舟大為失望，開始對李清照實施家庭暴力。李清照得知其虛報舉數以獲取官職的事實後，出面檢舉告發了張汝舟。最終兩人雙雙入獄。張汝舟被處以徒刑，朝廷將其除名後編管柳州。李清照入獄後，她的娘家和前夫家族多方斡旋，受了九天牢獄之苦的李清照被釋放，並解除了和張汝舟的婚約。

清崔錯繪《李清照像》

作為一個「素習義方，粗明詩禮」、「文章落紙，人爭傳之」、「忠憤激發，意悲語明」的女子，李清照的再嫁與離異在一定程度上再現了當時中上層女性的婚嫁實況，反映出當時女性的婚嫁觀念。個人成長背景如此優越的一個女子，在夫妻感情不和時尚且選擇離婚，對於那些下層女性而言，更不可能整齊劃一地為了儒家提倡的「從一而終」思想模式而殉道。

【豆知識】

宋代婦女有主動提出離婚的權利嗎？

李清照再嫁後又閃電離婚的事例表明，宋代婦女有主動提出離婚的權利。

從宋朝法律規定來看，離婚形式主要七出、義絶、和離三種。在封建禮法中，七出屬於傳統離婚方式，主動權在男子手中。義絶是宋代的强制離婚方式，當夫妻彼此之間、彼此近親屬之間的倫理關係遭到嚴重破壞時，法律强制男女雙方離婚。如女婿毆打岳父母、殺傷妻子的外公外婆和兄弟姊妹；夫妻雙方的爺爺奶奶、爸爸媽媽、叔叔嬸嬸、兄弟姊妹互相殺害；媳婦辱罵公婆及殺害丈夫的外公外婆、叔叔嬸嬸、兄弟姊妹；丈夫誣告妻子有姦情等行為，都屬於義絶範圍，在這種情況下，妻子可提出離婚。和離屬自願離婚方式，也就是説，如果夫妻感情破裂，男女雙方都可提出離婚。

在宋代，妻子不僅享有離婚的主動權，而且，這一自主權有所擴大。關於這一點，在新增的離婚條文中表現得較為明顯。例如，夫妻成婚後，若妻子被丈夫的家人强姦或强姦未遂，妻子可提出離婚。如果丈夫因犯罪被移鄉編管，妻子也可提出離婚。宋朝律法還規定，丈夫娶妻後，如果對妻子不聞不問，六年不通音信，妻子可向官府提請離婚。後來，宋統治者又把時間縮短為三年。這些都反映出宋代婦女離婚自主權的擴大。

從社會實際中看，宋代婦女的離婚理由更是五花八門，遠遠超過了法律規定的範圍。例如，有因丈夫長相醜陋提出離婚的，北宋京官祖無擇的妻子徐氏便是一例；有妻子不堪打罵而離婚的，開封藥商駱生之妻，便因丈夫的家庭暴力「與之決絕」；有因丈夫精神病發作而離婚的，民婦阿張因丈夫朱四癡傻到官府遞交了離婚訴狀；有因丈夫與他人私通而離婚的，南宋比陽富人王八郎因癡迷娼妓冷落了妻子，她的妻子走上公堂，要求離婚；另外，還有因為丈夫貧困而離婚的。可見「嫁雞隨雞，嫁狗隨狗」的傳統觀念，並未能完全束縛宋代婦女的思想和行動，這一變化，不僅衝擊了夫權和「從一而終」的傳統禮俗，也顯示了宋代婦女社會地位的提高。

47 宋朝著名士大夫為何多出自單親家庭？

宋朝是「皇帝與士大夫共治天下」的一個朝代。士大夫在宋代歷史發展中產生了重要影響。宋代著名的士大夫衆多，而有一個值得注意的現象就是，當時許多著名士大夫都出自單親家庭，這又是為什麼呢？

「唐宋八大家」之一的歐陽修就是宋代單親家庭子女成材的典範。他是江西廬陵人，四歲時候父親去世。其母親鄭氏發誓守節不嫁，親自教導歐陽修讀書。由於家庭貧困，不得已用荻桿在沙地上練習寫字，而歐陽修也聰明好學，「讀書輒成誦」，長大後成為宋朝著名的政治家，官至副宰相。著名政治家范仲淹也出自單親家庭，他生於蘇州吳縣，兩歲時父親去世。范仲淹的母親謝氏改嫁到山東淄州長山縣一戶姓朱的人家，范仲淹改名為朱說。等范仲淹長大些後，得知自己的身世，於是辭別母親，一個人到應天府同文學館刻苦讀書。當時冬天天氣太冷，范仲淹生活窘困，以至於將粥畫成幾份，每頓吃一份。在這樣艱苦的環境下他考中進士，把母親接回奉養，恢復自家姓氏。最終范仲淹成為宋朝副宰相，著名的政治家，「畫粥充飢」的典故也成為後來許多窮苦子弟學習的榜樣。此外，宋朝出自單親家庭的士大夫還包括北宋宰相曾布、劉摯、唐恪，副宰相李至，南宋宰相張浚、趙鼎、真德秀、中書舍人彭龜年等諸多名人。

宋代著名士大夫有如此多的人出自單親家庭，這其中有諸多原因。一是中國古代醫療水準相對落後，生存環境相對較差，加之戰亂、自然災害等因素影響，導致宋代人平均壽命只有三十餘歲，遠遠低於我們現代人。這樣，那些生活條件艱苦的宋代家庭子女出現單親的機率大大增加。而宋代科舉制的盛行，使得更多社會下層士人能夠透過這條途徑上升到統治階層，給了他們一條奮鬥成功的出路。出生於窮苦單親家庭的孩子，也往往比一般家庭孩子更能體會生活的艱辛，故而更刻苦讀書，積極上進，以求將來中舉入仕。他們一旦做官，往往也能從自身經歷出發，體恤百姓，他們的改革進取精神往往比那些富足家庭的子弟更加堅決，故成名者更多。此外，這樣單親家庭的孩子也能得到更多人的同情和幫助，這也是他們成長路上重要的輔助力量。再者，這些著名士大夫家的單親家教甚嚴，也是他們日後成名的重要原因。

【豆知識】

宋朝為何多嚴母？

宋朝與前後各代相比，嚴父的故事不突出，「嚴母」教子的例子卻很多。比如名相寇準小時候貪玩，喜歡飛鷹、走狗。他的母親生性嚴厲，一次因為大怒，用秤錘砸寇準，「中足流血」，這一秤砣把寇準砸醒悟了，從此他發奮上進。成了宰相後他還經常撫摸著腳上的疤痕，哭泣著思念母親。宋代陳堯佐、陳堯叟和陳堯諮三兄弟出自名門，堯叟、堯諮均為當年科舉考試狀元，陳堯叟還曾做到同平章事、開府儀同三司即宰相的大官。其母馮氏一直管得很嚴，不讓他們奢侈。陳堯佐當知府的時候經常參與一些宴請，並引弓射箭取樂，馮氏知道後用手杖打他，連魚缸都打碎了。蘇軾的父親蘇洵常年在外遊歷，他的母親程氏親自教導蘇軾讀書。一次，程氏讀東漢《範滂傳》，蘇軾對母親說：「我想作範滂這樣的人，母親答應嗎？」程氏說：「你能作範滂，我怎麼就不能作嚴格教子的範母呢？」

宋代嚴母的例子突出，這其中原因有很多。首先是「母慈」觀念的轉變。宋代人已經認識到母親溺愛子女的危害，比如司馬光就說：「作為人母，不患其不慈，而患其只知愛而不知教。古人說的好，『慈母敗子』。愛而不教，使子女成為大奸大惡之人，甚至被判刑、殺頭，這不是別人唆使的，正是母親縱容的結果。」因而宋代有見識的母親多嚴格教子，不驕慣孩子。其次，宋代文化教育的發展，使許多母親能夠讀書識字，或者督促孩子讀書。比如歐陽修、蘇軾、真德秀的母親都能親自教育孩子讀書。再者，宋代母親的嚴厲，也與她們的家庭背景和家中輩分有關。那些出身官宦之家，在家中地位尊貴的婦女，必然性格嚴厲，脾氣更大。比如陳堯佐、陳堯諮的母親，已經身為太夫人，家中地位至高無上，脾氣嚴厲也是可以理解的。而一些生性就非常嚴厲的婦女，自然也就是日後的嚴母，比如南宋著名士大夫樓鑰，他的母親年少時就「莊重有家法」，因而「教子甚嚴」，成為宋代嚴母的典範。宋代人已經認識到，母親教育兒子靠感情、靠能力，還得靠威嚴，光當「慈母」是遠遠不夠的。

48 南宋都城裡為什麼有「重女輕男」現象？

與北宋相比，偏安一隅的南宋王朝人多地少的矛盾更加突出，由此也引發了一系列的社會問題，溺嬰（主要是女嬰）風習便是其中之一，它反映了時人「重男輕女」的觀念。與其相反，京城中的中下等人家卻「重女輕男」，對女兒愛若掌上明珠。這種情況的出現，與京城上流社會喜歡錄用身懷絕技的女伎有關，實是社會需要和家庭的生存需要所致。

歌舞女伎是南宋都城女伎的主流。但在宋代京城中，女伎是各式各樣的，不單單是吹拉彈唱，也有娛侍女伎，名目不一，有所謂身邊人、本事人、供過人、堂前人、雜劇人、拆洗人、針線人、琴童、棋童、廚娘等的分別。這種細緻分工標示出宋代女伎的兩個方面——大量的歌舞女伎和以出賣生活技術為生的女伎共存於一個城市之中，隊伍龐大。京城中的女伎雖然地位不高，卻因身有一技之長，收入頗豐。廚娘是這些人中地位最低的，只有大富大貴的人家才用的起，但只要一出場，所得小費或絹帛百匹或錢百千，非常豐厚。據《暘穀漫記》記載，一個廚娘被請到某官員家中表演廚藝，這位臂戴高級銀鎖的廚娘，做幾樣極普通的菜便耗費了大量原料，提出的賞銀也令人咂舌。最後，這名官員因宦囊羞澀，缺乏財力支撐，送走了廚娘。地位較低的廚娘尚且收入如此之豐，從事其他技藝的女伎的所得當然可想而知了。因為有了諸如此類龐大的消費市場需求，發生在中下層人家的「重女輕男」現象也就不難理解了。

京城中的女伎消費對其他城市產生了影響。南方城市裡許多小戶人家，有女日夜盼望長成，長成後便不惜重金求師教女學藝，目的是為了讓女兒得到官宦的傳喚或賣給富家為姬妾，藉由女兒的技藝或身體改變自家的經濟地位。城市裡這種供需關係的活躍，反映出市民生活對女伎的迫切需要。

【豆知識】

南宋時期有沒有自發的「計畫生育」？

宋時，「傳宗接代」仍是占據主流地位的生育觀念，由此派生出生子傳嗣、養兒防老、多子多福、早生兒子、重男輕女等一系列的具體生育觀。對宋人而言，年老無子、終身無嗣是人生最大的悲哀。但是，和這樣的生育觀同時並存的還有「生子不舉」的現象。

「生子不舉」，就是說生子不養育。在中國多子多福的觀念裡，生子而不養育的現象堪稱難以理解，但是它確實存在於南宋農村，特別是在南宋經濟欠發達的鄉村，這種現象更為普遍。南宋以前，生子不舉的現象就已經存在，不過其原因在於當時的風俗以五月初五生子不吉祥，中國民間認為五月是惡月，五月五日又稱「五毒日」，是不吉祥的。這一天生下的孩子，或有「五毒」轉生、投胎之嫌，有害於父母，男克父、女克母，故而民間這一天中常有棄嬰、溺嬰之舉，實為迷信所害。但到了南宋時期，已經不單單在是五月初五生子不舉，而是演變成為一種與中國傳統生育觀念相悖的生育習俗。生子不舉的「子」也廣泛包含了男孩、女孩在內的所有剛剛出生的嬰兒。這時期的生子不舉，雖然也有迷信的成分存在，但是已經不占主導地位。突出表現的是人為因素來控制家庭人口增長的特點，完全是出於自發行為，是一種自發的「計畫生育」現象。

「生子不舉」現象的出現和流行，是當時盲目生育所造成的人地關係緊張的一種自我調節。南宋王朝是中國歷史上統治區域較小的封建政權之一。並且隨著歷史的發展，南宋王朝統治下的人口數量已經發展到了一個相當大的程度。這樣就引起了嚴重的人地關係緊張的社會問題。而且南宋苛捐雜稅不勝枚舉，這些賦稅的徵收標準往往又都是以人頭為標準，致使貧苦農民只能以殺死已生下來的嬰兒為手段來降低自己的賦稅壓力。此外中國古代的財產繼承關係也是造成「生子不舉」的一個重要因素。中國古代的財產繼承方式是「眾子均分」，有「富不過三代」的說法。也就是說家產會由於兄弟數量過多而分散，從而失去競爭力，更容易被人兼併。為了避免這種狀況的出現，「生子不舉」的現象也就出現了。

可以說，「生子不舉」現象是南宋時貧窮農民出於無奈的選擇下的一種自發的「計畫生育」現象。

【八】人物真相

49 戲劇裡的包拯為什麼是黑臉而且額頭有月牙？

在中國傳統的戲劇裡，包拯堪稱影響力第一的宋朝名人。有關包公案的各種戲劇多達上百齣。一想到戲劇裡的包公，浮現在人們腦海中的就是一個面色黝黑，前額上有一個白色的月牙，身材魁梧，鐵面無私、斷案如神的人物形象。包拯在宋代確實是存在的，但是據留下來的畫像和史書的描述，他並非是一個身材很高大的人，而且臉色也不黑。那麼，戲劇裡的包拯為什麼是黑臉而且前額帶月牙的形象呢？

首先是一些民間傳說對戲劇人物形象塑造產生了影響。傳說中包公是一位鐵面無私、斷案如神的威嚴人物。據說他能審理陽間和陰間的善惡，為那些含冤去世的人們伸張正義。為附會這個傳說，京劇裡的包公就被畫得臉色黝黑，額頭有白色的月牙，代表他能晝審陽，夜審陰，月夜下到陰曹地府審案。據資料載，明清時期包公臉譜未見有白色月牙形，只有誇張的白眉。清末戲曲化了的包公，黑臉及月牙形的出現代表了百姓對清官的嚮往。

還有一種說法，說包拯從小喪母，由嫂子供養。由於家境貧寒，小包拯在給財主放牛時被牛踢傷，額前留下月牙形疤痕。為了符合這一歷史傳說，到了清末，戲劇創作者就將包公的臉譜上增加了月牙圖案。黑臉則是針對他鐵面無私、不苟言笑的人物形象的需要而增加的。

其次，戲劇臉譜中人物角色定位的必然要求。臉譜是中國戲劇裡演員臉部的彩色化妝。臉譜的主要特點包括：美與醜的統一；與角色的性格關係密切；其圖案是程式化的。臉譜的顏色有其象徵意義，紅色臉象徵忠義、耿直，如三國時期的關公；白色臉表現奸詐多疑，如同時期的曹操；黑色臉則表現性格嚴肅，不苟言笑，如「包公戲」裡的包拯。

角色臉譜以「象徵性」和「誇張性」著稱，藉由誇張和變形的圖形來展示角色的性格特徵。內行的觀眾從臉譜就可以分辨出這個角色的特點。如包拯黑額頭有一白月牙，就表示清正廉潔。因此，傳說和戲劇臉譜的角色定位，兩者相互結合，導致了自清末以來戲曲中包拯的臉是黑色並帶有白色月牙。

【豆知識】

包拯真的是鐵面無私的「青天」嗎？

包拯在小說和戲劇中被刻畫成鐵面無私的「包青天」形象，而在宋朝京城百姓中間，也流傳著「關節不到，有閻羅包老」的說法。那麼，歷史上包拯真是鐵面無私的「青天」嗎？

包拯，字希仁，安徽合肥人。他擔任過權知開封府、樞密副使等官職。由於他曾獲得天章閣待制和龍圖閣學士的貼職，故官民也稱他為「包待制」或「包龍圖」。從歷史上的記載來看，包拯是一個具有多方面優秀政治才能的官員。

首先，他確實堪稱疾惡如仇、鐵面無私的司法官。如他在任開封知府時，打破百姓有冤屈不得直訴於大堂前的舊制，讓屬下每天打開正門，接受百姓陳述冤屈。對於京師貴戚子弟犯罪，包拯堅決嚴懲不貸。一年多時間，包公就把京師治理得井井有條，也使他「閻羅包老」的名望傳遍天下。他在擔任廬州知州時，還鞭笞了自己仗勢欺人的堂舅，使親戚也肅然守法。

包拯還是一個清正廉潔的行政官。他為官清廉，從不收受官民賄賂。如他任端州知州時，「端硯」名聞天下，而包拯則命令只做夠上供之數的硯臺，到卸任時他也沒有帶走一塊硯臺。不僅如此，他還為子孫立下家訓：「後世子孫，仕宦有犯贓濫者，不得放歸本家。亡歿之後，不得葬於大塋之中。」充分體現了他廉潔自律的為官之風。

包拯還是一個不畏權貴、敢於直諫的監察官。如在做諫院官時，他彈劾當時的三司使（相當於財政部長）張堯佐，說他「尸位素餐，是非倒置」。張堯佐是仁宗最寵愛的張貴妃的伯父，包拯對他也毫不畏懼，連上奏章，最終迫使仁宗免除了他「三司使」的職務。從中可見包拯敢於直諫、不畏權貴的剛毅性格。

此外，他還是一個體恤百姓的財稅官。包拯也做過權三司使、戶部副使等，掌管國家稅收。在他的堅持下，朝廷取消了秦隴地區百姓每年數十萬木材供應的課稅。他還將地方每年上供的物品，改為在京師設場和買，減少地方對百姓的騷擾。從而使天下民眾對包拯感恩戴德，交口稱讚。

由於包拯性格梗直，天性不苟言笑，民間都盛傳說：「想見包老笑，與黃河水變清一樣難。」他為官清正廉潔，斷案公正，故而民間都稱讚他是鐵面無私的「包青天」。其實包拯還是一個富有同情心、體恤百姓的財稅官，不畏權貴的監察官，民間之所以流傳如此多包公的故事，其原因也正在於此吧。

50 陳世美真有其人嗎？

提起陳世美，人們自然會想起戲劇《鍘美案》、《秦香蓮》中那個喜新厭舊、企圖殺妻滅子、被世人唾棄的負心漢、無義男。「陳世美」成為後世對移情別戀的男人的罵稱。戲劇《鍘美案》發生在宋朝，陳世美家住荊州，為求功名，奮發苦讀，在大比（周代鄉大夫三年考試一次，稱為「大比」。後泛稱三年舉行一次的科舉考試）之年，赴東京汴梁趕考，高中狀元。隨後被皇帝看上，陳世美隱瞞了婚史，與公主結為夫妻。這期間，荊州連續三年大旱，陳世美的父母餓死，妻子秦香蓮領著一兒一女，沿途乞討，到京城汴梁找到了陳世美。但陳世美不僅不認，還差家將韓琪殺害秦香蓮母子企圖滅口。後秦香蓮向開封府告狀，包拯頂住壓力，冒著丟官的風險，終將陳世美執行死刑。

但陳世美其人其事並不見於正史。據今人對歷代狀元的統計，從北宋初年至清末，包括夏、遼、金在內，共有狀元三百四十五人，其中陳姓者只有十名，但沒有陳世美其人。在中國歷史上狀元當駙馬的事例實際上少之又少，從唐高祖武德五年（六二二）的孫伏伽，到清光緒三十年（一九〇四）的末代狀元劉春霖，有名可考的狀元共五百九十二人，其中做了駙馬的狀元，可考的只有唐代宗會昌三年（八四二）狀元鄭顥，他的妻子是唐宣宗的女兒萬壽公主。駙馬之中少有狀元的主要原因在於年齡，常言道「三十老明經，五十少進士」，凡是參加進士考試能中狀元的，基本上都不再是青春少年，公主自然難以下嫁。

學者多認為陳世美的原型是清代人陳年谷，又名世美、熟美，湖北均州人。陳世美家境貧寒，清順治年間在同窗資助下到京城參加會考，考中進士，並點為七品知縣，而同去趕考的同窗皆名落孫山。後陳世美又升為陝西學道，專事為國家選拔人才。當年提供資助的同窗找陳世美求官，但被拒絕。後陳世美因為官清廉，屢有建樹，被康熙皇帝提拔為貴州按察使，兼任布政司參政，官居三品要職。當年同窗又聞訊復至，重提謀官之事，被陳世美再次一口回絕。這幾個人惱羞成怒，炮製了戲劇《鍘美案》，改故事背景為宋朝，大罵陳世美忘恩負義，並安排其死於包公鍘下。《鍘美案》久演不衰，愈傳愈廣，真正的陳世美就這樣蒙受了不白之冤。

【豆知識】

包公真有三口銅鍘嗎？

在流行的包公戲裡，宋朝皇帝賜給包公三把鍘刀：龍頭鍘、虎頭鍘、狗頭鍘，包公因此有先斬後奏的特權。陳世美因是駙馬死於龍頭鍘下，而虎頭鍘是殺三品以下的官員，狗頭鍘是用來殺無品的的罪人。但是歷史上並沒有皇帝賜給包拯三把鍘刀的記載。這是為了戲劇衝突集中爆發的需要，從而滿足了惡有惡報的觀衆心理。

戲劇中陳世美有三大罪狀：一是意圖殺妻滅子，屬故意殺人未遂；二是他隱瞞曾經娶妻的情況，欺騙皇帝而娶公主，屬「十惡」中的「大不敬」；三是拋父棄母不盡孝道。陳世美欺君罔上、殺妻棄子，情節極其惡劣，判處死刑，也可算是他罪有應得。但包公斬陳世美與宋代法律制度是不相符合的。首先陳世美是皇帝的女婿，符合「八議」中的「議親」條件，宋朝皇族宗室人員犯法，杖以下歸大宗正司掌管，徒以上罪由皇帝下旨裁決，因而沒有皇帝詔令開封府無權直接對其處以死刑；此外，陳世美作為狀元，屬才能過人者，還應經過「議能」程序。其次根據宋朝鞫讞分司制，「審」、「判」分開。分別由左右巡院和司錄參軍來審案，由法曹參軍來草擬判案，所以未經此程序開封府尹不能獨自審了又判。第三陳世美有上訴權，「大辟或品官犯罪已結案，未錄問，而罪人翻異，或其家屬稱冤者，聽移司別推。若已錄問而翻異稱冤者，仍馬遞申提刑司審察」。所以審問之際囚犯喊冤的，開封府應移司推勘「左軍則移右軍，右軍則移左軍」。第四宋朝建國之初就恢復了死刑復奏制度，根據北宋法律的規定，開封府審判的死刑案件，還需要上報大理寺審查，同時送刑部覆核；案發地為京師地區的死刑判決，必須上奏皇帝。第五宋朝死刑的執行，基本實行「立春後不決死刑」、「秋冬行刑」的制度。本案中，對陳世美執行死刑的時期無從可考，但不應該就地正法。所以包公鍘陳世美，不見他上報大理寺，更沒有上奏皇帝，是違反宋朝的死刑程序。

《鍘美案》中陳世美故事是藝術作品，其情節、人物、時間、場景、地點等皆可虛構或組合，所以出現宋人審問清人之事，如同「關公戰秦瓊」一樣也不足為奇。《鍘美案》所以這樣安排死刑執行制度，是民間「清官」情結的體現，是人治對法治的破壞。但正是通過這種結局，文學作品在矛盾衝突中達到高潮。因而包公斬陳世美和三把鍘刀的故事都是文學創作的需要。

51 「宰相肚裡能撐船」指的是哪位宰相？

「宰相肚裡能撐船」是人們常說的一個俗語，用來稱讚一個人的心胸寬廣，有容人之量。那麼，這個俗語有何來歷呢？「宰相肚裡能撐船」又是指的是哪位宰相呢？

有關這個典故中的宰相，歷史上有不同記載。比較多的人認為，這裡的宰相指的是宋神宗時執掌朝政、變法改革的名相王安石，他被俄國偉大革命領袖列寧讚譽為「中國十一世紀的改革家」。「宰相肚裡能撐船」典故的由來，根據清朝杜文瀾在《古謠諺》中記載：王安石變法失敗後，他被罷相，貶到金陵。在閒暇之時，他的僕人問王安石說：「相公白龍魚服，倘小輩不識高低，有譭謗者，何處之？」王安石回答說：「宰相肚裡撐得船，從來人言不足恤。」這段話意在表明王安石心胸廣闊，不會在意那些小人因他被貶而詆毀他的人格和新法措施。王安石確實說過「天命不足畏，祖宗不足法，人言不足恤」。用「三不足」的精神來激勵宋神宗堅定信心，將改革進行下去。故而這句話的精神符合王安石的人格氣質，但此典故在宋代史書中卻不見記載。另外一則民間傳說，則說的是王安石中年喪妻，娶一名門才女為妾。因王安石忙於公務，導致此妾被冷落，故與王安石家的僕人偷情。此事被王安石發現後，他以詩來諷勸小妾，而此妾也回詩一首，「大人莫見小人怪，宰相肚裡能撐船」，懇求王安石放過他們。王安石因而贈白銀千兩，讓僕人與小妾成了親。事情傳開後，人們對王安石的寬宏大量讚不絕口，「宰相肚裡能撐船」成了千古美談。這個傳說雖然不可靠，但卻是附會王安石的一則真實故事。據朱熹《三朝名臣言行錄》記載，王安石在作知制誥時，他的夫人吳氏為其買一妾。王安石見到此女後，得知她是押糧官之婦，因丈夫覆舟失糧，不得不以賣妻來償還糧食。王安石即「呼其夫，令為夫婦如初」，並賜錢九十萬。這裡王安石的確寬宏大量，不僅沒向押糧官要買妾的錢，還贈錢九十萬，令夫妻團聚，確實有「宰相肚裡能撐船」的雅量。朱熹不禁也讚歎：王荊公（安石）「不好聲色、不愛官職、不殖貨利」。

【豆知識】

王安石為什麼被後人稱為「拗相公」？

明代馮夢龍所寫《警世通言》中記載了王安石的一則故事，題目是《拗相公飲恨半山堂》。裡面說王安石性子執拗，主意一定，佛菩薩也勸他不轉，人皆呼為拗相公。故事敘述了王安石因罷相到金陵就職，沿途遇到許多百姓指責新法傷財害民，氣憤的老農婦甚至把自己家的豬和雞稱為拗相公，最終王安石在金陵自己家中醒悟，自愧「上負天子，下負百姓，罪不容誅」，一連罵了三日，嘔血數升而死。

這個《拗相公》的故事來自於南宋話本，是那些反對變法的人編造出來的，南宋統治者為解脫宋徽宗荒淫的政治對亡國的罪責，把北宋亡國責任推卸到王安石及其主持的變法改革上，故而此故事不足為信。正如清代王士禎在《香祖筆記》所說：「如《警世通言》有《拗相公》一篇，述王安石罷相歸金陵事，極快人意，乃因盧多遜謫嶺南事，而稍附益之耳。」盧多遜是宋太宗時期的一個宰相，因專權跋扈，並和太宗的弟弟廷美往來過密，導致太宗猜忌，最終被貶死海南。實際上王安石最終病逝，不是因為悔悟自己進行了變法，而恰恰是他聽到固執的司馬光廢除了免役法後，悲憤過度，猝然離世。

但是「拗相公」這個名字的由來，還是和王安石有一定聯繫的，那就是他的執拗。比如他著《字說》，不從漢代許慎《說文解字》，自創一家之言，堅持只以會意解釋，從而產生了笑話。比如蘇軾就曾問王安石：「『波』字怎麼解釋呢？」王安石回答曰：「水之皮。」蘇軾開玩笑說：「那麼『滑』字是水的骨頭嘍？」王安石執拗地以表面意思解說文字，從而給蘇軾留下嬉笑的把柄。

在處理政務中，王安石也表現出他的固執。如在變法改革中，王安石施行政策限制皇親國戚的恩數。於是那些宗子們紛紛到王安石那裡求情，說：「我們都是趙氏子孫，希望您看在祖宗的面上，保留恩澤。」王安石將他們一一拒絕，最終厲聲說：「祖宗宗廟，人滿了還要祧遷，何況是你們呢！」迫使他們不得不離去。

王安石的執拗，自有其自身性格的原因，但是面對守舊勢力的層層阻撓，朝野上下的議論紛紛，如果沒有執著堅定的信念，王安石是無法完成這樣一場轟轟烈烈的變法運動的，所以其「拗相公」的稱號，是否更應該從正面的含義去理解呢？

52 蘇軾真的見過飛碟嗎？

飛碟是不明飛行物，在古代很可能多次光臨中國。據傳蘇軾就見過飛碟。當時蘇軾出任杭州通判，路過鎮江時，曾目睹過神奇莫測的江上景物，寫下《遊金山寺》詩：「是時江月初生魄，二更月落天深黑。江中似有炬火明，飛焰照山棲鳥驚。悵然歸臥心莫識，非鬼非人竟何物？江山如此不歸山，江神見怪警我頑。」詩中描述的「炬火」亮度非常，可「飛焰照山」，使得山中夜已棲息的鳥兒都驚動飛上了天空。蘇軾此詩原注：「是夜所見如此。」可見作者是親眼目睹。

蘇軾在鎮江寫下《遊金山寺》，這裡距揚州不遠。而據《夢溪筆談》記載，宋代可能在揚州多次出現飛碟：「嘉祐中，揚州有一珠，甚大，天晦多見。初出於天長縣陂澤中，後轉入甓社湖，又後乃在新開湖中，凡十余處，居民行人常常見之。余友人書齋在湖上，一夜忽見其珠，甚近。初微開其房，光自吻中出。如橫一金線。俄頃忽張殼，其大如半席，殼中白光如銀，珠大如拳，爛然不可正視。十餘里間林木皆有影，如初日所照；遠處但見天赤如野火；倏然遠去，其行如飛；浮於波中，杳杳如日。古有明月之珠，此珠色不類月，熒熒有芒焰，殆類日光。崔伯易嘗為《明珠賦》。伯易，高郵人，蓋常見之。近歲不復出，不知所往。樊良鎮正當珠往來處，行人至此，往往維船數宵以待現，名其亭為『玩珠』。」沈括的記述來源於其朋友的近距離目睹，描述甚詳：此物之殼，有半張席子那樣大。殼中白光如銀，內裡珠大如拳，光芒閃耀，不可正視。此時，十多里地的林木都被珠光照耀，樹影清晰可見，恰如太陽初升情景。往遠處看，天色發紅，如有野火燃燒。很快，此珠向遠方飛去，再看它，就像太陽在遠遠的水波上漂浮著。高郵崔伯易常見此珠，就作《明珠賦》，但後來「不知所往」，像是神祕失蹤了。

宋代的《壺雲錄》一書，也曾記載揚州上空出現的奇異現象：「丁醜歲七月十七日，揚州一士子夜讀，忽北首牆上，光明若晝，以為鄰人失慎重，急趨出視之，則天半有一紅球，大如車輪，華彩四射，流於雲端，隱約有聲，餘光越三刻，始斂盡焉。次日，通城轟傳，所見皆一，是夜，秦郵甓社湖中光更朗，若自南直駛西北，後亦無所徵驗雲。」「蘇城於七月十六日，有火光一道，大若車輪，自東而西，如星之隕，如電之掣，轆轆有聲，門外居民悉見之。」《壺雲錄》中記載與《夢溪筆談》相較，地點都在揚州，都提到甓社湖；都發出强烈光芒，飛行速度很快，如「星之隕」、「電之掣」。

宋人見到的不明飛行物，很像現在我們說的飛碟，但現在學者對此還不能肯否。蘇軾所見究竟是什麼也只能成為千古之謎了。

【豆知識】

蘇東坡描寫月亮的詩詞特別多，這說明蘇東坡有「月亮情結」嗎？

蘇軾的作品中，描寫的月亮特別多，而且大多成為文學名篇。蘇軾的月亮詩詞中以《水調歌頭》最為著名，其中「明月幾時有，把酒問青天」早已成為千古名句，南宋胡仔曾評道：「中秋詞自東坡《水調歌頭》出，餘詞盡廢。」而其他作品中，蘇軾筆下的月亮亦能打動千古人心，《前赤壁賦》：「月出於東山之上，徘徊於鬥牛之間。白露橫江，水光接天。」《後赤壁賦》：「有客無酒，有酒無肴，月白風清，如此良夜何！」、「山高月小，水落石出。」《卜運算元．黃州定慧院寓居作》：「缺月掛疏桐，漏斷人初靜。」《江城子．十年生死兩茫茫》：「料得年年腸斷處，明月夜，短松岡。」《念奴嬌．赤壁懷古》：「人生如夢，一尊還酹江月。」此外還有多首詩詞吟誦月亮。正是因此，有學者提出蘇軾具有月亮情結。

這種說法有一定道理，但是蘇軾的這些詩詞還有一個特點：描寫的景物大多是戶外景物，這說明了蘇軾喜歡夜晚在戶外活動。蘇軾《東坡志林》中就記載了他在元豐六年（一〇八三）十月夜遊黃州（今湖北黃岡）承天寺的情景：「解衣欲睡，月色入戶，欣然起行。念無與樂者，遂至承天寺尋張懷民。懷民亦未寢，相與步於中庭。庭下如積水空明，水中藻荇交橫，蓋竹柏影也。」蘇軾看到此月夜美景，不由生出「何夜無月，何處無竹柏，但少閒人如吾兩人爾」的一番感慨。蘇軾還有大量詩詞佳句都是在夜晚的戶外創作的。如在作於熙寧五年（一〇七二）的《夜泛西湖》中，時任杭州通判的蘇軾與呂蒙正之孫呂仲甫月夜泛舟西湖，觀賞「菰蒲無邊水茫茫，荷花夜開風露香」的美景；元豐二年（一〇七九），蘇軾在出知湖州（今浙江湖州）的行旅之中，夜晚起身欣賞水中景色，作《舟中夜起》一詩云：「微風蕭蕭吹菰蒲，開門看雨月滿湖。舟人水鳥兩同夢，大魚驚竄如奔狐」；元豐五年（一〇八二），蘇軾因「烏臺詩案」而貶在黃州之時，於深秋之夜開懷暢飲，酒醉後的歸途之中作《臨江仙》：「夜飲東坡醒復醉，歸來仿佛三更。家童鼻息已雷鳴。敲門都不應，倚杖聽江聲。」這些都是蘇軾夜晚在戶外創作出來的佳句。

可以說蘇軾不僅有「月亮情結」，還喜歡夜間創作。這說明蘇軾是個浪漫主義詩人，注重個人情感的表達，個性較少拘束且自由奔放。而在夜晚，尤其是明月之夜，浪漫者的大腦皮層就進入最佳興奮狀態。其實古今中外的大文學家都有這樣的習慣，如魯迅先生、法國作家福樓拜都喜歡在夜間揮筆著文。從這個意義上講，世界文學史是在夜晚創造的。

53《射雕英雄傳》中提到的《武穆遺書》是否真的存在？

提到《武穆遺書》我們首先想到的就是在金庸小說《射雕英雄傳》中，圍繞這部岳飛所傳下來的兵書展開的種種驚心動魄的爭鬥。到後來的《倚天屠龍記》中依然有這部兵書的身影，它被藏到屠龍刀中，使屠龍刀成為武林至尊。乃至朱元璋打敗元朝取得天下也是靠了這部《武穆遺書》的幫助。這就為這部書塗上了一層神祕的色彩。《武穆遺書》真的存在嗎？它真的是岳飛傳下來的兵書嗎？

其實，《武穆遺書》僅是金庸在小說中虛構出來的兵法奇書，並將它說成岳飛所著。在宋代文獻中，根本沒有這本書的記錄，歷代兵書也沒有收錄，因此，我們可以確定《武穆遺書》純粹是虛構出來的。雖然現代屢有《武穆遺書》的面世，但根本無法證明是岳飛所著。而且我們現在所見到的《武穆遺書》，根本不是金庸小說中所描寫的兵法奇書，而是一部練習武術的拳譜。上面記載了一套威猛無比的岳家拳的拳法祕訣，與兵書大相徑庭。

據傳說，岳飛一生有兩部著作，一部收錄的是他慷慨激昂的詩詞歌賦等文學作品，而另一部就是所謂的岳家拳譜，也就是在後來被輯成的《武穆遺書》。在明清之際，一個叫姬際可的人無意中在一座破廟發現了半卷《武穆遺書》，並由此創建了內家拳的第一個拳種——

形意拳。此後，這半卷《武穆遺書》一直作為形意拳的鎮派之寶被傳下去。這就更類似於武俠小說中所描繪的情節了。

【豆知識】

岳雷掃北是歷史事實嗎？

在小說《精忠嶽傳》中，岳飛屈死於風波亭，一家老小被發配雲南，只有岳雷逃脱並屢獲奇遇。孝宗即位後，為岳飛洗去冤屈，並赦免岳家老小回朝復職。於是岳雷繼承父親岳飛遺志，掛帥統兵北伐，經過數次惡戰，終於直搗黃龍，攻入金國都城，掃平北國。金國奉上降表求和，承諾歲歲來朝，永不侵犯，並送還徽欽二帝梓宮（皇帝的棺木，以梓木做成）。岳雷接受降表，領大軍班師，鞭敲金蹬響，旗唱凱歌還，實現了岳飛奮鬥了一生的夢想。

歷史上，岳飛共有五個兒子，分別是雲、雷、霖、震、霆。岳雷是岳飛的次子，劉氏生，字發祥，號夏卿，又號聲甫。宋靖康元年（一一二六）三月十七日，生於山西平定縣軍中，金南侵中原時失散，直到建炎三年（一一二九）才被尋回軍中。宋高宗夥同秦檜以「莫須有」的罪名製造千古冤案，將岳飛投入大牢，萬俟卨更是對他嚴刑逼供，岳飛誓死不伏，並想絕食而死。而秦檜和萬俟卨又藉口服侍岳飛，將與案情毫無關聯的岳雷投入獄中。這個尚未成人的青年，在獄中陪伴父親，度過了人生最悲慘的時日。岳飛遇難後，年僅十六歲的岳雷隨同家人被發配，流放嶺南。直到宋孝宗為岳飛平反的前一年，岳雷全家才從嶺南回到潭州（今長沙市）居住。岳飛冤案昭雪後，岳雷也被宋朝政府封贈官爵。宋寧宗嘉定三年（一二一〇）年八月二十二日，岳雷去世，享年七十八歲。宋理宗景定二年（一二六一）被追封為紹忠侯。

後人之所以創作出岳雷掃北的故事，很顯然是出於對岳飛恢復中原偉大事業功虧一簣的惋惜以及對偉大民族英雄的崇敬之情。

54「樹倒猢猻散」中的大樹是指誰？

宋龐元英《談藪・曹詠妻》記載：「宋曹詠依附秦檜，官至侍郎，顯赫一時。依附者甚衆，獨其妻兄厲德新不以為然。詠百端威脅，德新卒不屈。及秦檜死，德新遣人致書於曹詠，啓封，乃《樹倒猢猻散賦》一篇。」這個故事是說宋高宗時有個侍郎叫曹詠，他善於逢迎拍馬，深得奸相秦檜的歡心，所以官運亨通，當了侍郎。曹詠當了大官後，有很多人來巴結他，獨有他的大舅子厲德新卻從不向他獻殷勤。厲德新知道曹詠並非憑真才實學而是靠依順秦檜才得以升官的，所以料定曹詠這種人沒有好下場。對此，曹詠耿耿於懷，一心想找個碴兒整整厲德新。後來，秦檜死了，那些依附秦檜的傢伙一個個倒臺了，曹詠也被貶到了新州，厲德新得到消息後，非常高興，就寫了一篇題為《樹倒猢猻散》的賦寄給曹詠。文中說如今大樹一倒，猢猻四散，於國於家，真是可喜可賀。將秦檜比作一棵大樹，把曹詠等人比作樹上的猴子。這句話很快便在臨安傳開了，直到現在，人們還用「樹倒猢猻散」來比喻以勢利相結合的人，為首者一倒臺，跟從的人一哄而散，含有貶義。

【豆知識】

「樹倒猢猻散」中的猢猻又是指什麼？

明代郎瑛《七修類稿》中說秦檜曾做私塾教師，有「若得水田三百畝，者（這）番不作猢猻王」的詩句。猢猻是獼猴的別名，獼猴好群居山林之中，喧嘩好鬧，上竄下跳。秦檜所說的「猢猻王」，就類似今天說的「孩子王」。獼猴在中國分布極廣，據《辭海》記載，產於雲、貴、川、陝、青、冀、豫、桂、粵、閩、臺、浙、皖等省區。楊萬里《無題》詩：「坐看猢猻上樹頭，旁人只恐墜深溝。」

《史記．項羽本紀》：「人言楚人沐猴而冠耳，果然。」章炳麟《新方言．釋動物》中說：「沐猴母猴，母猴獼猴，今人謂之馬猴，皆一音之轉。」張晏曰：「沐猴，獼猴也。」《紅樓夢》第二十八回中描寫飲酒行令的場景，粗俗的花花太歲薛蟠行酒令時道出一句「女兒愁，繡房躥出個大馬猴」。原來沐猴、馬猴都是獼猴，那麼「猢猻」真是中國歷史上的著名丑角了。

55 楊家將中的佘太君、穆桂英真有其人嗎？

在有關楊家將的小說、戲曲中，都說楊業的夫人是佘太君。她以八十歲的高齡，還掛帥出征；她手中的龍頭拐杖，上打昏君，下打奸臣，可謂是天波楊府的擎天柱。歷史上真有佘太君這樣一個人物嗎？

實際上，這個問題歷來說法不一。有一種說法認為佘太君是存在的。歷史上楊業之妻姓折，「折」與「佘」讀音相近，後世大約因此而混淆了。折氏其家本是雲州大族，折氏的祖父折從阮從後唐時期就掌管府州防務，控遏西北，為當時中原防禦邊塞少數民族入侵做出重要貢獻。在後漢興起後，折氏家族又歸順了後漢，大約此時折氏與楊家結親。折氏的父親叫折德扆，他在後漢、後周、宋初一直擔任府州防禦使、節度使等職，在府州和契丹遼朝作戰，從未屈服。折氏作為將門之女，能夠領兵作戰，教育出一門忠烈，保家衛國的楊家兒郎，也是可能的。另一種說法則認為佘太君是小說、戲曲虛構出來的人物，史無證據。佘太君最早出現於元代雜劇之中。清代的方志和筆記中才出現了楊業所娶的是雲州折德扆之女，佘太君是折太君的音訛的說法。這樣一來，用清代史料來說明宋代歷史事實，自然是本末倒置，難有太多說服力的。由於至今未能找到明確和其有關的宋代材料，所以戲曲、小說中佘太君的人物原型到底是誰至今還是個不解之謎。

而戲曲中大破天門陣的女英雄穆桂英則純粹是虛構的歷史人物，《宋史》中明確指出楊文廣是楊延昭之子，這樣一來，戲曲中楊文廣的父親楊宗保就必然是不存在的，他是後人硬加在楊延昭和楊文廣中間的一代人，而作為宗保之妻的穆桂英自然也就是虛構的人物。這是後代民間藝人為了增加楊家將故事的曲折，使人物群體更加豐滿而做出的一種藝術創作。

【豆知識】

楊家將的歷史真相是什麼？

楊業和他子孫們抗擊遼軍的事蹟即「楊家將」的故事自宋仁宗朝以來就被人們廣泛傳

誦。宋仁宗朝歐陽修就說：楊家「父子皆為名將，其智勇號稱無敵，至今天下之士，至於里兒野豎，皆能道之」。那麼，歷史上楊家將真實的情況是怎樣的呢？

楊業在歸順宋朝以後，被任命為代州知州兼三交駐泊兵馬部署。他上任以來，深知代州的門戶雁門關的重要性，於是修建了衆多城寨，加强防禦力量。有一次，遼國派兵十萬入侵雁門關，楊業帶領數千精騎繞到雁門關北邊的關口，突然從背後對遼軍發動猛攻，與南面的潘美軍夾擊，大敗遼軍。後來，他又與潘美在雁門關擊破遼軍，斬首數千人，並乘勝攻入遼境。雁門關大捷後，「楊無敵」的美名從此傳揚在宋遼兩國。楊業戰死後，遼朝人也很尊重這位英雄，並在古北口為他建立了「楊無敵」廟。

楊業兒子一輩，最為著名的就是小說中的「六郎」楊延昭。楊延昭原名楊延朗，他並非是楊業的第六個兒子，而是長子。之所以叫他「六郎」，應是其在同族兄弟中的大排行。楊延昭自幼喜歡玩排兵佈陣的遊戲。長大後，常隨父親作戰，在攻打應、朔兩州時，楊延昭曾作為先鋒攻城，雖有流矢射中臂膀，但仍奮力攻城。此後，他任保州緣邊都巡檢使。一次，當他在邊境小城遂城（今河北徐水縣東）巡查時，契丹大軍突然來襲。楊延昭臨危不亂，組織士兵用水澆灌外城牆，當時正值隆冬季節，一夜之間形成冰城。遼軍因城牆太滑無法攻城，被迫退兵。他還曾領兵在羊山伏擊遼軍，獲得大勝，將遼明王首級函首京師。宋真宗稱讚延昭：「治兵護塞有父風，深可嘉也！」此後宋遼澶淵和議達成，罷兵休戰。楊延昭被任為高陽關副都部署，他曾多次請求伐遼，都被真宗拒絕，大中祥符七年因病去世。

楊業其餘六子中除延玉戰死外，其他五兄弟事蹟未見記載。楊延昭有三個兒子，分別是傳永、德政、文廣。三子楊文廣因《宋史》中有傳而事蹟得以保存。小說戲曲中說楊文廣為楊宗保之子，實際史書中則無楊宗保，是民間虛構出的人物。楊文廣自幼追隨父親，喜歡談兵論武。慶曆三年，他參加了鎮壓陝西地區張海變亂的行動，並被宣撫陝西的范仲淹所賞識而招至麾下。後來，他跟隨狄青征討廣西叛亂，立有軍功，被任命為廣西鈐轄。宋英宗曾任命他擔任秦鳳路副都總管，修築甘谷城，抗擊西夏入侵。此後又轉到河北邊防前線，當時遼國爭代州地界，楊文廣曾獻上陣圖和攻打幽燕的策略。後病逝。由於楊業祖孫三代都活躍在抗擊遼、西夏戰爭前線，為民眾所仰慕，他們的英雄故事不脛而走，再加上小說、戲曲藝人的加工，遂形成了今天一門忠烈的「楊家將」故事。

56 潘仁美真的是逼死楊繼業的大奸臣嗎？

隨著北宋名將楊繼業的戰死，楊家將故事的流傳，在楊繼業之死中負有不可推卸責任的宋朝西路軍主帥潘仁美就成了民間流傳的大奸臣。歷史上潘仁美真的是逼死楊繼業的大奸臣嗎？

潘仁美原名潘美，字仲詢，河北大名人。他是宋太祖、太宗朝著名的軍事將領，曾參與了「陳橋兵變」，因而是宋朝的開國功臣。在宋初淮南節度使李重進的叛亂中，潘美參與了平叛戰爭，並立有一定軍功。開寶三年（九七〇），他以行營諸軍都部署率軍攻南漢。九月，他設伏兵大敗南漢，俘獲一萬餘人，克賀州。繼而轉兵攻韶州，擊敗南漢十萬主力軍隊。四年二月，他火燒南漢軍營柵，大破南漢軍六萬人，不到半年時間，攻滅南漢。開寶八年十月，他以升州道行營都監的身分與大將曹彬共同滅掉南唐，並以功拜宣徽北院使。在攻滅北漢的戰爭中，他也俘獲甚多。此後，潘美被任命為三交都部署，負責北邊對遼防務，曾率部銜枚奮擊，大破遼軍萬餘騎兵，進封韓國公。此時，作為潘美下屬的雲州觀察使楊業因戰功顯赫，被潘美嫉妒，上謗書於太宗，但太宗置之不理。

在雍熙三年（九八六）的北伐中，作為西路軍主帥的潘美，一開始也是連敗遼軍，攻克雲、應、寰、朔四州。後來宋軍東路、中路均告失利。西路軍也被迫撤退。在撤軍中，潘美與監軍王侁等不納楊繼業聲東擊西的建議，並強令他出戰，又違約不予接應，率軍逃走，致使楊業全軍覆沒，被俘身亡。戰後由於潘美曾多次立有大功，又是太宗的親家（潘美八女兒嫁給了宋真宗），故而太宗從輕發落，將他降官三級，都監王侁、劉文裕等被除名編管。第二年潘美官復原職，西元九九一年病死，諡「武惠」。

從潘美的一生經歷來看，他平南漢、滅南唐，戰功顯赫，並配享宋太宗廟廷。可以看出他在宋太宗朝的地位和後來君臣對他的肯定。如果他真是大奸大惡之人，是難以得到這個榮譽的。所以，歷史上的潘美雖有心存嫉妒、故意不派援軍、置楊業於死地的惡劣表現，但也難把他看作是大奸大惡之人，至多是一個心胸狹窄、嫉賢妒能之人。

【豆知識】

楊繼業真的是撞死在李陵碑前的嗎？

楊繼業原名楊業，是北宋著名軍事將領，號稱「楊無敵」，他的祖籍是麟州新秦（今陝西神木）人，後來遷居太原，故而《宋史》中說他是并州太原人。他在北漢建立時投靠了北漢皇帝劉旻，被賜名劉繼業。太平興國四年（九七九），宋太宗在攻滅北漢後，讓他恢復原姓，名業，但宋以來人們還是多以楊繼業來稱呼這位抗遼名將。楊繼業鎮守北部邊關，屢建戰功。雍熙三年，宋太宗發動北伐戰爭，希望奪取被遼朝占領的燕雲地區。此次戰爭，最終宋軍大敗而歸。更為慘痛的是，西路宋軍副統帥楊業在此次戰役中不幸陣亡。

關於楊業最終是如何戰死的，後世小說、戲劇等多說他是撞死於陳家谷山上李陵碑前。現在京劇中還有《李陵碑》、《孟良盜骨》的劇碼。元代雜劇《謝金吾詐拆楊家府》中有一段唱詞，也訴說了楊無敵最後的人生歷程，其中唱道：「他他他也則為俺趙宋社稷，甘心兒撞倒在李陵碑，便死也不將他名節毀。」表現了楊業為宋朝社稷和自己名節，寧死不屈，撞死於李陵碑前。但歷史上楊繼業真的是撞死在李陵碑前的嗎？

從宋太宗在楊業死後追封他官爵的詔書中我們就可以看出一些端倪。太宗在詔書中說：「故雲州觀察使楊業，誠堅金石，氣激風雲。挺隴上之雄才，本山西之茂族，自委戎乘，式資戰功。方提貔虎之師，以效邊陲之用。而群帥敗約，援兵不前，獨以孤軍，陷於沙漠。」在這裡，宋太宗指出，楊業之死，是因主帥們背棄盟約，援軍不到，導致楊業孤軍深入，被遼軍包圍，戰沒疆場。其中並沒有提到撞死之事。而《宋史．楊業傳》、《遼史．耶律斜軫傳》等均指出，當宋朝西路軍北伐失敗時，楊業等奉命轉移雲、應等四州軍民，由於主帥潘美違背約定，沒有派援軍在陳家谷口接應，導致拖後與遼軍苦戰的楊業軍隊被遼耶律斜軫部包圍。楊業部下戰死迨盡，他手殺數十遼兵，藏入深林之中，遼將耶律奚低射中了楊業的戰馬，導致他墜地被活捉。此後楊業拒絕遼軍勸降，三日不食而死，他的兒子延玉也同時遇害。因此，歷史上的楊業最終是被俘絕食而死，而並非撞死於李陵碑前。小說、戲劇中這個傳說的由來，當是後來的人們不願意英雄被俘、有損於威名而虛構的歷史故事。

57 寇準被稱為「老西兒」是因為他是山西人嗎？

寇準，字平仲，是北宋太宗、真宗朝著名的政治家。二十世紀末，隨著節目評書《楊家將》的熱播，人們在認識了一門忠烈的北宋抗遼名將楊業及其後人事蹟的同時，也記住了一位機智詼諧的「雙天官」寇準。由於他說著一口地道的山西話，又秉承「交槍不交醋葫蘆」的原則，故評書中親切地稱呼他為「寇老西兒」。「老西兒」再加上說山西話、愛吃醋，使一般聽衆對寇準是山西人的說法深信不疑。這也是寇準被稱為「老西兒」的現代來歷。

但是，如果翻閱歷史典籍，是查不到任何關於寇準被稱為「老西兒」的記載的。那麼，寇準究竟是不是山西人呢？據《宋史》記載：「寇準，字平仲，華州下邽人也。」華州在宋代隸屬於陝西四路中的永興軍路，下邽是華州下轄的一個縣，位置在今天陝西省渭南市的華縣。因而，無論從宋代的行政區劃分還是當今行政區劃分，寇準都是地地道道的陝西人，而並非山西人。評書中說寇準操著山西口音，愛吃醋，恐怕是得自於今人對山西民風的認識，而並非歷史上真實寇準的形象。

而如果從歷史上看，陝西在宋代確實是國家的西部邊界，寇準誕生在這裡，將他稱為「老西兒」，大抵也沒有什麼錯。只是不必將山西民風的一些特點加在他身上就可以了。寇準對陝西故土感情深厚，他七歲時隨父登華山，就留下了「只有天在上，更無山與齊。舉頭紅日近，俯首白雲低」的詩句。在入仕做官之後，他也多次被任命為陝西地區的官員，宋太宗朝，寇準曾被命巡視渭北地區。真宗即位後，他先後曾任陝西同州知州、鳳翔府知府、永興軍知軍等，在陝西地區留下了眾多做官、生活的印記。寇準曾作《再歸秦川》一詩表達他回到故鄉做官的感慨：「阮路何方盡，西歸興未勞。河流經陝狹，山色入秦高。」而在他鄉為宦時，寇準也曾作《秋思》一詩，表達他對西部故鄉的思想，其中寫道：「秋氣動天地，恍然情未窮。故園應墜葉，昨夜又西風。」從而也能看出寇準對陝西故鄉的懷念，也從另一角度證明了寇準是陝西的「老西兒」，而不是山西的「老西兒」。

【豆知識】

宋代北方人為什麼厭惡南方人？

兩宋時期，尤其是北宋時期，北方人對南方人多表現出厭惡和輕視，比如出生在陝西的寇準是典型的北方人，在做執政官之後他曾公開表示自己對南方人的不滿，「尤惡南人輕巧」。西元一〇一五年，國家舉行科舉考試，在最終確定狀元人選時，有江西人蕭貫和京東人蔡齊二人備選。知樞密院寇準就向真宗進言：「南方下國人，不宜冠多士！」而當時北方人也對反感的南方人起外號，比如把四川人稱為「川藞苴」，即不成熟的、不規矩的傢伙，把福建人稱為奸詐狡猾的「福建子」。那麼，宋代的北方人為什麼厭惡南方人呢？

首先，是受到了作為對南方諸國戰爭勝利者心態的影響。宋太祖趙匡胤採取「先南後北」的戰略，用了十多年時間統一了南唐等南方諸國。因此，以中原正統和勝利者自居的北方官員，必然在心理上對南方人有優越感，在地域上對南方人多輕視。如宋初在攻滅南唐後，開封人李穆就說：「我看南方士族之輩，只有徐鉉還能算有學之士，其他人都不足論。」因此，宋初幾朝的北方官員都對南方官員表示出厭惡和輕視，這一思想也波及到民間。

其次，受到宋朝「不用南人為相」的祖宗家法的影響。據說宋太祖曾刻一通石碑，上書「後世子孫無用南人作相，內臣主兵」。就是說，他之後的皇帝不得任用南方人做宰相，不得讓宦官掌兵權。這反映了宋太祖對剛歸附來的南方人的警戒和猜忌。誓碑所反映的精神在宋初幾朝確實是得到遵循的。比如宋真宗曾想任命江西人王欽若為宰相，就遭到宰相、河北大名人王旦的反對，他對真宗說：「太祖、太宗朝就未嘗讓南方人當國」，最終使真宗打消了這一念頭。宋初統治者猜忌南方人思想的影響，導致南方人政治和社會地位低，而北方人也多猜忌和厭惡南方人。

再次，北方人和南方人性格差異的影響。北方人性格中多有質樸、剛烈等特徵，而南方人多輕巧、灑脱。這種性格上的差異使宋朝北方人和南方人在接觸時往往會產生矛盾，而北方人在軍事作戰中的優勢也使他們瞧不起南方人的柔弱，性格上的差異也使其厭惡南方人。宋朝北方人和南方人的紛爭，在寇準事例中就有所體現，而在此後的王安石變法、「元祐黨爭」中仍不時可以看到這種對立和鬥爭，狹隘的地域觀念使宋朝官場鬥爭更加複雜昏暗。

【九】江湖險惡

58 為什麼說「走後門」源於蔡京？

現在我們常用「走後門」一詞比喻通過托熟人、拉關係、送禮行賄等不正當手段，來達到某種功利目的，私下獲取某種利益。「走後門」的典故是來自北宋奸相蔡京。

宋徽宗崇寧元年（一一〇二年），起用蔡京為相，蔡京開始嚴酷迫害元祐黨人。所謂元祐黨人是指宋哲宗元祐年間反對變法的舊黨，以司馬光為首，包括蘇軾、蘇轍、黃庭堅等人。蔡京擬出了一個一百二十人的龐大名單，稱作奸黨，宋徽宗親自書寫姓名，刻於石上，豎於端禮門外，史稱「元祐黨籍碑」。凡是元祐黨人的子孫，一律不許留在京師，不許參加科考，碑上列名的人一律「永不錄用」，各種場合一概不許出現和提到「元祐」的字眼。

蔡京所做所為引起朝政的混亂，人們透過各種方式表達不滿。洪邁《夷堅志》就記載了這樣一則《優伶箴戲》的故事。有一次宋徽宗和蔡京等大臣看滑稽戲，一個伶人扮作宰相，

坐著宣揚朝政之美。「一僧乞給公憑遊方，視其戒牒，則元祐三年者，立塗毀之，而加以冠巾。一道士失亡度牒，問其披戴時，亦元祐也，剝其羽衣，使為民。一士人以元祐五年獲薦，當免舉，禮部不為引用，來自言，即押送所屬屏斥。」過了一會兒，宰相家主管私家財庫的官員附在宰相的耳邊小聲說：「今日於左藏庫請得相公料錢一千貫，盡是元祐錢，合取鈞旨」宰相俯首久之，曰：「從後門搬入去。」旁邊的伶人舉起手中所持的棍棒，照著宰相的脊背就打，一邊打一邊罵道：「你做到宰相，原來也只好錢。」「是時至尊亦解顏」，宋徽宗也笑了。這個滑稽戲中的臺詞在社會上傳說很廣，「走後門」的典故由此形成。這既是對蔡京所作所為的一種嘲弄，也是對官家謀取私利的一種諷刺。

蔡京生活奢侈無度，例如曾敏行《獨醒雜誌》記載蔡京一次宴請部下，單是製作蟹黃饅頭一味，就耗費一千三百餘緡。蔡京有一次招待客人，酒後高興，就吩咐拿出十餅江西官員賄賂的鹽豉，客人發現都是用黃雀肫做的。這樣的鹽豉，蔡家當時還有八十多餅。羅大經《鶴林玉露》中說，有個人在京城買了一個女人做妾，這女人自稱是蔡京家的廚娘。一天，主人讓她做包子，她推辭說不會。主人質問她，既然做過蔡太師家廚娘，豈有不會做包子之理。這女人回答說：「妾乃包子廚中縷蔥絲者也。」包子廚房裡切細蔥絲還要有專門的人，可見蔡家生活的奢侈糜費。而支持蔡京奢侈生活的，必須是大開後門的財源。

【豆知識】

宋代士大夫在相互交往中是如何饋贈禮物的？

宋代的士大夫在相互交往之中是很講究互贈禮物的。但是，大多數的宋代士人在相互饋贈中十分追求高尚人格和完美意境的和諧統一，形成了一種頗富文化氣息，比較高雅的人際交往模式。宋代士大夫所講求的帶有「君子之交淡如水」的禮尚往來，一般都不帶有那種商業氣息和物質追求，而更注重的是精神層面的價值取向。與蔡京之徒難以見人的「走後門」的行徑不同，宋代士大夫之間的相互饋贈往往是光明正大地伴隨著詩詞酬答、書信往來的，也因此為我們留下了諸多膾炙人口的精品佳作。

宋代士大夫間的「往復之禮」，一般是以小額、合理、禮尚往來為基本的原則，如楊億與王旦情誼篤厚，當楊億被貶謫在外時，就附信贈給時任宰相的至交王旦一秤山栗，「聊表寸心」；而當陸游的友人贈他以無花果、藥等，陸游則以「新茶三十胯，子魚五十尾」的家鄉紹興名品來作為回禮，這些記載即為宋人饋贈的典型之例。除此之外，有的士大夫還定下了自我恪守的一定之規，如蘇軾就因堅持「不受非親舊之饋」的原則，而將蘇州姚淳送給他的「惠香八十罐」托人送了回去。

宋代士大夫最常見的饋贈之物就是新茶。凡家鄉或任官所在地產茶者，往往寄贈新雨舊知，表達親情友誼，一般附以信及詩詞，封緘後派專人或由驛遞寄送給對方。收到這也回贈以當地土特產，有答書及酬和詩詞，因而成為一種高雅的時尚。宋人文集中大多留有大量有關贈茶的作品。如宋代極品名茶「雙井」，產在黃庭堅家鄉江西修水，黃庭堅將其譽為「家山小草」，贈與師友親舊，在他的《山谷全集》中就存有關互贈茶禮的詩篇數十首之多。而蘇軾嗜茶，他有百餘首詩詞，還有數十封書箚（又稱尺牘，即古人的書信。）中提到友人惠茶事。王安石的「碧月團團墮九天，封題寄與洛中仙」就記述著兄弟之間贈茶之事。韋驤的「隱士寄題緘且密，使君分惠重其開」指的是友人之間的贈茶之事。

正因為宋代士大夫間的相互饋贈都是在追求著精神層面的雅趣與真情，所以，蔡京之徒的以物質索取和權錢交易為內容的「走後門」的行為是被其他士大夫所鄙夷與不屑的。

59 宋代行賄為什麼用太湖石？

奇石、美石是中國古代文人墨客欣賞把玩的重要物件。因為石之美的抽象與空靈與中國傳統審美文化的精神相契合，所以很多文人士大夫都愛石成癖。石頭的審美是以「瘦、透、漏、皺、醜」為主要標準，也就是石頭之美在於其體態苗條、紋理貫通，石頭上要滿布大孔小孔，上下貫穿、四面玲瓏，並且石頭的表面要有凹凸的褶皺，特別是石之美在醜中見出，醜到極點也就美到極點。清代文藝理論家劉熙載曾經在《藝概》中指出「怪石之醜為美，醜到極處就是美到極處」。

在中國的欣賞用石中，太湖石是其中的精品。太湖石又名窟窿石，因產於太湖而得名，是中國古代著名四大玩石之一。太湖石的形狀各異，姿態萬千，通靈剔透，最能體現「瘦、透、漏、皺、醜」之美。太湖石以白石為多，少有青黑石、黃石，尤其黃色的更為稀少，有很高的觀賞價值。

據北宋人陶穀所作的《清異錄》記載，唐代就開始盛行玩賞太湖石。唐代身居相位之尊的牛僧孺就是一個酷愛收藏太湖石的人。他在府第歸仁里和南郭的別墅收藏太湖石極富，白居易稱他「休息之時，與石為伍」，甚至到了「待之如賓友，親之如賢哲，重之如寶石，愛之如兒孫」的地步，可見其愛石之深。白居易曾寫有《太湖石記》專門描述太湖石。南宋時期杜綰作的《雲林石譜》中對太湖石也專門有記載。

宋徽宗對太湖石的喜愛更是幾乎達到癡迷的程度。他把天下有名的美石奇石編入「花石綱」運送到北宋都城開封，供他玩賞，給當時的人民群眾帶來了巨大災難。當時運送太湖石的船隻日夜不絕，為了使較大的石頭能順利通過，經常要拆毀橋樑或者城郭。可以說，「花石綱」的運送是導致北宋滅亡的一個重要因素。

由於當時皇帝、官僚士大夫及文人雅士均喜愛奇石，太湖石又是石中極品，以至影響到當時的社會風氣，行賄送禮也喜歡用太湖石。

【豆知識】

北宋運送花木為什麼稱作「花石綱」呢？

「花石綱」是導致北宋滅亡的一個重要原因。當時運送花木的方法為什麼稱為「花石綱」呢？這與宋代的運輸管理方式有關。

綱是一種運輸貨物的組織編制。北宋時期，全國各地的貨物，往首都開封運送，都要編成一組一組的，往往以同類物資編組，一組就稱為一綱。這種成批運輸貨物的方法，稱為「綱運」。如當時把運牛的叫牛綱，運馬的叫馬綱，運糧的叫糧綱。官府以綱作為計量單位，制訂有關綱運的各種法令，其中包括對押綱人員的獎懲。

由於綱運的物資龐雜，裝載的形式也多種多樣，散裝的物品如米鹽茶等需要進行包裝，或裝袋、或裝箱等。有的物品則不需另行包裝如馬、牛、羊等。這些物品都各以不同的計量標準分綱運發。分綱標準因時代的不同而有所變化。但是一般米以一萬石為一綱，銅錢以兩萬貫為一綱，鹽以十五萬至二十五萬斤為一綱，馬則以三十或五十匹為一綱。宋朝初年為確保各類綱運物資裝發數量與品質，收裝時，需由地方官吏交互點實後加上封記，交付管押吏

上海豫園玉玲瓏石宋徽宗遺物，有瘦、透、皺、漏的特點

員上京。同時還需要向三司等中央相關主管機關申明品質狀況。

通過綱運進行運輸的時候，還有一定的時間限制。水路綱運由起發地至京城有千里者，需要八十天一運，一年可以運三至四次。在運輸途中沒有原因不能隨意停留，一個地方最多只能停留五天。所經過的地方還有各種管理機構審查物資有沒有缺少，綱船有沒有丟失等問題。海道綱運，北宋時很少使用，因此不規定固定的起運日期，而到南宋以後，海運已成定制，於是設立程限。如福建市舶司所發綱運，需要在兩個月之內運到臨安。陸路綱運在沿路遞鋪置鋪曆，如果有官物到鋪，必須由管押人親自登錄到鋪的時間、管押官員的姓名、所押官物是何物以及士兵、車輛的數量和應該送到的地點等資料。

綱運是宋朝時主要的運送物資方式，並且這種運輸方式在當時的社會條件下是相當發達。

60 宋朝的監獄裡為什麼沒有服刑人員？

中國現代的監獄是指按照法律規定，囚禁並改造違反國家法律、被判處徒刑的罪犯的地方。在服刑期間通過勞動和思想改造將罪犯培養成為遵紀守法的公民。

宋朝的監獄和我們現在的監獄有很大的不同。首先，宋朝的監獄不是服刑的機構，監獄中沒有服刑人員，這和宋代的刑罰體系有很重要的關係。宋代笞、杖、徒、流、死為五種法定刑罰，其中笞、杖、流、死都不在監獄中執行。徒刑可以用錢贖刑，並且宋太祖還制定了把徒刑折換成杖刑的方法。因而，對於犯有徒刑的罪犯，就可以交一定的贖金或是受一定的杖責而不再服徒刑。即使不贖刑或不受杖責，這些徒刑犯也不是在監獄中服刑，而是安置到官營的生產部門或軍隊中服勞役。

既然監獄中不關押服刑的罪犯，那麼監獄的用處是什麼呢？宋朝監獄主要用於這幾個方面：囚禁被告和與案件相關的當事人、證人以及和案件有關係的人，押解途中的罪犯也要暫時關押到監獄中，有時也用作維持治安的臨時拘留所。不交國家賦稅的人也往往會被投入監獄之中。宋朝監獄中所關押的人主要是刑事案件的被告人、已經判決尚未執行的罪犯以及刑事案件的證人；還有民事案件的當事人以及已經被判處死刑但還沒有執行的犯人。

所以宋代監獄是臨時關押之地，而不是服刑和勞動改造的場所。

【豆知識】

趙匡胤發明的「刺配」法究竟是一種什麼樣的刑罰？

在中國古代一般都是使用五刑制度，即按照罪犯所犯罪行的輕重程度給以笞、杖、徒、流、死等五種懲罰。宋朝建立之後，仍然沿用這樣的五刑制度，但又隨著歷史條件的變化而進行了新的創造，自立一王之法，創立刺配法，並得到了非常廣泛的應用。

刺配法是在宋代才出現的一種新的刑罰種類，是指對罪犯施行杖脊、刺面、流配、徒役、死刑兼用的刑罰方法，是由宋太祖趙匡胤創製的。起初，刺配只是適用於犯了死罪、但皇帝對其進行寬待的刑罰，可以保留罪犯的生命。後來，隨著歷史的發展和社會條件的變化，刺配的刑罰適用範圍愈來愈廣，並且流罪、徒罪等都可以用刺配法來施行。

刺配是懲治犯罪的一種嚴厲刑罰。被判決刺配的罪犯，全部都要先受脊杖責打，然後在面部刺字，再發配到邊遠地區或指定的場所服勞役或軍役。

杖脊是刺配刑罰實行的第一步。案件判決之後，用杖責打罪犯的背部，行刑時所用的杖，還要按規定，以免將罪犯打死。杖責完之後，就要對罪犯進行刺面。刺面的部位、內容和深度要根據犯罪的性質和情節不同有差異。部位主要有耳後、額角、面部三處，如犯强盜罪，初犯刺於耳後，再犯刺於額角，三犯刺於面部。刺字的內容主要是罪犯所犯罪行、流配的處所和服役的內容等。有時也以不同的圖案來代替文字，這些圖案主要有環形、方形、圓形三種，犯竊盜、强盜罪的在耳後刺環形圖案，犯徒、流罪而從重處罰刺配的刺方形圖案，犯杖罪從重處罰刺配的刺圓形圖案。刺面的深度也有一定的規定。刺面後，罪犯往往被發配到指定的地點服勞役，或者是被發配充軍。充軍則主要是指到指定州軍的牢城營中，做雜役廂軍。

刺配法是在人的面部刺字，因而一旦被刺之後，很難消除，並且上面清楚地表明罪犯的罪行以及所被判罰的徒役性質，因而是對罪犯的一種嚴重的人格侮辱，很多被刺配充軍的人往往被人罵為「賊配軍」。

61 宋代為何多「浪子」？

梁山好漢中燕青「儀表天然磊落」，是「風月叢中第一名」，因而綽號「浪子」。但是在《水滸傳》中燕青不僅沒有拈花惹草，而且在京中第一名妓李師師的挑逗下，還能坐懷不亂，不像「浪子」的行為。而在元雜劇中，燕青的形象卻是習性放浪。如在《燕青博魚》中描寫燕青為兒女私情受人欺侮，後報仇雪恨的故事。《燕青射雁》則寫燕青射雁為樂的故事，都與「浪子」的綽號相符。這是因為在《水滸傳》中燕青成為盧俊義的僕人，也不是故事的主人翁，他的階級地位決定了他的行為方式。燕青「機巧心靈，多見廣識，了身達命」，卻是三十六星之末，所以這些風流瀟灑的事情也就刪去了，《水滸傳》中燕青並不符合「浪子」的綽號。宋代人物中確實有以「浪子」為綽號的，宋朝宰相李邦彥就自號「浪子」。李邦彥生長市井之間，善謳謔，能蹴鞠，每綴街市俚語為詞曲，人爭傳之，自號「李浪子」。李邦彥任宰相期間，「無所建明，惟阿順趨諂充位而已」，都人目為「浪子宰相」。

宋代的「浪子」是與「浮浪人」群體密切相關的。宋代史籍中稱「浮浪人」為「匿里舍而稱逃亡，棄耕農而事遊惰」，這個群體缺少穩定的謀生手段，居處也不固定，他們中間的大多數人在城市鄉鎮之間遊動。「浮浪人」群體迫於生計，常用不正當的手段謀取財物，被稱為「浮浪奸偽之人」，他們實際上屬於「遊民」族群。

這個族群中的年輕人因為不務正業，容易走向歧途。如《水滸傳》中惡徒高俅就是「浮浪人」：「且說東京開封府汴梁宣武軍，一個浮浪破落戶子弟，姓高，排行第二，自小不成家業，只好刺槍使棒，最是踢得好腳氣毬。京師人口順，不叫高二，卻都叫他做高毬。」《袁氏世範》中記載浮浪子弟：「異巾美服，言語矯詐。」《三朝北盟會編》中記載，荊湖北路轉運判官韓之純輕薄不顧士行，「平日以浪子自名，喜嬉遊娼家，好為淫媟之語，又刺淫戲於身膚，酒酣則示人，人為之羞而不自羞也」。宋代的浪子就是指遊手好閒，品行不端，帶有流氓習氣的年輕人。宋代「浮浪人」群體的出現是宋代「浪子」增多的社會基礎。

【豆知識】

宋政府用什麼辦法控制流動人口？

宋朝控制流動人口主要有兩個政策，一是保甲制，一是荒年募兵制。宋神宗熙寧三年（一〇七〇）開始實行保甲制度，十家為一保，五十家為一大保，十大保為一都保。一家兩丁以上出一人為保丁，往來巡警，遇有賊盜，聲鼓告報。保甲具有管理流動人口的職能，如有外來人戶遷入本保居住，須申報縣衙，收入保甲，「若本保內有外來行止不明之人，須覺察收捕送官」。宋代保甲制度對後世產生了深遠影響。

中國古代因災荒而產生的饑民是流動人口產生的重要原因。宋朝災年招募流民、饑民當兵，這是從宋太祖時形成的傳統國策。宋太祖曾言：「可以利百代者，唯養兵也。方凶年饑歲，有叛民而無叛兵；不幸樂歲而變生，則有叛兵而無叛民。」因此自北宋初，就實行募饑民為兵制度，「伉健者遷禁衛，短弱者為廂軍」。宋人對「荒年募兵」制評價很高，北宋歐陽修說，災年流民如「不收為兵，則恐為盜」，「故一經凶荒，則所留在南畝者惟老弱也」。南宋吳儆《論募兵》一文也說饑歲莫急於防民之盜，而防盜莫先於募民為兵，「上可以足兵之用，下可以去民之盜，一舉而兩得之」。可見時人對災年招募災民為兵做法是肯定的。

在宋代軍隊招募中，無賴不逞之徒亦為招募對象。對此宋人有一段追述：「前世為亂者，皆無賴不逞之人。藝祖平定天下，悉招聚四方不逞之人以為兵，連營以居之，什伍相制，節以軍法，厚祿其長，使自愛重，付以生殺，寓威於階級之間，使不得動。無賴不逞之人既聚而為兵，有以制之，無敢為非，因取其力以衛養良民各安田里，所以太平之業定，而無叛民，自古未有及者。」宋仁宗時，韓琦曾對這一制度評價說：「養兵雖非古，然亦自有利處，既收拾强悍無賴者，養之以為兵，良民雖稅斂良厚，而終身保骨肉相聚之樂，父子、兄弟、夫婦免生離死別之苦。」所以馬端臨總結說：「天下失職獷悍之徒，悉收籍之。」

宋代統治者正是藉由軍隊的强制機能，把反抗力量轉化為鎮壓工具，從而在一定程度上維持了宋朝三百多年的國運。

62 《水滸傳》中梁山泊是今天的何地？

小說《水滸傳》使梁山泊聞名遐邇。《水滸傳》的開篇就有詩為證：「水滸寨中屯節俠，梁山泊內聚英雄。」並敷演出一百單八將聚義梁山、嘯聚山林、築營紮寨、除暴安良、殺富濟貧、替天行道的一幕幕驚天動地的俠義故事。《水滸傳》名揚天下，水滸英雄舉世聞名。對於這八百里水泊梁山，《水滸傳》中是這樣描寫的：「山拍巨浪，水接遙天。亂蘆攢萬萬對刀槍，怪樹列千千層劍戟。濠邊鹿角，俱將骸骨攢成；寨內碗瓢，盡使骷髏做就。剝下人皮蒙戰鼓，截來頭髮作韁繩。阻當官軍，有無限斷頭港陌；遮攔盜賊，是許多絕徑林巒。鵝卵石疊疊如山，苦竹槍森森如雨。戰船來往，一周回埋伏有蘆花；深港停藏，四壁下窩盤多草木。斷金亭上愁雲起，聚義廳前殺氣生。」真是好一個險惡的地方，也正是憑藉著這裡險峻的地形，以宋江為首的梁山好漢才能如魚得水，屢敗官軍。

《水滸傳》中水泊梁山一百單八將聚義的故事，當然不會是歷史的真實情況。關於以宋江為首的起義，著名中國歷史學家張政烺先生做過細緻的考證，其實宋江的起義，無非是三十六個人的流寇集團，最多也不過幾百人。他們沒有固定的根據地，實行流動作戰。曾轉戰於現在的河南、山東、江蘇等地。因而，《水滸傳》中所描寫的故事只能是文學的創作而不是歷史的真實事件。

不管《水滸傳》的故事是否存在，梁山泊倒是真實的地名。它位於今天山東省西南部梁山縣境內，地處黃河下游、汶水和濟水匯聚地，古稱澤國。據有關資料記載，從五代到北宋末，黃河曾經有三次大的決口，滾滾河水傾瀉到梁山腳下，並與古巨野澤連成一片，形成了一望無際的大水泊，即《水滸傳》中所描繪的「港汊縱橫數千條、四方周圍八百里」的梁山泊。滄海桑田，由於黃河多次決口分洪改道，「八百里梁山泊」現在已經泥沙沉積，梁山周圍的湖泊已經變成了耕地。但是有關《水滸》英雄、梁山好漢的故事傳說，至今還在當地廣為流傳。

【豆知識】

「江湖社會」究竟是指什麼？宋代有「江湖」社會了嗎？

提到江湖，映入我們腦海的似乎就是刀光劍影、盪氣迴腸。江湖社會中有如電影《古惑仔》中的龍爭虎鬥、兄弟義氣，又有勾心鬥角、賣友求榮；也有如《臥虎藏龍》中的俠義雄風與古道熱腸；更有如《射雕英雄傳》中所說「俠之大者，為國為民」。現在的所謂江湖，我們直覺的理解就是「黑社會」，它是一個疏離於正統社會的另一個世界，那裡崇尚的是弱肉強食、兄弟義氣。但我們又有很多人常用「人在江湖，身不由己」來表達自己現實社會中對人生選擇的無奈。江湖社會本身就好像是一個矛盾的複合體，背叛與情義，坦蕩與卑鄙，各種因素混雜在一起，讓我們難以明瞭究竟什麼是江湖。江湖社會與現實社會之間又存在著既疏離又緊密的各種聯繫，它看似距離我們很遠，但有時它可能就在我們身邊。

那麼究竟什麼是江湖，宋代有沒有江湖社會呢？江湖社會其實是一個隱性社會，與我們熟悉的主流社會相區別。由於中國古代以農立國，因而這些脫離了農業生產的人就成了遊民，江湖社會也可以說就是一個遊民社會。這些遊民脫離於主流社會的社會規範之外，失去了自己的土地，也就是失去了自己賴以為生的根柢，隨著時勢的沉浮而遊蕩。

宋代的江湖社會就是這樣一種社會。商業、服務業和娛樂業等從業人員又構成一個「民間社會」。這個社會中的人過著衣食無著的生活，一旦難以為生的時候，他們就會亡命江湖，通過劫掠等方式來向主流社會發起進攻。

在宋代，由於城市商品經濟的發展，城市中聚集了大量脫離農業生產的所謂「閒漢」、「遊手」等人。更由於市民文化的興起和繁盛，勾欄瓦舍中聚集著各式各樣的江湖藝人在賣藝表演，這些勾欄瓦舍都是江湖中人匯聚的場所，就是宋代江湖社會之一。而《水滸傳》就講述了亡命江湖的人群衝擊主流社會的故事。

63 旅客住房要實名登記，這個制度是何時形成的？

為使衆人曉諭，宋代重要法令要求「鏤板於鄉村道店、關津渡口」張貼。宋代地方官府為强化地方治安、預防打擊犯罪，加强了地方旅店管理。如《作邑自箴》中就記述了對旅館業的管理規定，對店内住宿的官員、秀才、商旅要保證人身安全，「嚴切指揮，鄰保夜間巡喝，不管稍有疏虞」；對可疑人物要上報官府，「客旅安泊多日，頗涉疑慮及非理使錢不著次第，或行止不明之人，仰密來告官或就近報知捕盜官員」。

《水滸傳》中也記述了「官司行下文書來，著落本村」加强旅店管理，但凡開客棧的，須要置立文簿，一面上用勘合印信；每夜有客商來歇宿，須要問他：「那裡來？何處去？姓甚名誰？做甚買賣？」都要抄寫在簿子上。官司定期查照，並要求每月一次，去里正處報名。《水滸傳》十八回《美髯公智穩插翅虎，宋公明私放晁天王》中記載濟州（今山東巨野）北門外十五里安樂村有個王家客店，何清曾在該店參加賭博，並有半個月代替店小二在文簿上登記投宿客商的姓名、職業、來路與去向。他發現，六月初三日有七個販棗子的客人來歇宿，其中有一人認得是晁蓋，但他們卻說姓李，從濠州（今安徽鳳陽）來，到東京去。第二天，他在三岔路口又見到一個漢子挑著兩個酒桶賣酒路過，店主人說那人叫白勝。因此，何清事後懷疑晁蓋、白勝參加搶劫生辰綱（唐、宋時期，是指編隊運送的成批生日禮物），並告訴了他的哥哥何濤，搶劫生辰綱的案件因此敗露。

《水滸傳》中反映的旅店業開始實行實名登記制度是可信的。宋代開始實行保甲制，里正是鄉村社會的治安責任人，《作邑自箴》等書中也記錄了宋代官府對旅店管理的重視。在宋之前，尚未見有這類規定的記載，因而《水滸傳》中的記載反映的就是中國最早的旅客住宿實名登記制度。

【豆知識】

歷史上最著名的黑店為何產生在宋代？

宋代文學中最著名的黑店是孟州道母夜叉孫二娘經營的十字坡酒店。《水滸傳》第二十七回《母夜叉孟州道賣人肉，武都頭十字坡遇張青》記述，十字坡酒店表面上是經營酒食和歇宿業務，但卻劫掠客商，賣人肉饅頭，當時江湖傳言：「大樹十字坡，客人誰敢那裡過？肥的切做饅頭餡，瘦的卻把去填河。」在張青引武松到人肉作坊裡看時，「見壁上繃著幾張人皮，梁上吊著五七條人腿；見那兩個公人，一顛一倒挺著在剝人凳上」。這種繪聲繪色的記述不由得讓讀者感到恐怖。

宋代史籍中確實記有多種黑店。北宋彭乘所撰《續墨客揮犀》中記載道，當時有的旅店就是由前科的罪犯經營。荊南有個僧人，走路很慢，由兩名侍者攙扶，瞑目徐步，喘息幾次才能走一步。自府官公吏到小民富室，無不仰戴，大家稱之為「慢行和尚」。元宵燈節的晚上，官府捕到越牆入室強姦婦女者，竟然就是慢行和尚。後慢行和尚被杖背還俗，不久開客邸於市，而其行步如風。南宋洪邁的《夷堅志》中也記載，有的旅店經營者就是打家劫舍的強盜，在青州（今山東青州）離城三十里間，有一旅邸，攜帶行李而獨宿的客人多被店主所殺，投屍於白沙河下，前後不知有多少人。正因為罪犯常以開旅館為掩護，所以宋代邸店中圖財害命的刑事案件時有發生。《夷堅志》中還記載了在江南西路建昌軍（今江西南城）境內，有民居，主人是個屠夫，多殺害行旅之人：「伺客熟睡，則從高以矛揕其腹，死則推陷穴中，呑略衣裝，續剸肉為脯，售於墟落。」這個故事中，圖財害命的旅店主人，也是殺害客人後，再把人肉曬乾成肉脯而向人出售。江南東路饒州樂平（今江西樂平）永豐鄉民胡廿四，開旅店於大梅嶺，並從後圃傍樹根挖了一條深窖通向客房，待客人熟睡，「以巾縛客口，倒曳置窖中，生埋之」。宋代民間邸店業的設立已較為廣泛，在城市和鄉鎮，多有邸店的存在。據南宋周必大《文忠集》記載，他在回故鄉吉州廬陵（今江西吉安）的路上，在衢州江山縣（今浙江江山）禮賢鎮見「途中邸店頗多」。而宋代人口流動增多，官員走卒、士子工商等各個階層都在路途奔波，他們不能不為自己的人身安全擔心，這類黑店故事也就會愈傳愈廣，小說中自然也就會出現黑店的描述。借助《水滸傳》的廣泛流傳，十字坡酒店也就成為中國古代文學中最有名氣的黑店。

64 宋代民間為什麼喜歡用樸刀？

宋代文學作品中有「樸刀」之名，在宋之前未見史書記載。宋人話本《錯斬崔寧》中描寫攔路搶劫的「靜山大王」：「身穿一領舊戰袍……手執一把樸刀。」《大宋宣和遺事》寫到晁蓋智取了梁師寶的十萬貫金珠後逃走，晁父為官府所拿，管押解官。行至中途，遇著一個大漢，「遍體雕青，手內使柄潑鑌鐵大刀，自稱鐵天王」。「潑鑌鐵大刀」就是鑌鐵大潑刀，「潑」同「樸」，潑刀就是樸刀。但是樸刀卻不見於宋人曾公亮等所編著的《武經總要》。書中說：「刀之小別，有筆刀軍中常用……有太平、定我、朝天、開陣劃陣、偏刀、車刀、匕首之名。」書中繪圖介紹了八種刀，包括掉刀、屈刀、歡耳刀、掩月刀、戟刀、眉尖刀、鳳嘴刀、筆刀，獨不見樸刀。

在《水滸傳》六十一回《吳用智賺玉麒麟，張順夜鬧金沙渡》中對樸刀有描述：「盧俊義取出樸刀，裝在杆棒上，三個丫兒扣牢了，趕著車子，奔梁山泊路上來。」可見樸刀是可拆卸的，上部是短刀頭，下部是杆棒，聯結處有螺口，杆棒的一端有螺絲，而且是「三個丫兒」，安裝好了，十分結實。

有學者認為宋代樸刀起源的原因，是當時民間不許保存長兵器，於是民間把大刀改為短把的樸刀，戰鬥時再加柄。宋朝立國之初，就嚴禁民間私造、私藏兵器。《宋史．兵志》中多有記載，如宋太祖開寶三年（九七〇）詔：「京都士庶之家，不得私蓄兵器。」宋仁宗時因嶺南為盜者多持博刀，故降詔：「廣南民家毋得置博刀，犯者並鍛人並以私有禁兵律論。」慶曆八年（一〇四八）再次降詔：「士庶之家，所藏兵器，非法所許者，限一月送官。敢匿，聽人告捕。」宋代對私造、私藏兵器一直嚴格禁止，詔令中「博刀」即樸刀，博、樸二字音同，最初不在嚴禁之列，後因嶺南民間盜匪以之為武器，才被嚴禁。

樸刀之所以分為兩部分，就是為了避免官府的注意，平時短刀藏在身上，手中只執棍棒，用時再安裝，因而成為宋代百姓旅途中自衛防身的武器。樸刀比較粗陋，兵學家自然不視為真正的武器。樸刀到了清末前後開始被廣泛使用，太平天國時期，太平軍中很多人使用樸刀，所以又稱為「太平刀」。

【豆知識】

宋代民眾出行有安全須知了嗎？

宋代地方官員為了保證旅客旅途中的安全，廣泛宣傳旅行安全知識，將各種常見意外編彙在一起。李元弼《作邑自箴》中有《登途須知》一節，可以看作是宋代地方政府公布的旅途安全須知：

外出旅行前要準備好行李，這對旅途是否順利有重要影響。因此必用之物未行前要點檢一遍，「扁擔繩攀切須牢壯」，如有硬物則篋笥（竹編的箱子）一定加固，不常開的籠篋則要既鎖加封，緩急要用之物做好記號，茶葉與藥物不能同放一起，藥氣酷烈者要遠離衣服，雨具常隨身，籠篋不能禦雨者預先準備遮雨之物。

旅行路途中要注意預防疾病。長途旅行中食物是致病的重要原因，因而為了防止水土不服，所至之處要詢問風土飲啖之宜，飲食注意衛生。遭大雹時，如跨馬則卸馬鞍頂戴而坐，可免損傷。冒熱行路，常嚼黃蠟一塊，如栗子大，「不住咽津，遂免中暑，臘茶亦佳」。為防止口渴無水，「蔥白寸切」，「渴無水飲者，爛嚼生蔥一寸可抵二升水力」。

在路途中要照顧馬匹，愛惜馬力，不可枉路。騎馬過水，不可催馬急走。渡河時不可視水，否則易目眩，目光要看馬鬃為上。如果河凍，則不可騎馬，準備一百五十七尺以上木棒，「未舉步先叩冰，厚薄或誤踏冰透，急橫棒礙之，遂免墜下」。如有車輛，帶斧鑿鍬钁，以防急用；江州車要準備提耳，更須附繩擔三、五副。用船筏渡水，人多時要分番次而過。

夜間投宿要注意安全。投宿後「閉門先周視」，先看屋中牆壁傾損之處，再看床下及角落處。為防止火災，「停燈宜僻左」。行李夜悉封鎖，以防緩急。家有孕者要提前詢問是否有收生之婦。向晚少飲酒，早行勿憑雞聲。

路途中與生人交往要小心。言語要避嫌。非親非舊卻殷勤照顧者，要加以提防。或有問某人所為所在，雖知勿告。不要委託陌生人捎帶書信。早行時路上行人稀少，選擇同行者要走在後面。

宋人的《登途須知》，不僅向我們展示了那個時代出行的種種困難，還說明當時旅客的人身安全難以保障，人們都是小心謹慎地行走在旅途之上。

65 律師是什麼時候出現的？

中國古代各王朝都無法根治司法腐敗，民眾自身也缺少訴訟知識，因而中國古代民眾有厭訟的傳統。普通百姓「足未嘗一履守令之庭，目未嘗一識胥吏之面，口不能辯，手不能書」，缺少為自己辯護的能力，「良善之民，生居山野，入城市而駭，入官府而怵，其理雖直，其心戰惕，未必能通」。

宋代江南地區出現了一個以提供訴訟諮詢以收取訴訟費用的訟師群體。這個群體有多種稱呼：一是稱為「珥筆之民」，意謂耳朵上夾著筆以隨時替寫訟狀的人，這個稱呼主要流行於今江西地區。黃庭堅《江西道院賦》稱：「江西之俗，士大夫多秀而文，其細戶險而健，以終訟為能，由是匠石俱焚，名曰珥筆之民。」江西諺語稱：「瑞、袁、虔、吉，頭上插筆。」二是稱為「傭筆之人」，這些人「替為教引，借詞買狀」。三是稱為「茶食人」，茶食人本是宋代民間公證機構——書鋪裡專門負責書寫訴狀的人員之一，由於其出身寒微，生活無計，便也經常以本身職業的方便而從事訴訟活動，且從中收取費用以充生活之資。他們接受詞訟，「兜攬教唆，出入官府，與吏為市，專一打話公事」。四是稱為「健訟之民」，《州縣提綱》中記載：「健訟之民朝出入官府，詞熟而語順，雖獨辯庭下，走吏莫敢誰何。」這些「健訟之民」不僅熟諳官場，而且辯護能力足以讓那些刁鑽的胥吏也無可奈何。

宋代官員認為這些訟師「不務農業，專事健訟」，正是這些人教唆才興起好訟之風：「大凡市井小民，鄉村百姓，本無好訟之心，皆是奸猾之徒教唆所至」，「使訟者欲去不得去，欲休不得休」，因而稱這些人為「訟師官鬼」或「嘩鬼訟師」。

為了迎合民間助訟的需要，宋代有人專門編撰教人打官司的書籍。北宋沈括在《夢溪筆談》中記載：「世傳江西人好訟，有一書名《鄧思賢》，皆訟牒法也。其始則教以侮文。侮文不可得，則欺誣以取之。欺誣不可得，則求其罪劫之。蓋思賢，人名也。人傳其術，遂以之名書。村校中往往以授生徒。」南宋周密《癸辛雜識》也說：「江西人好訟，是以有簪筆之譏，往往有開訟學以教人者，如金科之法，出甲乙對答及嘩訐之語。蓋專門於此，從之者常數百人。」宋代教授學習訴訟的對象不僅僅局限於成人，而且還擴及到兒童。史稱：「江西州縣有舍席為教書夫子者，聚集兒童授予非聖之書，有如四言雜字，名類非一，方言俚鄙，皆詞訴語。」

宋代江南興起的訟師群體是中國法律史上的新興事物，可以說是中國最早出現的律師。

【豆知識】宋朝真的有老百姓攔路告御狀的情況嗎？

對告御狀的場面，我們可能並不陌生，一些文藝作品中經常描寫這樣的場面。普通群衆在受到冤屈後，由於封建官僚官官相護，致使有冤無處申，被逼之下只能攔住天子的駕車，去告御狀。希望能夠震動天聽，從而化解自己的冤屈。在宋朝能夠發生這樣的情況嗎？

告御狀，在中國古代是一種非常的訴訟手段，被稱為越訴。中國封建訴訟制度中的訴訟程序，一般是按訴訟管轄和審級自下而上逐級進行的。越級訴訟是訴訟中的特別程序，歷代封建統治對越訴都是嚴格禁止的。不過在宋代還是有制度規定，允許告御狀，只不過，告御狀的方式和我們在文藝作品上所見的不盡相同。

宋朝設置了登聞鼓院、登聞檢院、理檢院作為接受御狀的機構。如果地方對案件審判不公，蒙冤的人可以到登聞鼓院，擊鼓鳴冤，然後再經過檢院、理檢院將狀紙遞送到皇帝手中，由皇帝指定官司重新審理。如果上述機構都不接受狀紙的話，就可以像文藝作品描寫的那樣，攔住皇帝的駕車喊冤，由軍頭引見司將狀紙轉奏皇帝。

登聞鼓院、檢院、理檢院和軍頭引見司都是可以直接向皇帝上訴，即告御狀的管道。但是，告御狀的人仍然必須要按照法定的次序，才能將狀紙送到皇帝的面前。告御狀的時候，必須首先到登聞鼓院，鼓院不受理才能到檢院，如果檢院也不受理再到理檢院。只有上述機關都不受理的情況下，才允許攔皇帝的駕車告狀。如果違反了這個次序，就要受到懲罰，並將案件發回到應該接受的機構。攔皇帝駕車喊冤的人，要先經過軍頭引見司的詢問，如果符合規定，就會把案件上奏皇帝，等皇帝作出批示，再進行辦理。

透過上述程序我們可以看到，告御狀並不是一件輕而易舉的事情，需要經過層層機關的審核，封建官僚因循苟且之風盛行，要想將狀紙呈送到皇帝的面前，談何容易。更何況，在古代的交通和社會條件下，長途跋涉到京城告御狀，本身就是一件無法想像的事情。

66 宋朝人為何能從衣著來分辨商販的行業？

生活在今天的人們，面對穿梭的人流，是沒有辦法從一個人的衣著來分辨他是從事哪一種行業的。但是，宋朝人卻可以僅從衣著就分辨出商販們的行業，這其中的原因是什麼呢？

原來，生活在宋朝的人們繼承了前代服飾等級制、行業制的特點，一般百姓所穿衣服在顏色、款式、質地上和皇室、官員士大夫都不能相同，而商販、僧道、軍人等特殊職業的人群的服飾也有不同特點，從而表示人的不同身分。比如宋朝士大夫三品以上穿紫色朝服，四、五品穿緋，六、七品穿綠，八、九品穿青，這個顏色規定是很嚴格的。而皇家的冠冕、服飾更是普通百姓不能仿製的，否則就有殺頭的危險。宋朝規定，普通百姓只能穿黑、白色衣服，後來有所放寬，但仍不能穿紫色、金色服飾，諸如此類服飾規定，還有很多。這樣做的目的，就是讓老百姓不能和官員一樣榮耀，「娼妓之賤，不能同貴者並麗」。

而宋朝各行各業的商販，在服飾上也有各自的特徵，這樣做的好處是便於人們分辨和尋找，同時也表明他們在「士、農、工、商」中的等級地位。同時，如果本行的商販被人欺淩，眾人從服飾上可以判定，必然前來救護，有利於維護行業利益。據《東京夢華錄》記載：宋朝東京士、農、工、商諸行各有「本色服飾，不敢越外」。比如商販中香鋪賣香人，就「頂帽披背」，而典當行的商販則穿「皂衫角帶」，不頂帽。賣藥和算卦的人，則是「皆具冠帶」。賣菜商販穿白虔布衫，戴青花手巾。即便是街頭行乞的乞丐，也有不同等級的服飾，稍微懈怠，眾所不容。而南宋臨安諸行商販也是如此。據吳自牧的《夢粱錄》所載，與北宋汴京人相同，「街市買賣人各有服色頭巾，各可辨認是何名目人」。而賣飲食的也都把推車裝飾得華麗一新，器皿擦得乾乾淨淨。從中我們可以看出，宋朝人之所以能從衣著分辨商販們的行業，正是由於當時政府對服飾的等級制、行業制規定，導致各行各業人群衣著各有特點，這樣使得人們從服飾分辨職業就比較容易了。

【豆知識】

「三百六十行」的說法是怎麼來的？

人們常說：「三百六十行，行行出狀元。」以此來勸告人們要專心安於本業，努力在自己從事的行業中做出成績。那麼，「三百六十行」的說法是怎麼來的呢？

這一說法是從宋朝之後逐漸形成的。兩宋時期，隨著商品經濟的發展和一線城市的興起，人們物質文化生活更加豐富多彩，隨著社會需求的增加，行業分工也更加細化。在大城市中有從事各種行當的人們，行業分工之細，讓人驚歎。比如北宋時大臣蘇頌曾問一個奴婢，他們家在城裡做什麼營生。奴婢回答說：「住曹門外，惟錘石蓮。」也就是砸開蓮子，取蓮肉賣給果子行。當時服務性行業中還有給養馬之人「日供切草」，給養狗之人「則供湯槽」，「及有使漆、打釵環、荷大斧斫柴、換扇子柄」等等，行業分工非常細緻了。在商業和服務業發展的基礎上也出現了各行的「行會」，從事同一行當的人聯合起來，用以統一價格、限制競爭以及應付官府的科索，保護本行的利益。由於這種行業分工的細密，使當時的文人非常感歎，從而有了探討行業種類的「三十六行」的說法。南宋《清波雜誌》一書中記

《清明上河圖》中的商販

載的「三十六行」為：肉肆行、鮮魚行、海味行、米行、醬料行、花果行、宮粉行、酒行、茶行、湯店行、藥肆行、柴行、棺木行、絲綢行、網罟行、成衣行、顧繡行、針線行、皮革行、紮作行、故舊行、仵作行、鼓樂行、雜耍行、彩輿行、珠寶行、玉石行、文房行、紙行、用具行、竹木行、鐵器行、陶土行、花紗行、驛傳行、巫行。而實際上，當時行業門類已經遠超出這個數字。根據宋敏求《長安志》記載：唐朝時長安東市「市內貨財一百二十行」。到了兩宋時期，手工業、商業門類大量增加，根據《西湖老人繁勝錄》記載：南宋「京都有四百十四行」。因而「三十六行」之說遠不能包含當時所有行業門類。

到了明朝，田汝成在《西湖遊覽志餘》一書中開始使用「三百六十行」之說，以展現明朝商業發展，各行有自己的「行話」。他說：「此皆宋時事耳，乃今三百六十行，各有市語，不相通用。」實際上，從宋朝的「三十六行」到明朝的「三百六十行」，這只是用來形容當時行業種類之多，是一個虛數，而並非當時實際有的行業類別。即徐珂在《清稗類鈔》中所說：「三十六行者，種種職業也。就其分工約計之，曰三十六行；倍之，則七十二行；十之，則三百六十行。」

67「自古華山不納糧」，華山為什麼有這樣的優待？

陳摶是中國十世紀著名的易學家、道教學者和詩人，為宋明理學的先驅，被道教界尊奉為「陳摶老祖」。陳摶少讀經史百家之言，一見成誦，悉無遺忘，頗有詩名。陳摶頗有經世緯時之才，自視很高，每攬鏡自照，便說：「非仙而即帝。」他是一位「睡仙」，長於睡功，活了一百一十八歲，堪稱「長壽奇人」；他是一代高隱，終身隱居，以道抑君，影響了五代、宋初幾代王朝的政治。周世宗聽說了陳摶「不得志而隱」的名聲，認為其人必有奇才遠略，於是召到闕下，問以成仙飛升之術。陳摶答曰：「陛下為天子，當以治天下為務，安用此為？」周世宗不怒反喜，命為諫議大夫，陳摶固辭不受，因而賜號「白雲先生」。

據民間傳說，後周太祖顯德年間，尚未發跡的趙匡胤遊覽華山，遇見陳摶。陳摶早算出趙匡胤將貴為天子，兩人對弈，結果趙匡胤連輸數盤，氣急而說：這盤我要輸了，就把華山輸給你！結果趙匡胤又輸了，做了皇帝後只好免去華山應繳納的錢糧，因而民間有「自古華山不納糧」的說法。

其實這一傳說並無根據，史書記載，二人並無來往。而且終太祖一朝，並未召見陳摶，陳摶也沒有要求接見，因而這不是史實。但陳摶「身在江湖，心在朝廷」，一直關心五代十國的統一，據說趙匡胤登極，他聞訊大笑墜驢曰：「天下這回定疊也！」民間可能正是依據此說演繹出賭華山的傳說。

倒是宋太宗趙光義曾兩次召見了陳摶，據《太宗實錄》、《續資治通鑒長編》、《東都事略》等書記載，陳摶複至汴京，以羽服見於延英殿，太宗甚為禮重。太宗向他請教濟世安民之策。陳摶感於太宗的知遇之恩，提出四字方針：「遠、近、輕、重。」要太宗遠召賢士，近去佞臣，輕賦萬民，重賞三軍。陳摶切中時弊，四字方略為治世良策。後陳摶又兩次入朝，都為鞏固宋王朝的統治，提出了有價值的意見。太宗想封他為「帝師」之號，而陳摶卻要辭駕回山。太宗將華山賜予陳摶，並贈號「希夷先生」陳摶一時名震朝野，後人遂稱陳摶為陳希夷。

【豆知識】

中國的現代五嶽與古代五嶽有何不同？

中國自古有山嶽崇拜的傳統，並形成五嶽之說。傳說盤古死後，頭和四肢化為五嶽。東嶽泰山之雄，西嶽華山之險，北嶽恆山之幽，中嶽嵩山之峻，南嶽衡山之秀，早已聞名於世界。五嶽一詞始見於《周禮》：「以血祭祭社稷、五祀、五嶽。」《禮記・王制》記載：「天子祭天下名山大川，五嶽視三公，四瀆視諸侯。諸侯祭名山大川之在其地者。」這裡的五嶽並沒有列出具體山名。

中國古代的五嶽制度始於漢武帝時期。漢宣帝時期確定了以今河南的嵩山為中嶽，山東的泰山為東嶽，安徽的天柱山為南嶽，陝西的華山為西嶽，河北的恆山為北嶽。東漢又改湖南的衡山為南嶽，鄭玄對《周禮》的注釋說：「五嶽，東曰岱宗、南曰衡山、西曰華山、北曰恆山、中曰嵩山。」

但是古代北嶽恆山的位置與現今不同。今日山西渾源的「北嶽恆山」，戰國、秦漢時期，名叫「高氏山」，也名崞山，跟北嶽尚無關係。北嶽恆山從漢至宋一直在河北境內，古北嶽為今河北曲陽縣境內的大茂山。唐代李吉甫在《元和郡縣圖志》中記載：「北嶽恆山，在曲陽縣北一百四十里。」《元史．地理志》保定路曲陽縣下記載：「北嶽恆山在焉。」《明史．地理志》定州曲陽縣：「恆山在西北。」《大清一統志》載，保定府：「大茂山，在阜平縣東北七十里，接曲陽縣界。即恆山之嶺，一名神尖。」大茂山主峰又名奶奶尖，主要寺廟在宋時稱安天元聖帝（後稱安王廟）和奶奶廟（天仙聖母廟），因為正北屬坤，坤為聖母，坤母即北方聖母。

但由於大茂山地處叢山之中，以及古代交通不便的原因，唐、宋以前歷代的祭祀活動都只在曲陽北嶽廟進行。禮臣祭祀北嶽，相距百里之遙，只到北嶽廟而不登恆山。宋遼時期，北嶽成為宋遼邊境，戰事頻繁，山間佛道寺觀和恆嶽上祠宇先後廢毀，北嶽的標誌性人文景觀喪失殆盡。因此，存於曲陽北嶽廟的《大宋重修北嶽廟碑銘》說：「天下之嶽五，獨有北嶽名不著。嶽有祠，不知廢於何代，今廟於曲陽，由唐以來記刻皆不載廢遷之由。」金朝分曲陽北部置阜平縣以後，北嶽廟與北嶽分屬兩個縣，導致了北嶽與北嶽廟在文化上的分離。

明朝定都北京後，因大茂山在北京之南，因此再稱之北嶽已名不符實。明代開始以今山西渾源的恆山為北嶽，清代順治以後移祀北嶽於此。現在自清初北嶽恆山由大茂山改祀渾源至今已曆三百四十多年，大茂山地區的地面建築幾乎已毀壞殆盡，所以現在河北境內北嶽的位置就鮮為人知了。為了區分古今北嶽，學者稱大茂山為古北嶽。

由此可知，古今五嶽體系中，恆山所指不同，中國現代五嶽的概念是明代以後形成的。

68 外商進入宋朝海關，需要有「護照」和「簽證」嗎？

中國與海外各國的貿易，自先秦以來就一直存在，宋朝則在前代的基礎上有了進一步的發展。突出表現在海外貿易範圍的擴大、貿易商品種類的增多、通商港口不斷增加等方面。十至十三世紀，與宋朝進行海上貿易的國家有五十多個，涵蓋了東亞、南亞、西亞、非洲、歐洲等衆多地區。衆多外國商船頻繁往來於宋朝各大海港，在賺取財富的同時，也豐富了中外各國人民的生活。那麼，外商進入宋朝海關，需要有「護照」和「簽證」嗎？

宋朝從立國之初就在廣州設立了市舶司，作為廣州港進出口貿易的管理機構。此後，又於杭州、明州、泉州等地設置了市舶司機構。在宋代，未設市舶司的港口非經特許，無權發放和接待外貿商船。

外國商船進入中國國境，首先邊防軍要確認他們的身分，同時承擔起接待和護航任務，直至其停泊的目的港口。朝貢貿易是宋朝海外貿易的重要組成部分。對於外國朝貢船舶，宋朝一般要求其持有本國政府頒發的「護照」，即正式的表章。仁宗天聖四年，明州報告：日本國太宰府遣人來貢方物，但沒持本國表章。朝廷明確表示不歡迎，「詔卻之」。因地理條件的緣故，宋朝杭州、明州港發放和接待往來日本、高麗船隻較多，廣州港發放和接待往來東南亞及其以西國家的船隻較多。

其次，外國商船要向邊防軍和地方政府申報自己帶來商品的種類和數量，接受檢查，出示該國頒發的「簽證」即出海許可證，稱為「公據」。如無「公據」而擅自出海，船上的人要受到輕重不等的懲罰。宋朝海關還要檢查船上有無違禁物品、有無不該搭載的人員等等。

再次，宋朝官府要對船上進口商品徵收進口稅，稱為「抽解」。在宋代，這個稅多以實物形式徵收，也有徵收現錢的，一般稅率是百分之十至百分之二十。除了抽稅外，宋朝還規定了一些進口商品為禁榷品，只能由宋朝政府收購和統一銷售，這些貨物一般是比較熱銷的商品。同時也以很低的價格買一些普通商品。宋朝官府禁榷商品的種類和數量在發展中是逐漸降低的，這也有利於吸引外國商船前來貿易。

在宋朝海關檢驗「表章」、「公據」等證件完畢，完成抽解、和買等手續後，外商在宋朝海港當地找保人為自己擔保，從宋朝市舶司得到憑證，就可以到各地通行貿易了。可見，在當時，宋朝海關已經開始對外商實行類似「護照」和「簽證」的檢查了。

【豆知識】

香料為什麼能成為宋朝海外進口第一大宗商品？

隨著海外通商的國家增多，宋朝進口商品的種類和數量也在不斷增多。據統計，當時進

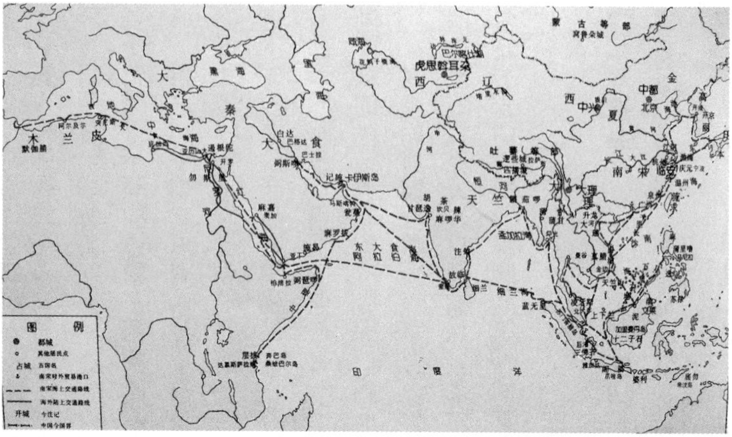

宋代海外交通圖

口的商品種類在四百一十種以上。這些商品包括珊瑚、琥珀、鑌鐵、玳瑁、瑪瑙、番布、蘇木等。在這衆多的進口商品中，香料幾乎占據進口商品三分之一的份額，成為宋朝海外進口第一大宗商品。那麼，宋朝人為什麼如此熱衷香料呢？它在宋朝社會生活中都發揮了哪些作用呢？

宋朝大量進口海外香料，首先是由於其重要的藥用價值。北宋人唐慎微《證類本草》載：「乳香微溫，療風水毒腫，去惡氣，療風癮，疹癢毒。」南宋人謝伯采也說：「諸香藥皆達氣：藿香達表，乳、麝、木香走經絡，沉香趨下，皆香氣芳烈，能使諸藥快榮衛一切滯氣。」蘇合香油出大食國，「蕃人多用以塗身。閩人患大風者亦仿之，可合軟香及入醫用」。香料的藥用價值，為宋朝人所熟知和認可，故而大量進口，香料為中國醫藥學帶來新的突破。

再者，香料可作為熏香使用。海外香料「芳

香濃烈」，雖然價格昂貴，但仍被宋朝的皇室、官僚、豪紳廣泛使用，熏染衣服、屋宇，滿足他們奢靡的生活需求。而一般百姓也往往在經濟寬餘之時，買一點香料帶在身上，帶來身心愉悅的享受。更值得一提的是，宋朝一線城市多建有公共浴堂，供人們洗浴，被稱為「香水行」，其中使用的各種香料也不在少數，這也頗得外國觀光者的稱讚，認為中國人講衛生，好乾淨。熏香的增多，也促進了香料的大量進口。

另外，宋朝本國香料產地較少，出產匱乏，而社會需求旺盛，也促進了香料大量進口。為了滿足皇家奢侈生活的需求，自北宋前期國家就建立香藥庫，用來貯藏從市舶司抽解和買來的香料。香料也始終是宋朝海外進口第一大宗商品。香料等商品，價格昂貴，雖然滿足了人們生活需求，但使得宋朝銅錢大量外流，因而一些士大夫斥其為「浮靡無用之異物」。實際上，海外諸國進口商品，包括香料等，它們豐富了宋朝人們物質文化生活，對中國醫藥學、工藝技術進步是有巨大積極作用的，因而是值得肯定的。

【十】十八般武器

69 為什麼說《清明上河圖》洩露了北宋的軍事祕密？

《清明上河圖》堪稱北宋時代開封生活的活化石，高二十四點八釐米，長五百二十八釐米，據齊藤謙所撰《拙堂文話》統計，《清明上河圖》上共有各色人物一千六百四十三人，牛馬騾驢等牲畜二百零八只，超過了《三國演義》（一千一百九十一人）、《紅樓夢》（九百七十五人）、《水滸傳》（七百八十七人）任何一部描繪人物的作品。

《清明上河圖》再現了北宋都城的水陸交通及日常生活。但有學者認為《清明上河圖》上缺少了兩種市井常見動物——馬和羊，開封之大車都用黃牛水牛拖拉，由此推知北宋馬匹短少，洩露了北宋王朝的軍事機密。這種說法有一定道理，而且《清明上河圖》還洩露了更多的北宋祕密。

一是當時貧富懸殊問題，「趙太丞家」醫鋪前，一官人模樣的人騎著馬，二從人攏著馬

《清明上河圖》中的城門

頭，前有幾人開道，後有隨從扛挑什物。而城樓門外街道中心，一人正坐在地上仰面向一騎驢人乞討。二是警備鬆懈，在「課命」卦攤背後左邊，一院落門前有合攏著的一把大篷傘以及槍、旗之類的東西，應是官衙。六、七個看門的，左邊兩人坐在門前的臺階上，一人靠院牆席地而坐，似在打盹，另一人則躺在地上；右邊一個坐在臺階上，另一人坐在地上背靠大樹，顯得十分懶散。三是在城樓兩側畫有低矮的土牆，牆上長了許多樹木，根本沒有防禦設施。四是當時存在腐敗現象，在畫的末端，有一處房舍，大門是一座門樓，屋簷使用斗拱，圍牆上端用瓦砌成脊形，後邊是深宅大房，門前有臺階形上馬台，應是官舍或貴族宅第。這一處房舍大門敞開，門左側有兩人，一人坐在上馬台高處，一人坐門柱臺上，側身向外；門右一人坐著，另一人站著，身背一個大包，右手拎一個方形盒，似為禮物，此人正在向守門者打聽、詢問什麼。這個人很可能是來送禮的。

細細品味《清明上河圖》人物背後的故事，也許真的就能琢磨出一篇北宋的社會經濟運行調查報告，那麼這幅畫也就真的洩露了國防機密。

奇，滿載著傳奇故事。

【豆知識】

《清明上河圖》的真跡究竟流落何處？

《清明上河圖》自問世以來，曾四次進入宮廷，四次被從宮中盜走，輾轉流傳，曲折離奇，滿載著傳奇故事。

《清明上河圖》最初為北宋宮廷收藏，並且還有宋徽宗趙佶瘦金體的「清明上河圖」五字題簽。西元一一二六年，金兵擄走了徽欽二帝，洗劫了宮中寶物。《清明上河圖》卻流傳於民間，至今在該圖的題跋中留有張著、張公藥等北宋滅亡之後留下的遺民們展示此圖、緬懷故國、感慨繫之的題詩。元滅金後，畫第二次進入皇宮。元代至正年間，宮中有個裝裱匠，用臨摹本把真本換出，在民間幾經流轉，真品終歸嚴嵩之手。隆慶時嚴嵩被抄家，《清明上河圖》第三次入宮。萬曆年間秉筆太監馮保盜竊此圖出宮。自馮保以後，一直到清代的乾隆年間，這二百餘年中究竟幾易其主，轉手過多少次，無人知曉。直到清代嘉慶時，朝廷在處置畢沅時，在罰沒的家產中，才發現了《清明上河圖》，這是第四次進入宮中。清廷獲得這件重寶以後，非常重視，把它收藏在紫禁城內延春閣中。

西元一九一一年，清王朝被孫中山領導的辛亥革命推翻後，溥儀遂以賞賜其弟溥傑為名，將宮中的重要文物包括《清明上河圖》偷運出宮。西元一九四五年八月十二日，就在日本宣布無條件投降的前三天，末代皇帝愛新覺羅．溥儀準備從東北逃往日本，在其隨身攜帶的行李中，有一批稀世珍寶，是當年北平故宮內祕藏的歷代法書名畫，數量多達一百餘件，其中有三幅《清明上河圖》。七天後，溥儀在瀋陽被截獲，這批隨身攜帶的古玩書畫也一同被收繳。當時專家竟把其中一仿本誤定為真跡入藏。直到西元一九五〇年冬，楊仁愷先生在東北博物館庫房的贗品堆裡翻出有燕山張著親跋的《清明上河圖》，經眾專家鑒定，一致認定此本才是張擇端《清明上河圖》的真跡。消失了八百多年的曠世巨製再一次呈現在世人面前。

千餘年來，《清明上河圖》聲名顯赫，仿摹者眾多。有人統計，現存《清明上河圖》有三十多本，其中大陸藏十餘本，臺灣藏九本，美國藏五本，法國藏四本，英國和日本各藏一本。北京故宮的一卷則從宋到今流傳有序，題跋、印鑒歷歷可數，因此較多的人認為北京故宮的一卷為張氏真跡。

70 宋代軍隊戰鬥力衰弱和軍馬品種有關係嗎？

宋代的國防形勢從王朝建立之初就不樂觀。首先前朝的「兒皇帝」石敬瑭將幽雲十六州割讓契丹，中原王朝從此失去了北方屏障，使華北千里平原暴露無遺，北方騎兵可長驅而入；其次儘管北宋國都汴梁城位居中原，「當天下之要，總舟車之繁，控河朔之咽喉，通荊湖之運漕」，是鎖控南北水路交通的咽喉重地，但汴梁無山川之險，不利於守。第三宋朝立國之時，已經喪失了大規模養馬的基地。自從安史之亂後，中原王朝先後喪失了遼東、甘涼河套、河西走廊、薊北之野等產馬良地。宋朝的版圖雖然包括了甘肅東部地區和陝西大部地區，漢朝也曾於此大規模養馬，但經過漢唐的長期開發和氣候的變化，已經不適宜養馬。宋朝喪失軍馬生產的基地也就意味著失去了建立強大騎兵的物質基礎。

宋朝軍隊編制的特點是騎弱步強。宋馬體形較小，一般約一點三六米，按現在的標準也不算大馬。韓世忠曾向高宗獻馬一匹，「高五尺一寸，雲非人臣敢騎」，約合一點五八米，而這已是宋朝罕見的大馬了。正是因此，有人說宋代軍隊戰鬥力衰弱是因為軍馬品種駑劣。這是一方面原因，而更主要的原因則是宋朝軍馬數量較少。宋軍中騎兵只占七分之一，騎兵中又往往有十之三四無馬，最高曾達十之八九無馬，如劉光世軍五萬二千人，僅有三千多戰

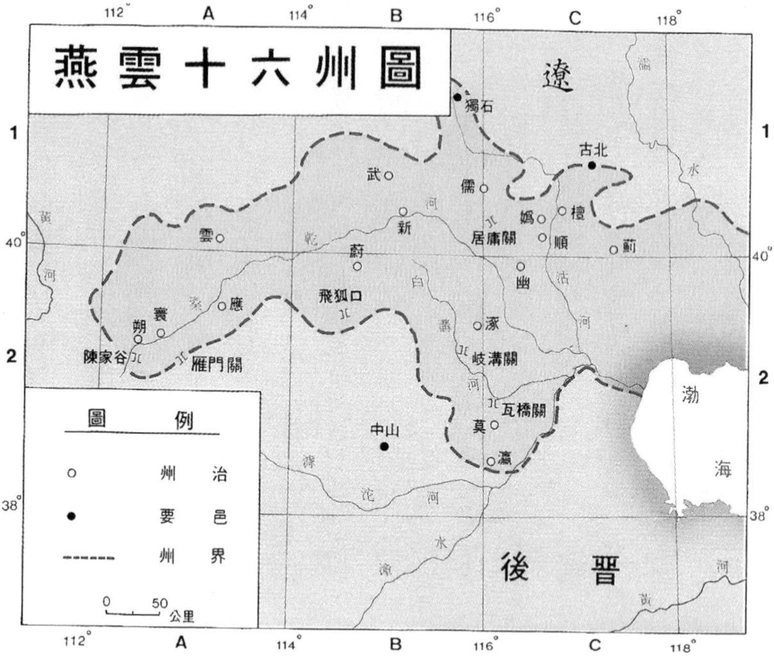

燕雲十六州圖

馬，可見宋軍缺馬到何種地步。而西夏、金和蒙古的騎兵平均每人兩匹馬，精銳部隊可達人均三匹，因而可策馬揚鞭，千里奔襲，即使一戰失利，仍「敗不至亂」，隨時可以重整佇列，捲土重來。而以步兵為主的宋軍，只要一次潰敗，就會一瀉千里。由於缺少軍馬沒有騎兵，注定宋軍要處於消極防禦的地位。

面對善騎的勁敵，宋朝也有人主張發展騎兵，但宋軍的馬匹主要是通過貿易得來，耗資巨大，「計一騎之費，可贍步軍五人」，這是許多官員反對發展騎兵的理由。南宋時，岳飛是非常重視騎兵的。岳家軍主要通過戰場上繳獲大量戰馬，組成了相當強大的騎兵，在堰城大戰中，由嶽雲率領的岳家騎兵曾與金引以為傲的主力騎兵搏戰而不落下風。可是除岳飛之外，宋軍其他大將仍然局限於以步制騎的戰略。最終因為軍事上的劣勢，宋朝兩次亡國。

【豆知識】

北宋抗擊遼朝的水長城和地下長城指的是什麼？

為了在被動中對抗北方少數民族的騎兵，宋朝想出很多防禦辦法。首先是以水對抗騎兵，歷史上在今中國保定東北到天津的大沽，有一連串湖泊、沼澤，包括今天安新、任邱等縣的白洋澱，文安縣東部的東澱、文安窪，靜海縣的賈口窪，天津的北大港，滄州的南大港，連接起來正可抵禦騎兵。宋太宗雍熙北伐失敗後，首先想到這個辦法的是何承矩，「恐其謀泄，日會僚佐，泛舡置酒，賞蓼花，作蓼花吟數十篇，令座客屬和，畫以為圖。傳至京師，人莫諭其意」，實際所繪的是水勢地圖。這個建議得到宋太宗的支援，很快就溝通了水道，西自保州西北沉苑泊（今徐水縣東北），東盡滄州泥姑海口（今天津泥沽），「凡八百里悉為瀦潦，闊者有及六十里者」，並置砦（同「寨」）鋪守兵。此後宋真宗、仁宗、神宗期間不斷修補，又合徐、鮑、沙、唐、滹沱、漳、淇（白溝河支流）、易、白（今海河）等水，使天津周圍及滄、保地區連成許多河網或窪澱，經常大水汪洋。今天的「白洋澱」，在歷史上則寫作「白羊淀」，意謂水浪如白色的羊群，可見水勢之大。這條規模龐大防禦水道的建立，迫使北方騎兵不得不在天寒或者水涸的季節才可入侵中原，因而有學者稱之為「水長城」。但是趙宋王朝妥協苟安，這條「水長城」在史籍中也就較少提及。

宋朝為防禦北方騎兵，第二個辦法是以地道對抗騎兵。在今雄縣、永清、霸州、蠡縣、邯鄲等地都發現了宋遼邊關古地道。其中雄縣古地道規模最大，起於雄縣縣城的鈴鐺閣八角琉璃井，向東北經大台、祁崗延伸至霸州、文安和永清，東西長六十五公里，南北寬六十五公里，現已發現十九處古地道遺址，總面積達一千三百平方公里，宏偉壯觀，氣勢非凡。地道基本都為青磚砌築，內部經過精心設計，有「引馬洞」、「藏兵洞」、「議事廳」、「料敵洞」、「迷魂洞」等軍事設施。其規模之宏大、設計之精巧、構造之複雜、建築之堅固，在中國乃至全世界都十分罕見，因此被稱為中國宋遼史上的「地下長城」。無獨有偶，相傳在汴梁也有工程浩大的轉兵洞，洞口就在龍亭大殿內的皇帝寶座下面，城外東到招討營，西到瓦子坡，南到朱仙鎮，北到陳橋驛，長各四十五里，洞內能藏千軍萬馬。但是這只是傳說，沒有考古實證。

71 岳飛背上真的刺有「精忠報國」四個字嗎？

在中國，岳飛是家喻戶曉的人物，但是關於他的事蹟，人們卻大多是從小說《説岳全傳》以及戲曲、傳説中得來的，基本上都是虛構的，關於他背上所刺的「精忠報國」就是其中的一個例證。

「岳母刺字」是小説《説岳全傳》中的一個重要情節，岳飛的母親為了勉勵岳飛為國盡忠，在他背上刺了四個大字「精忠報國」，岳飛也以此作為他終身的奮鬥目標。岳飛背上刺字是毫無疑問的，但是，根據歷史記載，岳飛背上所刺的字，不是「精忠報國」，而是「盡忠報國」，這四個字也並不是岳飛的母親親手所刺。

根據《宋史．岳飛傳》的記載，在岳飛蒙受不白之冤時，當時的大理寺官員何鑄負責審訊岳飛，岳飛義憤填膺，撕開自己的上衣，露出刺在背上的「盡忠報國」四個大字，深入肌膚。這已清楚無誤地告訴我們，岳飛背上的字是「盡忠」而不是「精忠」。那麼又為什麼説這些字並不是岳飛母親所刺呢？其實，這是非常容易理解的，岳飛出身於普通的農民家庭，他的母親姚氏是一名普通的農村婦女。在宋代，普通的農村婦女是沒有受教育的機會，岳飛的母親並沒有文化，是肯定不會刺字的；並且刺字在宋代是一種專門職業，不是每個人都能做的。所以「盡忠報國」四個字肯定不是姚氏刺的。

後世為什麼把「盡忠報國」訛傳為「精忠報國」？「精忠」兩字是從哪裡來的呢？「精忠」兩字，其實出自殺害岳飛的元兇宋高宗趙構。趙構曾賜給岳飛「精忠岳飛」的大旗，作為他的戰旗。岳飛背上所刺字由「盡忠」而為「精忠」，即源出於此。

【豆知識】

宋人當兵為什麼要刺字？

宋朝實行募兵制，特別是在災荒的年分，為了使流離失所的壯年男勞力不會聚集造反，宋朝政府更是大力募兵。作為一份職業，在宋代當兵雖然能夠勉強養家糊口，但這卻是一份很低賤的職業，一個重要表現就是要在身體上刺字。刺字是宋朝募兵制度的一個重要特點。正因為這樣，招募兵士往往也被稱為「招刺」。

招兵刺字的制度，開始於唐朝末年。五代時期，這種制度就已經比較普遍。當時的軍閥為了在混戰中增強自己的力量，往往在自己統治區域內強迫成年男子當兵。這種被強制徵發的兵士，不願意受到軍閥的壓迫，經常逃亡。為了防止逃亡，統治者就在兵士的臉上或手上刺字來作為記號，這樣逃亡之後就會被抓住，並受到嚴懲。

宋朝繼承了五代時期招兵刺字的制度。招兵的時候，應募者要先接受體格檢查，合格後刺字，刺完字領取衣服、鞋襪以及餉銀等，正式成為宋朝軍隊的一員。凡是當兵的都必須刺字，刺字的部位主要在臉、手背和手臂上面。在手臂上刺字的情況比較少見，一般都刺在臉和手背上。刺字的內容以所屬軍隊的番號為主。刺字是一種恥辱的標記，宋朝時只有一些罪犯或隸屬於官府的工匠和奴婢等有這樣的遭遇，因而招兵刺字是兵士與罪犯地位相仿的證明，是非常低賤的。

這種所刺的字是可以用某些藥物去掉的。北宋名將狄青就是普通士兵出身，後來身居高位，宋仁宗曾經要他用藥把所刺的字除掉，但狄青表示，他臉上留著刺字可以鼓舞士兵殺敵立功，因而沒有去掉。南宋名將岳飛也曾經在手背上被刺字。當兵刺字的制度一直到元滅南宋後才被廢除。

72 召岳飛退兵的十二道金牌是金色的令牌嗎？

岳飛大敗金兵取得郾城和潁昌兩次大捷後，南宋已經扭轉了在和金朝軍隊作戰中的劣勢，金軍已經走向了軍事上的下坡路，宋金戰爭已經發生了有利於南宋方面的變化。如果趁著這個時機向金朝發動進攻，完全有可能收復故土、取得對金作戰的完全勝利。但是只會苟安求和的宋高宗與奸細秦檜所想的卻不是如何收復失地，贏得勝利，而是收回兵權，維持半壁江山的統治。出於此目的，他們迫令岳飛班師，岳家軍將士浴血奮戰所取得的勝利果實，一旦之間化為烏有。文學作品中描述，當時岳飛在一天之內收到十二道退兵的金牌，金牌是一種皇帝令牌，這是不符合實際歷史的。其實，金字牌只是一種最快速的郵遞制度，金書字牌是傳遞最緊急公文的一種憑證。

在宋代，公文的傳遞需要通過驛鋪來進行，根據公文的重要程度，傳遞的速度分成三個等次：步遞、馬遞和急腳遞。急腳遞速度最快，一天需要走四百里，一般只傳遞重大軍事行動的戰報與皇帝的作戰指揮詔令。為了提高戰場與朝廷之間公文的傳遞速度，又創立了「金字牌急腳遞」，也就是我們所知道的金牌。

金字令牌一般是用長約一尺的木牌，刷上紅漆，上寫八個金光閃閃的大字「御前文字，不得如鋪」。拿著這種金字令牌的公文傳遞人員，到任何驛鋪都不需進入而直接換乘新馬，從而保證能夠每天行進五百餘里。很顯然，金牌和緊急文書是兩碼事，金牌只是傳遞緊急文書的憑證，有了它，必然還要有一份緊急文書與它相隨。僅有金牌而沒有詔書，是不可能的。不過受到當時交通條件等種種原因的限制，往往實際上達不到所要求的傳遞速度，甚至會有耽擱數月的情況發生。

宋高宗一天發下十二道金書字牌、遞送十二道詔書，在一天之內每隔三、五十分鐘就派遣一次「金字牌急腳遞」，顯示了宋高宗息戰求和的心情多麼迫切。十二道金牌來自文學作品，不完全符合史實，但卻成為區分主戰派與投降派的重要事例。

【豆知識】

宋代軍隊為何常以將領姓氏為號？

宋太祖趙匡胤是通過發動軍事政變，黃袍加身而建立宋朝統治的。在五代時期，這種統軍大將發動軍事政變後奪取帝位的故事屢次上演。宋太祖取得政權後，為了防止同類軍事政變的發生，鞏固趙宋王朝的統治，大力推行了收兵權的政策，剝奪並限制統軍大將的權力，大力防範武將，將軍事權力完全收歸中央管轄。

靖康之變後，宋軍大部分潰散，基本失去了戰鬥能力。隨著抗金戰爭的逐步發展，一些統軍大將需要具有獨立的軍事指揮權，來抵抗金軍的侵略。在這種情況下，宋軍有必要進行重新的招收與編組。新成立的南宋小朝廷又正處於風雨飄搖之中，過著朝不保夕的生活。在此局面下，宋朝歷代承相以文制武的傳統，已經根本無法遵行，只能由各個統軍大將招募軍隊才能有效抵抗金軍，由此形成了統軍大將各自成軍的既成事實。

經過與金軍的長期戰鬥，南宋的軍隊逐步集中到幾個統軍大將手中，到紹興初年形成了由吳玠、岳飛、劉光世、韓世忠和張俊為統帥的五支兵力最強的大軍。五支大軍的統帥都身居要職，他們手下也都是親信武將作為助手，因而每支大軍都幾乎只能被統帥一人所指揮，旁人難以插手各大軍的內部事務。因此，當時在民間往往將各支大軍以將領的姓氏為號，稱之為岳家軍、張家軍、韓家軍等。

武將擁有較大軍權被宋朝皇帝認為是心腹之患，自然而然地被認為是對皇位的最大威脅。並且岳飛、韓世忠等又力主抗金，更成為宋高宗的心頭大患。如果抗金成功，武將的權力必然會更強，成尾大不掉之勢；如果失敗，則他有可能連半壁江山也保不住。所以，對趙構而言，削除大將軍權和對金妥協投降是相互聯繫的兩件大事。

73 評書《楊家將》中說楊宗保在兩軍陣前收穆桂英為妻，觸犯了軍紀，宋朝「陣前收妻」真的違犯軍法嗎？

評書《楊家將》裡講，宋遼戰爭時期，遼邦擺下「天門陣」，為破此陣，楊六郎楊延昭之子楊宗保去穆家寨取降龍木，被穆桂英所擒，穆桂英因愛慕宗保的人品武藝，私自招親。楊宗保回營後，楊六郎大怒，怒斥兒子陣前收妻違犯軍紀，把兒子綁在轅門，欲將其斬首。按照評書中的說法，臨陣收妻犯了軍規十七條禁律五十四斬中的一條，按律當斬，但在這些評書中，陣前收妻雖是死罪，卻從來沒有人因為這個罪被砍頭。那麼，當時到底有無「臨陣收妻」這條軍規？若有，臨陣收妻者為什麼都沒有受到應有的懲處？

和評書的說法不同，在宋代軍規中，是沒有陣前收妻這一條款的。在宋朝軍法專著《武經總要》和其他宋代文獻中，與婦女相關的大致有這麼兩條：第一，行軍時，兵士不得强姦犯人婦女；第二，軍中之人如果姦淫犯人婦女或把婦女帶入軍營者，斬首示衆。對犯人婦女的侵犯尚不被軍規所允許，對良家婦女的侵犯當然更不容許，而且，即使對妓女，也不允許這樣。例如，宋高宗趙構即位不久，西夏人李横率兵圍攻德安府，宋朝德安知府陳規率領軍民禦敵。李横採取了圍城戰術，由於西夏軍的長期圍困，七十天後，德安城內出現了缺糧局面。正在此時，西夏李横派使節前來商討罷戰事宜，但其前提條件是以德安府的一個名妓作為交換。李横的這一要求有違宋朝軍法，遭到了陳規的拒絕。陳規手下諸將很是不解，在他們看來，德安被圍已長達七十天，現在敵方主動提出用一個婦女交換全城軍民的性命，是很划算的一件事，應該答應對方的條件。但陳規卻說，以妓女換取罷戰嚴重違反軍規，敵軍若退兵，己方難逃道義的譴責；如若敵軍不退兵，則得不償失。最後，陳規抓住了戰機，逼退了敵兵。

宋代軍法規定，兩軍對陣時，如果能夠招降敵方大將，則屬於立功的表現。而臨陣收妻，收的正是敵方的重要人物，這樣一來，收妻者不但無過，反倒有功。所以，宋代如果真有臨陣收妻這條軍規，收妻者又沒受到軍法懲處，也許正是由於這個原因。

【豆知識】

「楊門男將」為什麼會演變成「楊門女將」？

「楊門女將」是中國戲曲與古典小說中的重要題材，但歷史上只有「楊門男將」，這中間有一個從「楊門男將」故事向「楊門女將」故事演變的過程。據《宋史》記載，楊業共有七個兒子，他們是：楊延朗、楊延浦、楊延訓、楊延環、楊延貴、楊延彬、楊延玉。其中楊延玉隨乃父征戰，於陳家谷口一戰殉國，其餘六子，延朗為崇儀副使，延浦、延訓並為供奉官，延環、延貴、延彬並為殿直。《楊家將》中的楊六郎是楊業的兒子楊延朗（後改名為楊延昭），《楊家將》中的楊宗保，應為楊文廣，為楊延昭之子。

宋室南渡以後，偏安於江左，高宗畏金如虎，一味屈膝投降，貶李綱、殺岳飛、解散北方抗金義軍，置北方淪陷區人民於水深火熱之中而不顧，這使北方人民痛恨南宋政權，於是抗遼名將楊業的故事得以廣泛流傳。南宋話本《五郎為僧》和《楊令公》是現在能找到的最早的楊家將故事名目，可惜具體內容已失傳。金院本《打王樞密》，講述了楊家將與奸臣王欽的鬥爭。這一時期都是「楊門男將」故事。

到了元代，民族矛盾被更加强化，楊家將的傳説也進一步完善。據明人臧晉叔《元曲選》記載，元代關於楊家將的雜劇有兩部，其中《昊天塔孟良盜骨》由《楊令公》、《五郎為僧》、《孟良盜骨》三劇組成，另一部為《謝金吾詐拆楊家府》，由《打王樞密》、《謝金吾》兩劇組成。《昊天塔孟良盜骨》和《謝金吾詐拆楊家府》中已有佘太君其人，由此出現了關於楊門第一個女將佘太君的形象。

楊家將故事在發展過程中，男將一一戰死，楊令公血灑陳家谷，楊延玉隨父戰死，楊七郎萬箭穿心，楊五郎出家五臺山，楊四郎被遼國收為駙馬……這些故事在民間已深入人心，楊家將的故事只能由楊門遺孀繼續演繹。此後楊家將劇碼的數量增多，如《金沙灘》、《李陵碑》、《穆柯寨》、《洪羊洞》、《演火棍》等。在這些劇碼裡，楊門女將的形象逐漸鮮明，地位逐漸上升，像《百歲掛帥》、《穆桂英掛帥》、《打韓昌》等劇，更是直接以佘賽花、穆桂英、楊排風等女將為主角，講述她們如何為國討伐、懲惡鋤奸。清代乾、嘉年間，内務府編撰了一部以楊家將故事為題材的宮廷大戲，名叫《昭代簫韶》，全劇共二百四十部。該劇仍以《楊家將演義》為基礎，又增添了正史的素材，歌頌了楊家的數代忠烈。這部戲對全國許多地方戲種的發展都產生過一定影響，使原本還有些零散的「楊門女將」故事系統化了，戲劇情節比「楊門男將」故事也更有趣味。「楊家將」故事也因此更加豐富，更具傳奇色彩。

74 古代戰爭中雙方主將要先「單挑」嗎？

說到中國古代的戰爭，浮現在大家腦海中的場景可能就是兩軍對決、擺好陣勢，然後雙方主將衝出本陣，在戰場上廝殺，一方的主將失敗逃跑或被殺，則全軍壓上向對方發起衝鋒。這種作戰方式稱為「鬥將」，就是今天的「單挑」。我們在一些文學作品或影劇中所看到的幾乎都是以這種方式進行作戰的。這是文藝作品給大家的一種錯覺，在中國古代，最起碼在宋代，這種鬥將的作戰方式是極少的，常規的戰鬥模式是集團的衝鋒。在表現冷兵器戰爭的場景方面，一些歐美的影視作品更接近於歷史的實際。

中國歷史上真實的戰爭情況是和文學作品的描寫大相徑庭的。中國古代的戰爭形勢經歷了以步兵為主到車戰再到騎兵戰術的發展過程，這是冷兵器時代戰爭形式發展的一個基本規律。最初的戰爭形態由於生產力的低下，一般都是步兵的混戰，這是非常原始的作戰方式。隨著時代的發展，這種非常原始的作戰方式被車戰所取代。車戰是中國古代以馬拉木質戰車的交戰為主的作戰方式。據有關資料推斷，夏代已開始使用戰車進行小規模車戰，經商代、西周以迄春秋，戰車一直是這一時期軍隊的主要作戰裝備，駕乘戰車作戰即成為這一時期戰爭的特徵。此外戰車周圍還要配備數量不等的步兵，秦始皇陵的兵馬俑就為我們提供了一個非常明顯的車戰的戰鬥隊形。

車戰也有自己很大的缺點，就是作戰時不能靈活對敵，特別是和北方少數民族政權的騎兵作戰時，往往陷入劣勢。騎兵是冷兵器時代最精銳的軍事力量，特別是魏晉時期馬鐙的發明，大大提高了騎兵的戰鬥力。騎兵的作戰比較靈活機動，特別是能夠依靠其強大的衝擊力擊潰敵陣，並予以追擊掩殺。騎兵作戰是冷兵器時代戰爭形式發展的高潮。

不過我們應該明白，無論是中國古代哪種作戰方式，往往都是進行集團式的衝鋒，雙方主將首先「單挑」的情況是非常罕見的。可以說，主將是整個戰爭中的首腦，是指揮的中樞，不能輕易冒險出戰。

【豆知識】

宋朝的將領都有高深的武藝嗎？

在文學作品或影視藝術作品中，每遇到戰爭場面，我們就會看到雙方的統軍將領大展身手，依靠自己高超的武藝或本領，戰勝對方並最終取得戰爭勝利的情節。其實，歷史上真實的戰爭是和藝術作品中描寫的戰爭場面有很大區別的。宋朝從建國之初就面臨著少數民族政權的軍事威脅。有宋一代，戰爭時斷時續，幾乎貫穿了兩宋三百二十年的統治過程。在長期戰爭的鍛煉中，宋朝出現了很多著名的將領，其中我們最熟悉的當然就是岳飛了。在宋朝，岳飛是一名武藝十分高强的將領，他的挽弓能力在整個宋代歷史的記載中都是罕見的。那麼是不是宋朝的將領都像岳飛一樣是武林高手呢？

宋朝實行重文輕武的基本國策，統軍將領的政治地位並不優越。宋朝的將領主要有兩個來源，其一是由普通士兵中依靠軍功升遷上來的；其二是繼承父祖等長輩的統兵權而成為軍事將領。

一般來說，宋朝的將領都具有較高的武藝。對於從普通士兵升遷上來的將領，他們統軍將領地位的得來，依靠的是戰爭中的軍功。因此只有武藝高强，才能在戰場上殺敵立功，他們的武藝無疑是較高的。其代表人物就是北宋的大將狄青和南宋的岳飛和韓世忠，他們都是由底層的普通士兵，依靠軍功升遷到統軍將領之位的。

對於繼承父祖等的統兵權而成為將領的人來說，一般也都具有較高的本領。這是因為他們出身於將門之家，自幼接受了戰爭的洗禮，很早就投身於實際的戰爭之中，這鍛煉了他們的武藝，往往武藝超群。當然，在這部分人中，也有完全依靠父祖的功績而成為將領的人，他們武藝不高，資質平庸，甚至不學無術。比如出賣岳飛的張俊，歷史上就沒有記載他有高强的本領。

也有的將領是根本不會武藝的。比如採石之戰中的虞允文，本來是一名文臣，但在危難之際展現出了卓越的軍事指揮才能，擊敗了金軍的進攻。像他這樣的將領，對武藝當然是一竅不通的。

通過上述情況我們可以看出，能否成為將領的主要條件，並不是看其是否有高深的武藝，而是看其是否具有高超的軍事指揮能力。

75 宋代衡量一個人的武技主要看什麼？

兩宋時期，由於遼國和西夏的不斷侵擾，戰爭頻繁。因此，兩宋朝廷對於軍隊的武藝訓練十分重視，督促也非常嚴格。箭弩是冷兵器中的遠端武器，是對抗騎兵的最重要工具，因此宋代兵器中以弓弩為主，南宋人華岳曾說：「軍器三十有六，而弓為稱首；武藝一十有八，而弓為第一。」宋朝制訂了詳細的弓箭訓練標準，北宋神宗熙寧時詔頒河北諸軍教閱法：「凡弓分三等，九鬥為第一，八鬥為第二，七鬥為第三；弩分三等，二石七鬥為第一，二石四鬥為第二，二石一鬥為第三。」宋代弓弩每石的鬥力，約九十二點五宋斤，一宋斤相當於一點二市斤，約相當於現代的一百一十七斤。由於弓弩是主要兵器，故宋時衡量一個人的武技，考核軍士的軍訓水準，主要是看能挽多大的「弓弩鬥力」，以及射箭的準確性，即

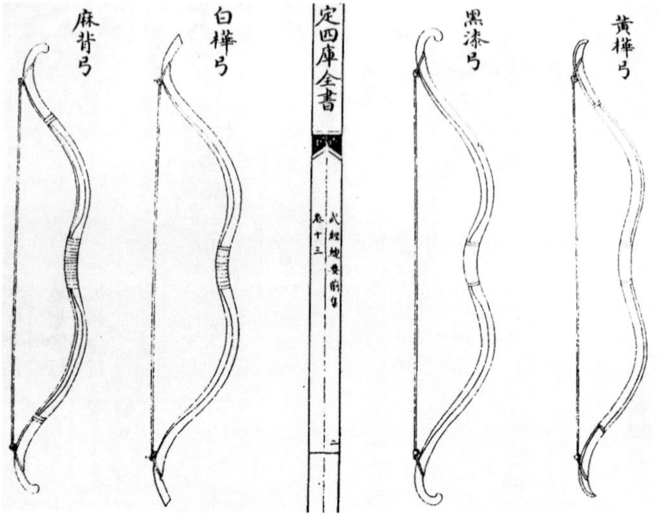

《武經總要》中的弓

「射親」。《武經總要》規定：「凡軍中教射，先教射親，次教射遠。」

【豆知識】

十八般武器是什麼時候形成的？

「十八般武器」之稱是從「十八般武藝」一詞演化而來，是中國武術的一個傳統術語。「十八般武藝」的提法，最早見於南宋人華嶽編的兵書《翠微北征錄》，華岳曾中過武狀元，此書編成於南宋嘉定元年（一二〇八），其卷七云：「臣聞軍器三十有六，而弓為其首；武藝一十有八，而弓為第一。」華岳自稱「臣聞」，可見「十八般武藝」的說法形成實際上還要早。可惜宋代的兵書多毀於兵燹，今傳者寥寥無幾，「十八般武藝」的原始出處和內涵今天已無從查考。

《水滸傳》中第二回就講了當時使用的十八類武器：「矛、鎚、弓、弩、銃、鞭、鐧、劍、鏈、撾、斧、鉞並戈、戟、牌、棒與槍、杈。」除上述十八般武藝之外，在《水滸傳》裡還有用槊、鈀、槌、蓮花鐵钂等兵器的。

元朝以後，「十八般武藝」一說開始變成了人們的習慣用語，在戲曲、小說中被經常使用。明代萬曆年間，謝肇淛在《五雜俎》卷五對「十八般武藝」的具體內容作了記述：「一弓、二弩、三槍、四刀、五劍、六矛、七盾、八斧、九鉞、十戟、十一鞭、十二鐧、十三檛、十四殳、十五叉、十六耙頭、十七綿繩套索、十八白打。」前十七種都是兵器的名稱，第十八般名目「白打」，就是「徒手拳術」。可見「十八般武器」的概念在明朝又有了發展。

76 宋朝軍隊為何重視大斧和大刀？

宋朝政權建立後，一直面臨著比較嚴峻的國防危機。自五代時期燕雲十六州被北方的遼朝占據之後，宋朝失去了北方重要的戰略屏障和產馬的地方。戰略屏障的失去使北宋腹地直接面對著遼和金人騎兵的攻擊；而北方產馬之地的喪失，導致長期以來北宋的騎兵建設處處落後於北方少數民族政權，宋朝的騎兵不能和少數民族的騎兵相抗衡，不得不處於戰略防禦的地位。

在冷兵器時代的戰爭中，由於騎兵具有速度和靈活性等方面的優勢，戰鬥力是非常强的，步兵往往很難與它抗衡。為了克服宋朝軍隊在這方面的缺陷，宋朝的統軍大將想出了若干方法，以圖利用步兵戰勝少數民族政權的騎兵部隊。在這些方法中，最主要的就是發揮步兵的優勢，改良步兵的兵器，以達到克制騎兵的作用。這些改良在宋金戰爭中表現明顯。

宋金戰爭中，金朝的主力部隊除了重裝騎兵「鐵浮圖」之外，還有一種機動靈活、衝鋒速度快的左右翼騎兵，號稱「拐子馬」。金朝軍隊就是依靠這樣的騎兵優勢向宋軍發起衝鋒，達到戰勝宋軍的目的。為了打敗「拐子馬」和「鐵浮圖」，韓世忠首先建立了一支戰鬥力極强的親兵部隊——「背嵬軍」，這支部隊使用大斧和麻紮刀為主要的作戰兵器。當金軍的拐子馬和鐵浮圖發起衝鋒時，背嵬軍就手持大斧和麻紮刀衝進敵陣，下用大斧砍馬足，上用麻紮刀砍敵人。而金軍的騎兵對這種霸道威猛的武器幾乎沒有有效的防禦措施，最終敗下陣去。這種利用大斧和大刀的戰術很快被其他宋朝軍隊所仿效，並屢次創造出了步兵戰勝騎兵的輝煌戰例。岳家軍在郾城大敗金軍統帥兀術朮的主力騎兵「鐵浮圖」，也是應用了這種戰術。

可以說大斧和大刀在宋金戰爭中的應用是促使宋軍扭轉軍事上劣勢的一個重要因素。也正因為如此，宋朝軍隊中非常重視大斧和麻紮刀這樣的兵器。

【豆知識】

金兀術的「鐵浮圖」就是大炮嗎？

提到鐵浮圖，我們首先就會想到在小說《說岳全傳》中陸文龍射箭報信，岳家軍將鐵浮圖推到河中的情節。在這部小說中，鐵浮圖被描寫成是一種威力巨大的火炮，當時陸文龍對王佐說：「你不說我倒忘了。今日北國解到一批『鐵浮陀』，兀術已命人整備火藥，夜裡要打宋營。『鐵浮陀』炮火十分厲害，卻便怎處？」「鐵浮陀」指的就是「鐵浮圖」，音同而字有所差異。對於它的威力，小說中也有所描寫，當金軍將「鐵浮陀」推到宋營前，放出轟天大炮。但見煙火騰空，山搖地動，宋軍大營立時變成一片火海，可見其威力的巨大。

「鐵浮圖」真的是一種大炮嗎？答案是否定的。在當時，火藥武器特別是管形火藥武器雖然已經出現，也已經投入戰場，但是用火藥發射的管形火炮則尚未出現。歷史記載中的火炮是能投射火藥包的拋石機。金軍所發明的鐵火炮，其實是一種用鐵罐裝填火藥，利用爆炸殺敵的火器，但仍需靠拋石機投射。所以說「鐵浮圖」絕不是一種威力強大的火炮。

「鐵浮圖」究竟是什麼呢？「浮圖」其實和「浮屠」是一個詞，表示的是一個意思，是從梵文佛經中翻譯過來的，本為佛陀的意譯，因此古人將佛教徒稱為浮屠，後來又將佛塔也稱為浮屠。由此可見，「浮圖」應該是塔的意思，而「鐵浮圖」則應該是鐵塔之意。歷史文獻中對「鐵浮圖」是這樣記載的：「兀術朮所講，號常勝軍……其所攻城士卒號鐵浮屠，又曰鐵塔兵，被兩重鐵兜鍪，周匝皆綴長簷，其下乃有氈枕。」藉由過這段記載，我們可以看出，無論是「鐵浮圖」還是「鐵塔兵」，都是當時南宋漢人口中的稱呼，他所指的就是身披重鎧的金朝軍隊。可以說「鐵浮圖」就是金朝軍隊中的重裝騎兵。當然也可以說，所有裝備精良，看起來像鐵塔一樣的部隊都可以稱為「鐵浮圖」。而且，「鐵浮圖」不是僅僅隸屬於兀術朮的軍隊，所有重鎧全裝的金軍，都可以被稱為「鐵浮圖」。

77 金軍的「拐子馬」就是「連環馬」嗎?

熟悉岳飛故事的人都知道，岳飛在紹興十年（一一四〇）郾城戰役中，命步兵持長斧入陣，專斫金軍馬足，建立了大破「拐子馬」的奇功。很長時期內，人們把「拐子馬」解釋為

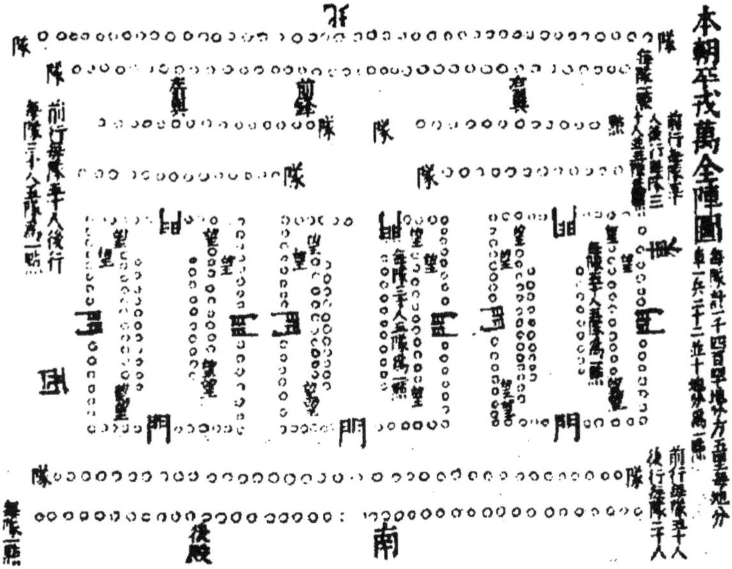

《武經總要》中的平戎萬全陣圖

「穿著鐵甲的連環騎兵」，即連環馬。這種武裝在《水滸傳》和《説岳全傳》中都曾經出現過，並杜撰出鉤鐮槍大破拐子馬的故事。

在宋代文獻中記載拐子馬比較精彩的是嶽珂給他的祖父所寫的《鄂王行實編年》。其中對於「拐子馬」是這樣描述的，「兀術有勁軍，皆重鎧，貫以韋索，凡三人為聯，號『拐子馬』，又號『鐵浮圖』，堵牆而進，官軍不能當，所至屢勝」。也就是説，「拐子馬」是每三騎重裝騎兵用皮繩連在一起，同時進行衝鋒，像坦克一樣向對方衝過去，從而摧毀對方。此後，各種官私的歷史記載和通俗小説都採用了這種説法。「拐子馬」也就是連環馬，逐漸成了婦孺皆知的一種作戰方式。可是，歷史事實真的是這樣嗎？清朝乾隆皇帝就曾經對這一記載產生懷疑，指出騎兵的長處就是能夠自由地操縱戰馬衝鋒，如果將三匹馬連在一起必然會導致互相影響，丟掉自己自由靈活的特長，不利於衝鋒作戰。作為一位善於指揮作戰的統帥，兀術怎麼反而會捆上自己的手腳，去受制於人呢？可見關於「拐子馬」的記載是有很大問題的。那麼「拐子馬」究竟是什麼呢？

根據中國宋史研究專家鄧廣銘先生的考證，北宋時左右翼騎兵的名稱，兩拐子或東西拐子即左右翼的意思。在《有關「拐子馬」的諸問題的考釋》一文中，鄧廣銘先生對「拐子馬」做了非常詳盡的考證。他首先指出「拐子馬」並不是女真也就是金人的語言，而是漢族語言。在北宋人的習慣用語中就有「拐子」一詞，「兩拐子」指的是左右兩翼。在北宋時期「東西拐子馬」陣，是宋軍作戰時的常用陣型。東西拐子馬，實際上就是設置在大陣兩側的左右翼騎兵。北宋滅亡後，「拐子馬」這個北宋人的語詞，僅保留在中原與華北地區居民的口語中，而沒有被南渡的軍民帶往南方。隨著時間的流逝，南宋中後期的人已經不知道它究竟是什麼意思，於是杜撰出了連環馬的解釋。

【豆知識】

宋軍與金軍作戰是用什麼陣法？

宋朝實行「將從中御」的制度，也就是說當戰爭發生時，皇帝預先制定好陣圖交由統軍大將，指揮戰爭的將領必須按照陣圖來指揮軍事行動，這種陣圖其實是作戰時的戰鬥隊形。在宋朝的著名兵書《武經總要》中，對宋代的陣圖進行了相當詳細的記載。在這本書中共記載了當時宋朝軍隊的八種主要陣法，「東西拐子馬陣」就是其中重要的一種。

宋代的陣圖中最重要的是由宋太宗親自制定的「平戎萬全陣」。取名為「平戎萬全」，可見被視為得意之作，寄託全能應對邊患的意思。該陣法施行後，曾在軍隊與邊防中付諸實施。「平戎萬全陣」由前鋒、殿後、中軍、左翼及右翼組成。其主力為中軍，由並排三個方陣組成，各以一名大將統領；三陣之間皆相隔一里，陣面寬達十七里；合計中軍三陣共配備士卒十一萬零四十人。左、右、前和後軍都由騎兵組成，左、右翼軍陣各兩列，有兩萬餘騎兵；前、後軍陣也各兩列騎兵，共約有一萬餘名。

「平戎萬全陣」共投入兵力十四萬餘人，在所布置的五個軍陣中，其主力無疑為超過十一萬人的中軍陣，以步兵為主體。而前、後、左、右四陣由騎兵組成，總數僅有三萬騎，顯然為中軍之輔助力量，主要承擔警戒和掩護任務。根據以上部署情況，可見「平戎萬全陣」明顯是以步兵為主的陣法，體現以步制騎的戰術意圖。並且這種陣法的本質是防禦性的，是擺出全面防守的態勢以應對敵軍的進攻，如果當敵軍撤退時，只有前鋒和左右翼部分騎兵能夠追擊，以步兵為主力的中軍則無法迅速反應，不具備進行運動戰的能力。因此，這種靜止狀態下壯觀的陣法，其實被動呆板，既不能「平戎」，事實上也無法發揮「萬全」之效。

78 為什麼說外籍「雇傭軍」導致了北宋的滅亡？

宋朝軍隊種類繁多，有禁軍、廂軍、鄉兵等。但是，在宋朝軍隊中，還曾經存在有一支外籍「雇傭軍」，在宋朝歷史上產生極大影響。宋朝軍隊中為何有外籍「雇傭軍」呢？

原來，這支軍隊被稱為「常勝軍」，是一支契丹雇傭軍。其最早是在遼朝天祚帝時期成立的。時稱為「怨軍」。這是因其士兵的父兄基本都是在與女真作戰中戰死的，因而怨恨女真，故稱之為「怨軍」，人數達二萬八千人。他們在組建後，雖然有很強的戰鬥力，但往往在戰爭中發動變亂，平時又打家劫舍，因而成了一支禍患之軍。天祚帝將他們調到南邊涿州去防守，減少其在遼朝內部的騷擾。此後，金朝軍隊連續擊敗遼軍，天祚帝逃入夾山，坐鎮燕京的燕王耶律淳趁機稱帝，將「怨軍」改為「常勝軍」。在涿州，「常勝軍」屢次擊敗北宋軍隊，宋人也承認：「常勝軍實反復之徒，然燕中號健鬥者也。」西元一一二二年，北宋童貫統領大軍攻打燕雲，而耶律淳卻在此時病死，在形勢不利情況下，常勝軍首領郭藥師囚禁遼涿州刺史蕭慶雲，率精兵一萬投降北宋。

遼朝滅亡後，宋徽宗聽信童貫的讒言，以燕地富戶、工匠等作為交換，換取了「常勝軍」這支外籍「雇傭軍」。宋徽宗等只看到了其非凡的戰鬥力，卻沒有看到他們實際上是一群反覆無常的亡命徒。宋朝統治者給予「常勝軍」優厚的待遇，放手讓常勝軍在燕山地區擴軍，很快這支軍隊就增加到五萬人。同時，將燕山府乃至整個河北路的政治、經濟、軍事大權交給了郭藥師，希望他們為北宋守護北部邊境。自從郭藥師在西元一一二三年領兵大破遼朝殘兵蕭干後，宋徽宗對他更加信任，加郭氏節度使之銜。宋朝的縱容使常勝軍驕橫跋扈，肆虐百姓，人們都私下稱郭藥師為宋朝的「安祿山」，但未引起統治者的重視。

宋朝希望以這支外籍「雇傭軍」抵禦北方金朝的進攻，但是，在西元一一二五年，金太宗大舉伐宋之時，郭藥師卻寡信無義地劫持燕山府知府蔡靖投降了金軍斡離不部，使金軍在短短十幾天時間，輕鬆占領了燕山府，並引導著金軍乘虛東下，很快便將北宋都城東京包圍。由於這支外籍「雇傭兵」掌握了河北地區的軍事領導權，深知宋朝內部虛實，導致北部藩籬盡失，最終導致北宋王朝的滅亡。

【豆知識】

宋朝軍隊中為什麼會有少數民族「特種兵」？

宋朝軍隊中，還有一個專門的兵種，被稱為「蕃兵」，其中的軍人，全部是由少數民族軍人組成的。他們體格強健，彪勇善戰，尤其長於騎射，在宋朝軍事戰史上留下了重要的一筆。在一些戰役中，他們還更對於扭轉戰局、反敗為勝有決定性作用。那麼，這是怎樣的一支少數民族軍隊呢？宋朝軍隊裡為什麼會有這樣一支「特種兵」呢？

據《宋史．兵志》記載：宋朝西北廣大邊疆生活著羌戎部落之民，他們「種落不相統一，保塞者謂之熟戶，余謂之生戶」。「熟戶」就是指接受宋朝統治的羌人，「生戶」則為相對獨立的羌人部落。實際上羌族部落和西夏黨項人族源相似。宋朝軍隊中「蕃兵」這樣一支「特種兵」的出現，大致產生於宋真宗朝。宋將曹瑋守渭州、秦州時，便招撫羌部首領，組織「蕃兵」武裝。宋仁宗朝元昊宣布建立大夏國，公開稱帝。宋夏大規模交戰開始，「近邊熟戶亦遭殺虜」。宋朝利用蕃族對西夏的仇恨心理，遂在西北組織更多的蕃兵武裝。在北宋對夏戰爭中，處於兩國中間地帶的北羌族「熟戶」蕃兵，出於守衛故土、保護部族老弱和牛羊的本能，所以與西夏軍隊作戰時不遺餘力，因而也捍衛了宋朝沿邊漢族居民區。

「蕃兵」是宋朝軍隊中一支精銳軍隊，其中包括騎兵、步兵、弓箭手等兵種。在作戰中，宋軍往往「每戰則以蕃部為先鋒，而漢兵城守，伺便乃出戰」。「雖遇堅敵，亦無退卻之患」。為了防範蕃兵被當成西夏軍兵而錯殺，宋朝規定他們在手或耳後刺「蕃兵」二字。同時，對待蕃兵，宋朝以官職、金銀利祿誘惑等手段進行籠絡。而蕃兵這支少數民族「特種兵」也為宋朝軍事作戰做出重要貢獻。如宋真宗朝，大將曹瑋為麟府路副部署，「出蕃兵邀擊黨項部落首領李繼遷，「俘獲甚衆」。而當宋仁宗朝，儂智高在廣西發動叛亂，宋朝軍隊長期屢戰不利之時，樞密副使狄青也曾「自執白旗，麾蕃落騎兵，張左右翼出賊後交擊」，大敗儂軍，平定儂智高的叛亂。由於「蕃兵」戰鬥力强，熟悉地理環境，和西夏有仇讎，故而宋朝長期招募這支由少數民族軍人組成的「特種兵」，他們作為北宋精銳武裝力量之一，持續到北宋滅亡。

79 迅速橫掃歐洲的蒙古軍隊為什麼花了那麼長時間才攻滅南宋？

西元一二〇六年，成吉思汗統一蒙古諸部，開始向外發動擴張戰爭。蒙古的鐵騎在不到三十年時間裡攻滅西遼、花剌子模、西夏、金朝等强國，橫掃歐洲俄羅斯、波蘭、匈牙利諸國，堪稱攻無不克，戰無不勝。但在攻滅南宋這樣一個偏安東南的國家時，卻費時最多。那麼，迅速橫掃歐洲的蒙古軍隊為什麼花了那麼長時間才攻滅南宋？

西元一二三二年，金朝滅亡前夕，曾派使者提醒宋理宗說：「蒙古滅國四十，以及西夏。夏亡及於我，我亡必及於宋。唇亡齒寒，自然之理。若與我連和，所以為我者，亦為彼也。」但「靖康之變」的恥辱使南宋君臣根本聽不進這一道理，斷然拒絕了金的議和。一二三四年，在宋、蒙軍隊的聯合打擊下，金朝滅亡。在滅亡金朝後，宋、蒙之間再無緩衝區，開始了直接接觸。西元一二三五年，蒙古太宗窩闊台以南宋發動「三京之役」，首先破壞盟約為由，下令出兵大舉攻宋，從此揭開了宋蒙之間長達四十五年的殘酷戰爭。最終西元一二七九年，宋軍崖山海戰失利，陸秀夫背負末帝趙昺投海自盡，南宋滅亡。

蒙古之所以花了那麼長時間才攻滅南宋，是有多種原因的。主觀上，蒙古統治階層內部權力紛爭不斷，一時難以集中全力。第一階段和第二階段攻宋戰爭都是因蒙古君主窩闊臺、蒙哥突然病逝，蒙古諸王為爭奪汗位而戰爭，被迫停止攻宋，使南宋有了喘息的機會。再者，蒙古軍隊征討其他國家，暫時放緩了對南宋的進攻。如窩闊臺汗死後，蒙軍主力曾在拔都的統領下征討西域。蒙哥在繼位後，也命六弟旭烈兀西征。又命四弟忽必烈征討大理，暫時緩解了對南宋的軍事壓力。客觀上，南宋軍隊水戰和城市防禦戰的優勢也延緩了蒙古進攻的步伐。如在釣魚城之戰中，南宋守將王堅依仗堅固的城池，抵擋蒙哥親領數萬大軍六個月的進攻，最終蒙軍損兵折將，蒙哥也被砲石擊死。南宋軍隊的英勇頑强，抵禦了蒙古長期的進攻。再者，對南方炎熱多雨天氣的不適和軍中疾疫流行，也是蒙古攻宋時間長久的原因。如在宋蒙「鄂州之戰」中蒙軍損傷極為慘重，至當年十月末，「蒙軍疾疫已十四五」，蒙軍被迫撤兵。故而，多種原因造成了橫掃歐洲的蒙古軍隊花了四十五年時間才攻滅南宋王朝。

【豆知識】

「郭靖守襄陽城」歷史上究竟有無其事？

金庸先生在《射雕英雄傳》中描述了一位大義凜然、固守襄陽城抗擊蒙古的民族英雄——郭靖的形象。那麼，在宋元戰史上，「郭靖守襄陽城」歷史上究竟有無其事呢？

查閱《宋史》列傳，確實有一位被列入《忠義傳》的英雄郭靖，但他是生活在宋寧宗時期，此時蒙古剛剛興起，還未攻宋。此郭靖是宋朝四川地方巡警官。他在四川宣撫副使吳曦叛降金朝時，不願做亡國奴，跳入滔滔的嘉陵江而死。

實際上，在南宋歷史上確實也存在一場轟轟烈烈的「襄陽城保衛戰」，此場戰爭宋、蒙雙方爭奪長達六年之久，並最終對元朝滅宋產生重大影響。

西元一二六七年，蒙古大汗忽必烈接受南宋降將劉整的建議，準備從長江中游打開缺口，順江東下，滅亡南宋。西元一二六八年，忽必烈任命阿術為都元帥，指揮蒙軍開始進攻襄樊。

南宋方面對此已有準備，襄陽知府、名將呂文煥加强了襄陽和樊城的城防，在兩城間立以巨木，聯以鐵索，上架浮橋，連通兩城，屯駐重兵和大批糧草，對合圍襄樊的蒙軍也不斷進行反擊。西元一二六九年春，阿術指導蒙軍構築長圍，以斷絕襄樊與外界的聯繫。當年七月，南宋軍隊曾乘江水上漲，將衣糧等物資送進了襄樊。但在七天後，當援軍乘夜色順流返回時，卻遭到蒙軍的伏擊，宋軍士卒死傷慘重。隨後，忽必烈針對蒙元水戰薄弱的情況，下令練水軍七萬餘人，造戰艦五千艘。

襄陽城西元一二七一年，忽必烈正式建國號為「大元」。配合元朝的建立，襄樊方面的元軍也加强了攻勢。襄陽城久困，城中物資匱乏，宋軍不得不「拆屋為薪，緝麻為衣」，堅持抗戰。

西元一二七三年正月，元軍焚毀襄陽和樊城之間的浮橋，集中力量猛攻樊城，並調來回回人亦思馬因製作的巨石砲，攻陷了樊城。不久，在元軍重砲的轟擊下，南宋襄陽知府呂文煥被迫獻城投降。右領衛將軍范天順不願降元，仰天大呼：「好漢誰肯降賊？死時也做大宋忠義鬼！」遂自縊身死。都統制牛富率七百勇士與元軍巷戰，最後不屈赴火而死。襄陽攻防戰是歷史上罕見的一場殘酷戰役，宋元雙方都打得筋疲力盡。因而襄樊的失陷，對南宋軍民士氣影響極大。自此，其滅亡的敗局基本確定。

80 遼國國名的真正涵義是什麼？

遼國是中國古代東北地區的少數民族契丹所建立的政權，長期與北宋鼎足而立，直到西元一一二五年被新興起的女真所滅。每個國家的國號都有一定的來歷和特殊含義。契丹所使用過的國號有「大遼」和「大契丹」兩個。這兩個國號有沒有什麼特殊的來歷和涵義呢？由於歷史資料的缺乏以及對史料解釋方法的不同，對這兩個國號意義的解釋有很多種情況。我們只能對這些解釋加以簡單歸納，至於這兩個國號的真正涵義是什麼，就只能是仁者見仁、智者見智了。

一種解釋認為，遼的國號是因為河水而得名的。《三朝北盟彙編》有「遼人以遼水名國」的記載。《建炎以來繫年要錄》中也有類似的說法。契丹人的發源地在遼水流域，也就是現在的遼河，因而人們認為他們是以發源地作了自己的國號。也就是說「大遼」國號是因遼水而得名。不過有人指出，遼水的遼不是漢語而是鮮卑語，在遼聖宗改國號為遼時，他自己都不知道遼的來源究竟是什麼。

另一種解釋是「鑌鐵說」。這種說法源於《金史．太祖本紀》：「上曰，遼以鑌鐵為號，取其堅也。」認為遼的意思是鑌鐵，之所以用鑌鐵為國號是為了表示堅固。不過究竟鑌鐵是與遼相對還是與契丹相對，到現在仍然眾說紛紜，莫衷一是。以遼對鑌鐵的人認為，遼的本字應該是鐐，是「白金美者」的意思。不過遼朝境內並不盛產這種鑌鐵，為何會產生這樣的情況呢？又有人認為鑌鐵應該是與契丹相對的，但無論契丹語還是女真語，都不把鐵稱為契丹。不過，可能因為這種解釋的緣故，有人把遼國稱為鑌鐵之國。

對於契丹的國號，更科學的解釋似乎應從契丹文字本身來入手。契丹兩個字是契丹文的音譯，它的願意是「大中」，以「大契丹」作為國號，就是「大中國」的意思。

無論是「大遼」還是「大契丹」，也無論它的意思是否是「鑌鐵之國」，契丹族所建立的這一強大政權，在世界歷史上都是聲名遠揚、影響深遠的。直到現在，國外一些民族還把中國稱做「契丹」。

【豆知識】

契丹民族為何在歷史上「集體失蹤」？

在中國歷史上曾經盛極一時的契丹遼朝，最終滅亡於繼之而起的另一個少數民族政權——金朝。遼朝滅亡後，契丹民族一部分與中原漢族相融合，一部分返回了他們的故鄉。可是令人驚異的是，這樣一個不可一世的民族，自明代以後就集體失蹤了，人們再也聽不到關於他們的消息，成為歷史之謎。契丹民族究竟到了哪裡？我們現在還能不能找到契丹的後裔呢？

契丹王朝滅亡之後，一部分倖存的契丹人在皇室成員耶律大石帶領下被迫向西遷移，在今天的新疆和中亞地區建立了西遼，又稱哈喇契丹國。這個帝國也一度强盛，但最終又被成吉思汗的蒙古大軍所滅。之後，契丹的殘餘勢力在今天的伊朗南部克爾曼地區建立了起兒漫王朝，但不久還是在黃沙彌漫的異國他鄉銷聲匿跡了。

在中國歷史上，雖然改朝換代頻頻發生，但原有的文化傳統總能代代相傳。然而契丹王朝滅亡後，整個契丹文化也隨之消亡了。契丹文化消亡的原因在於女真人對契丹民族的殺戮和對契丹文化的毀滅。金朝取代契丹人的遼朝後，對反抗統治的契丹人進行大肆殺戮。在野蠻屠殺的同時，契丹文化很有可能也遭到了捨棄。另外，金朝參照漢字創立女真文字後，金朝皇帝就下令廢止了契丹字，契丹文字可能由此失傳。以此類推，文化的衰亡也就不難理解了。

契丹民族的後裔究竟去了哪裡呢？根據歷史記載推測，契丹後裔的去向有這樣三種可能：一種是與其他民族融合到了一起；另外一種是西遼滅亡後，契丹後裔西遷並完全伊斯蘭化；還有一種就是驍勇善戰的契丹人被蒙古人徵召入蒙古軍隊，在戰爭中流散到了全國各地。

根據現代DNA技術的測定和對史料的分析，歷史學家們終於找到了契丹族的下落：元代蒙古人建立橫跨歐亞大陸的蒙古大帝國時，連年征戰，頻繁徵兵，契丹族人被徵召殆盡，分散到各地。有的保持較大的族群，如達斡爾族，作為民族續存保留下來，絕大多數則被當地人同化了，忘記了自己的族源。

81「女真」的稱號本義是什麼？

建立金朝的「女真」族在中國歷史上建樹過巨大功業，但是到底是什麼意思呢？世界上的任何一個民族在選擇本民族的稱號時，也就是說在為本民族命名時，絕不會草率而為，而是十分慎重和莊嚴的，在本民族的稱號中往往滲透了該民族文化的歷史景觀。

根據歷史記載，「女真」又名「珠裡真」（zhulzhen）。根據女真語的本音，「女真」一詞的語義譯成漢語的意思應為「東方」之鷹。這是因為在女真語中的「zhul」和「shen」（zhen）這兩個單詞。其中的「zhul」的漢語譯作「東方」之義，為方位名詞。而「shen」（zhen）的漢語譯作「海青」（亦即海東青鷹），為專有名詞。這兩個單詞的合成詞為 zhulzhen，其意思就是東方之鷹。

遼《騎射圖》

宋代的歷史文獻中對女真之地的「海東青」也有所記載。特別令人驚歎的是，「海東青」一詞的女真語發音「zhulshen」與女真稱號的本音「zhulzhen」的發音，幾乎完全相同，如此令人驚訝的巧合不能不使人聯想到，在「海東青」與「女真」稱號之間的這種偶然中存在著文化背景上的必然關聯。可以說，女真人就是以海東青來稱呼自己的。在女真人的精神世界中，「海東青」曾經是最崇高、最完美、最偉大的象徵。「海東青」就是女真稱號的真正含義，女真稱號就是女真族的民族精神的體現。

勃興於白山黑水之間的女真人，正是依靠著「海東青」這種「東方神鷹」的精神，殲滅了實力強於自己數倍的遼、宋兩個封建王朝，建立起了自己在中原的統治，取得了巨大的歷史成就。

【豆知識】

現在的滿族是建立金朝的女真人的後裔嗎？

金朝是由女真族建立的少數民族政權，它興起後，先後滅亡了遼朝和北宋，並與南宋政權長期對峙，後來被蒙古人所滅亡。

女真族原來居住在黑龍江流域，源自三千多年前「肅慎」，漢朝至晉朝時期稱「挹婁」，南北朝時期稱「勿吉」，隋唐時期稱「靺鞨」，遼金時期稱「女真」或「女直」。後來，「女真」一部分與其他民族融合為「滿洲」，通稱為滿族至今。

女真族的發展壯大是從遼朝統治時期開始的，當時女真族分布範圍較廣。契丹人對女真族實行了「分而治之」的政策，把强宗大姓編入契丹國籍，稱為「熟女真」，另一部分就是「生女真」。建立金朝的完顏部，就是生女真的一支，是唐代黑水靺鞨的直系後裔。

西元一二三四年，在蒙古人的有力打擊下，盛極一時的金國土崩瓦解。先前徙居中原、華北和遼東的女真族迅速被同化，而那些留居在故地的女真族，重新又分散為衆多的部落。

到了明代，女真族又經過了重新組合的過程。建立清朝的建州女真是遼朝時期渤海政權的後代，渤海政權是由唐代的粟末靺鞨建立的，遼朝時期，他們被納入遼朝的直接管轄之下，被稱為熟女真。

滿族始稱滿洲，是一個後興起的民族，它幾乎包含了東北所有的少數民族。作為一個真正意義上的民族，它起源於明代女真的分化和重新組合。明初，依照分布區域，女真族被劃成三大族群：建州女真、海西女真和野人女真。建州女真是後來滿族的主體部分。在反抗明朝統治的過程中，女真各部都統一到了女真族的旗幟下。此外，出於該地區的赫哲族、鄂倫春族、錫伯族的先民們，也都採用了女真族的名號。到十五至十七世紀，他們已成為一個新的共同體，後來改名為滿洲，也就是我們現在通稱的滿族。所以，滿洲作為一個民族來說，是以建州、海西女真為主體，又包括了大部分野人女真以及當地別的民族的成分。

通過女真族的發展歷史來看，金朝是生女真建立的，後來大量進入中原，並同化於漢族；而清朝為熟女真創建。也就是說現在的滿族並不是金朝女真人的後裔。

【十一】官場大小事

82 宋朝宦官為何能成為全國最高軍事統帥？

童貫是宋徽宗晚期著名的大宦官，他曾殘酷鎮壓方臘起義，指揮對西北少數民族的戰爭，還以十五萬精兵與金朝夾攻遼朝，可謂權傾朝野，並成為宋朝宦官中唯一當過全國軍隊最高軍事統帥「樞密使」的人。這個大宦官為何能成為宋朝最高軍事統帥呢？

宋朝軍隊領導體制的變革是宦官能夠領兵的最主要原因。宋初君主汲取唐末五代武將統軍，擁兵叛亂的歷史教訓，採取了以文臣統兵的軍事領導體制。由於有宋太祖「不用南人為相，不以內臣掌兵」的祖訓，北宋前期宦官主要擔任軍隊監軍，負責刺探主帥活動。到了北宋中期，由於文臣的寡斷懦弱，已嚴重影響軍隊戰鬥力。如宋仁宗朝文臣陳執中為樞密使，面對元昊反宋卻不知所措，「帝數問邊計，不能對」。宋朝君主又不願改用武將統兵，於是開始發揮宦官在軍隊中的統帥作用。在北宋神宗朝，宦官開始走到臺前，直接參與軍隊指揮。

在北宋後期，除童貫掌管全國軍政外，統軍宦官不乏其人。

宋徽宗的寵愛是童貫發達的重要保證。童貫生性巧媚，進宮後因能揣摩皇帝的心意，很得徽宗的寵愛。宋徽宗在杭州設立了搜羅古玩字畫的明金局，讓童貫掌管其事。他極力搜刮，強取豪奪了大量珍寶字畫，從而博得宋徽宗的歡心；他還結交內廷嬪妃，網羅朝廷官員數百人，和童貫交好的官員、嬪妃總是在徽宗面前為其歌功頌德，使童氏的地位更加穩固。

童貫與蔡京內外勾結也是其發達的重要條件。童貫在杭州掌管明金局時，與擅長書法的蔡京相結交，蔡京的作品通過童貫不斷流入宮中，很為宋徽宗賞識。蔡京後來被重用，童貫是出了不少力氣的，他們二人的關係也日益密切。此二人勾結起來剝削壓榨百姓，搞得民怨沸騰，被稱為「六賊」之首。宋朝民謠說：「打破筒（童），潑了菜（蔡），便是人間好世界。」反映了百姓對此二人的憎惡。

再者，童貫確實也積累了一定的軍功資本。西元一一〇二年，蔡京擔任宰相後，極力主張攻取青唐（青海西寧），又推薦童貫擔任監軍，這次出征取得大勝，童貫也因此而升任景福殿使、襄州觀察使。此後童氏又進討青羌其他部落均有戰功，因而其官職節節升高。童貫在西北對夏作戰前線，隱匿戰敗和將士陣亡的消息，只上功勞，終於升任了他思慕已久的開府儀同三司，簽書樞密院事，成為全國軍隊最高統帥。此後童貫領兵殘酷鎮壓方臘起義，收回燕雲之地。實際上是用巨大的代價換回六座空城，每年還要交納給金朝一百萬代稅錢。童貫厚顏無恥地上表邀功，更被封為廣陽郡王。

通過多方面的努力，童貫這個大宦官終於成為宋朝最高軍事統帥，這在宋代歷史上是絕無僅有的。西元一一二六年，金軍南侵，在太原前線的童貫嚇破了膽，不顧全城軍民安危，倉皇逃回東京，之後又拒不接受新上臺的宋欽宗對其指揮抗金的詔命，最終被宋欽宗以「十大罪狀」處死於貶途。童貫這個大宦官掌控西北和全國兵權二十年，給宋朝軍事造成難以彌補的缺憾，對北宋最終亡國負有不可推卸的重大責任。

【豆知識】

宋朝的「太監」是指宦官嗎？

明朝馮夢龍所寫《喻世明言》中記載了一個有關宋朝的故事《木綿庵鄭虎臣報冤》，其中寫到南宋末年權臣賈似道窮奢極欲，他「聞得宮人葉氏色美，勾通了穿宮太監，徑取出為妾，晝夜淫樂無度」。這裡說的「太監」顯然是在宮中侍奉君主的男子，那麼宋代歷史上被稱作「太監」的人是指宦官嗎？

宋朝太監的種類較多，先看「司天太監」。《宋史》中記載：太史局為司天監，置大監，正三品。《水滸傳》中也記載：「近日司天太監浦文英奏道：『夜觀天象，有無數罡星入吳地分野。』」實際上宋時設司天監，掌觀測天文，占吉凶及刻漏以定時間，預造新曆，選定黃道吉日等。這個機構的最高長官為司天監大監，正三品，也可稱為司天監太監，在這裡

「大監」與「太監」通用。《水滸傳》此處無疑是宋人使用的本朝的官稱。再看「軍器太監」。《宋史》記載，南宋末年宗室官員趙時賞抗擊元軍，擁民抗戰有功，升直寶章閣軍器太監。宋朝設有軍器監，是掌管軍器製造和儲備之職的機構，軍器監置監、少監、丞、主簿等專官。軍器監為其最高長官，正六品，也稱作軍器大監、軍器太監。實際上，在宋代，除了中央的國子監、都水監長官外，其餘的司天監、將作監、少府監、軍器監、祕書監最高長官均可稱作「大監」或「太監」。最後來看看宮中的「女官太監」。南宋孫逢吉所作《職官分紀》之《內官》就記載：宋太宗設立尚宮及太監，並掌內省事。此處的「太監」為後宮女官，她與女官「尚宮」共同管理內省事，二者號稱「尚書」。宋朝的女官太監，和明清宮中侍奉的男子太監，在職責上倒是有相似之處，可在男女性別上卻大相徑庭。

由此可見，宋代「太監」一詞的含義與明清時的詞義迥異，宋朝時的太監絕不是指宮中侍奉君主的男子。如何稱呼中國古代宮中被割去男性生殖器者，各代不同。大致上，秦以前稱寺、寺人等，自漢至宋元，一般即稱宦官、內侍等，明清時才稱太監。

83 宋朝官帽為何有兩根長翅？

與其他朝代不同，宋朝官帽的後面有兩根長長的翅，時人稱之為襆頭，「長直腳襆頭」是其專稱，今人稱其為「長翅帽」。

民間傳奇中，宋朝開國皇帝趙匡胤是長翅帽的發明人。趙匡胤黃袍加身後，在聽取大臣奏章時，發現其他文武臣僚經常在朝堂中竊竊私語，議論朝政，他心裡很是光火。為剎住這種風氣，趙匡胤命匠人在襆頭紗帽後面分別加上長翅，長翅用鐵片、竹篾作骨架，一頂帽子兩邊鐵翅各穿出一尺多（以後愈來愈長，甚至有一丈長）。官員戴上這種帽子後，並排側身談話十分困難，只能面對面交談，朝堂上的交頭接耳之風由此止息。然而，因帽翅太長，官員在街上行走也極為不便，因此，除朝堂和官場正式活動場合外，官員們一般是不戴這種帽子的。據說宰相寇準有一次著青衣，戴小帽，打扮成書生模樣，在東京（河南開封市）一帶私訪，卻被一素不相識的老者認出是朝廷命官，便是因為長翅帽的緣故。原因是寇準走過一個狹窄的小巷時，側身左顧右盼，正好被這個老者看到，而在當時，只有常戴長翅帽的官員，才會害怕有東西碰著帽子的習慣動作。

其實，這種官帽是中國古代服飾「襆頭」中的一種，而非趙匡胤首創，亦不是為防止官

宋高宗趙構

員交頭接耳而製。據《宋史・輿服志》記載，襆頭又名折上巾（就是布帛直接做的襆頭，將腦後拖下來的一塊布反折上去，圍繞髮髻打結），起自後周，最初完全用布帛做成，一般是包住頭簡單地繫在腦後，布帛兩腳自然下垂。「隋始以桐木為之，唐朝時以羅代繒，惟帝服則腳上曲，人臣下垂。五代漸變平直。」

到了宋代，「君臣通服平腳，乘輿或服上曲焉」。宋代官帽最初是用藤編織，以草莖為裡，紗為表，再塗上漆。由於紗塗漆後堅固而又輕便，於是去掉藤裡不用，又在官帽上「平施兩腳，以鐵為之」，也就是帽子兩側伸出兩隻帽翅，這兩隻帽翅用鐵片做成。可見，由北周經隋、唐、五代至宋，襆頭雖一脈相承而來，但一直處於不斷變化之中。如北周至唐代，襆頭帽一般為軟襆頭，官員的襆頭均下垂，而到了宋代，「士人皆以垂腳襆頭為居喪之服」。宋朝「長直腳襆頭」的出現，說明平直而細長的襆頭愈來愈被認可，它既反映了時人審美觀的不斷變化，也能增添佩戴者的「官威」，這在等級森嚴的封建社會是非常必要的。

【豆知識】

透過官服如何能看出官員的等級？

中國古代社會是一個等級社會，等級區分表現在社會生活的各個方面，特別是對於朝廷命官的等級來說，等級區分更加明顯。古代官員的級別和身分都會通過各種方式表現出來，而最明顯的就在於官員的服飾方面。透過官員服飾方面的區分，人們能夠很直接地看出官員是什麼品級，身分是什麼。

宋朝官員根據不同場合要穿著不同的官服，這些官服主要有朝服、公服、時服、戎服等，這些服飾都通過不同的顏色、飾物等表現出官員不同的品級和身分。

在服色上，宋沿襲唐制，元豐改制以前，三品以上官員穿紫色朝服，五品以上官員穿朱色朝服，七品以上官員穿綠色朝服，九品以上官員穿青色朝服。其款式為曲領大袖，下裾加一道橫襴，腰間束以革帶，頭戴平翅烏紗帽，腳穿黑色靴子或革履，君臣通服，成為定制。元豐改制後青色朝服取消，變成四品以上穿紫色朝服，六品以上穿緋色朝服，九品以上穿綠色朝服。

除了在服色上的區別外，佩戴魚袋也是對官員品級進行區分的一個標誌。魚袋是指用金銀飾做成魚形，繫在帶上，垂在腰後，來表明官員品級的高低貴賤。一般高級官員都要佩戴，穿紫色朝服的佩戴金魚袋；緋色朝服的佩戴銀魚袋，但親王武官或太監等則不能佩戴魚袋。

在官服的帶上面也有官員身分品級的區別。一般來說三品以上用玉帶、四品以上用金帶，其下的官員用的帶是用紅色皮革塗上銀色，在其下的官員則要用犀角帶。不過關於官員用什麼帶根據情況的變化也曾經有一定的變化。

此外，宋朝官員在上朝所用的笏和靴子上面也有表現。笏是指官員在上朝時手拿用以記事的板子。宋朝五品以上的官員所用的笏是用象牙製成，五品以下官員所用的則是木製的。在官員所穿的靴子上也有類似的表現。

在宋代社會，不僅對官員的服飾有種種規定，庶民百姓的著裝，也不例外。可見，在古代中國，服飾作為人身分的標誌，有非常豐富的內涵。不僅表述了一個人的社會地位、同時也顯示了他的文化品位、審美意識以及生活情趣。

84 宋代給官員發放俸祿的公文中，為何會出現「馬半匹，金帶半條，汗衫半領」的滑稽現象？

南宋高宗紹興二年，朝廷給新上任的吏部侍郎黎確發放俸祿的公文中，赫然寫著：「馬半匹，公服半領，金帶半條，汗衫半領，袴一只。」恐怕無論誰看了如此滑稽的官員工資條，都會笑出聲來。那麼，為什麼宋朝官員俸祿中會出現這樣特殊的現象呢？

首先，宋朝給黎確發放這樣的俸祿，是與當時政府財政困窘有關的。西元一一二七年，宋高宗在應天府創建南宋政權後，就一直向南逃亡。在與金兵、偽齊、流寇等連年征戰中，南宋政府軍費支出浩繁，而南宋政府立足未穩，財稅徵收極為有限，因而導致財政困窘。所以不得不規定文武百官的俸祿減半支付。《宋史》中就說：「惟兵興之始，宰執請受權支三分之一，或支三分之二，或支賜一半。」位極人臣的宰相尚且如此，下面的文武百官就可想而知，黎確沒給三分之一匹馬，已經算幸運了。此後，這種官員俸祿減半支付的情況，在孝宗隆興年間和寧宗開禧年間對金用兵時期也都發生過。

其次，宋朝出現如此滑稽的俸祿公文，是與當時書寫詔命官員不熟悉俸祿制度有關的。宋朝給黎確發放的俸祿，包括馬、朝服、金帶、汗衫等，是「計價給錢」的，就是把這些物品折算成現錢給付他，並非是真的發放這些物品。因而當時書寫詔命的官員完全可以直接寫折半支付的物品價值總計多少，而不說明數量單位，就可避免這種問題。故而莊綽在《雞肋編》中感歎：「當時有司之淺陋，大抵多類此！」

此外，需要說明的是，南宋政府給黎確發放的俸祿並非他的基本工資，而是皇帝特別的「恩賜」。宋朝政府規定，凡是官員初次擔任某一職務，都要給特別賞賜。比如《宋會要》就記載：宰相以下至中書舍人，初官，到殿上謝恩日，皇帝賞賜錦衣、玉帶；學士、中丞以上另賜鞍馬。而宋真宗時，宰相王旦也說：「參知政事（副宰相）初除，謝恩日所賜之物幾三千貫。」而黎確系初次任吏部侍郎，得到宋高宗的特別「恩賜」是理所當然的，只是在減半支付賞賜的情況下，還在獎賞詔書中出現這樣的笑話，實在讓人哭笑不得。

【豆知識】

宋朝官員工資水準究竟如何？

清代著名學者趙翼在《廿二史箚記》中提出「宋制祿之厚」的觀點，他認為宋朝政府給官員們高薪厚祿，當時人們一旦做官，就不用再為全家生計發愁。但是賞賜過於優厚，而導致國家財力消耗，因而宋朝俸祿制度不足為法。但是，從黎確的例子我們也可以看到，宋朝也存在財政緊張、俸祿減半發放的情況。那麼，宋朝官員工資水準究竟是高是低呢？

宋朝官員基本工資包括錢、衣、糧三部分，此外在中央任職的高級官員有貼職錢，地方任職的官員有職田租、茶湯錢等。北宋初期，官員俸祿普遍較低，而且朝廷規定官員工資發放時，只發八分為滿，並且只有三分之一發現錢，三分之二「折支」實物。到了宋太宗雍熙四年後，規定官員工資並以實價給之，不再扣除二分。但是，「折支」做法依舊。到了宋真宗時期，第一次大幅度增加了文武官員的俸祿。御史大夫、六部尚書每個月都增加了十貫錢。宋仁宗時期，再次增加各級官員工資，並制定詳細俸祿條目。

宋神宗初年，一個剛做縣尉的官員，作詩表明生活窘迫：「五貫五百九十俸，虛錢請作足錢用。妻兒尚未厭糟糠，僮僕豈免遭饑凍。贖典贖解不曾休，吃酒吃肉何曾夢？」縣級官員連吃肉和喝酒都不敢想，讀來實在讓人感歎。宋神宗得知後，開始增加低級官員的工資。比如縣尉的工資從每月料錢七貫、米麥二石增加到錢十二貫、米麥三石，增幅還是比較大的。南宋時期，官員俸祿也日益增加，期間雖然有物價上漲的因素，但總體上看，官員俸祿是逐漸增長的。

但是，宋朝低級官員和高級官員工資差別較大。宋朝高級官員俸祿優厚，最突出的是宰執和高級武臣。如宋仁宗朝宰相的料錢每月是三百貫，而縣尉只有區區七貫，相差數十倍。而這些高官享受的其他津貼又很多，而低級官員則很少有這些收入，同時他們在實際任職前還要等別人空出位置，如果沒職務就得不到俸祿。南宋時期陸游在地方做通判，卸任後就曾上書宰相說：自己家中貧困，「一日祿不繼則無策矣」！他希望宰相趕緊給他一個新差遣，使家人「粗可活」。讀來讓人辛酸。

故而從整體上看，宋朝官員工資水準雖然逐漸在增加，但只有部分高級官員才真正享受厚祿，而廣大低級官員還在為維持生計而忙碌奔波。而宋朝國家俸祿支出太多，則是由於官員整體數量龐大造成的，與高官、軍隊俸祿開支太多也有關係。

85
電視劇《大宋提刑官》歷史上真有其人嗎？

曾經熱播的電視劇《大宋提刑官》，塑造了宋慈這樣一位親臨案發現場、推理縝密、斷案如神的大宋提刑官形象。那麼在宋代歷史上，真有宋慈這樣一位提刑官嗎？

翻閱《宋史》列傳，沒有宋慈的記載。但在南宋著名士大夫劉克莊的文集裡，卻記載了《宋經略墓誌銘》一文，從而肯定了宋代歷史上的確存在宋慈這樣一位剛正廉潔、斷案如神的官員。由於他一生中多次擔任諸路提刑司長官，故而人們親切稱呼他為「宋提刑」。

宋慈字惠父，福建建陽人，生於孝宗淳熙十三年，卒於理宗淳祐九年。曾任廣東提刑、廣西提刑、廣東經略安撫使等職。他四任諸路提刑官，「聽訟清明，決事剛果」；對待平民百姓非常和善，而對那些豪强、奸猾之徒則非常嚴厲。乃至百姓都感覺有一個宋提刑在他們面前，能為其主持公道。

西元一二三九年，宋慈任廣南東路提刑官，由於當地提刑司屬吏覆核案件遲緩，以至有的嫌疑人被關在監獄中數年之久。宋慈到任後，立下期限催促屬吏，並親自處理疑難案件，只用八個月就處理了二百多件死刑案件，使眾多蒙冤之人得以重見天日。此後，宋慈還擔任了廣南西路提刑官，他不辭勞苦，冒著酷暑多次到所轄州縣巡查，所到之處雪冤禁暴，為含冤的百姓伸張正義，也為宋慈留下清正、嚴明的「大宋提刑官」美名。

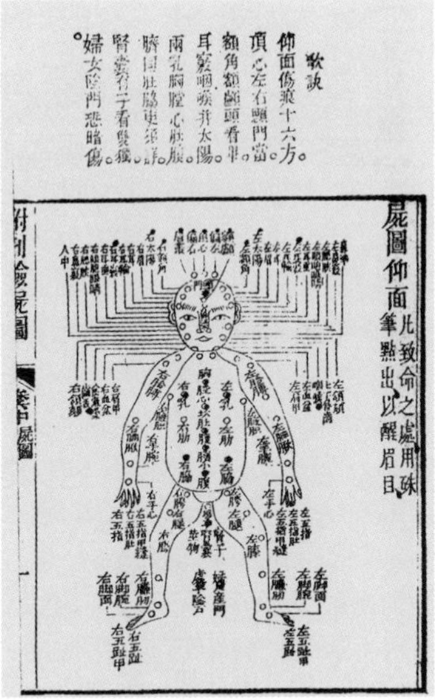

《洗冤集錄》屍檢圖

宋慈之所以被人們景仰，還因為他所作的《洗冤集錄》一書，堪稱中國乃至世界法醫學的奠基之作。他集前代和當代人司法檢驗的經驗之談，結合自己多年勘驗屍檢的感受，寫成了《洗冤集錄》這部書。宋慈此書的貢獻主要表現在四個方面。其一，對驗屍官應持有的態度和應注意的檢驗準備事項進行論述。其二，收集和論述了如何根據屍體的不同外部特徵來鑒定死因。其三，對於一些比較困難的屍體檢驗，宋慈還提供了許多檢驗的驗方。其四，收集對假死狀態的人諸多搶救的驗方。

《洗冤集錄》是世界上第一部法醫學著作，標誌著中國古代司法檢驗科學體系的創立，它一經刊刻問世，立即被頒行全國，成為宋朝以及後世司法檢驗官的案牘必備之書，對其檢驗水準的提高起到了重要作用。宋慈也因突出的專業成就成為大宋提刑官的傑出代表。

【豆知識】

宋朝提刑官為司法官員，為什麼能統領數萬軍隊呢？

提刑官是宋朝首創的掌管司法、監察的重要地方官員。在我們的印象中，提刑官都是如宋慈那樣斷案如神、執法公正的司法官，但是誰又能想到，宋朝的提刑官，還能統領數萬軍隊，和流寇、盜匪甚至金、元等外敵作戰呢？宋朝提刑官能統領龐大軍隊的原因又何在呢？

原來，宋代的提刑官並非如現代法院的法官或檢察官，只具有相對單一的職能，而是「一專多能」的多面手。宋代諸路的提刑官先後被賦予司法、監察、財政、軍事、治安等多方面的職權。這其中由於其處理司法事務需要涉及對犯罪份子的緝捕，從而使宋代提刑官的治安職能逐漸强化，統率的士兵及國家正規軍愈來愈多，國家還專門設置由武將擔任的武臣提刑。提刑司的屬官，也包括眾多武將。

在和平年代，宋代提刑官統軍剿匪的情況比較多，如仁宗慶曆七年，貝州軍卒王則等據城叛亂，河北路提刑田京「棄其家縋城出」。他到軍營中安撫士卒，殺叛者，為平叛不惜犧牲家人性命，為最終平叛做出重要貢獻。南宋時期，宋慈在擔任江西提刑官時，也曾率軍平定了當地的武裝走私鹽犯。在擔任廣東提刑官時，還請求將摧鋒軍撥歸本司管轄，以便應付騷亂。

在戰亂時期，由於提刑官手中擁有可調動的武裝力量，故在對外作戰中也發揮了一定的作用。如仁宗朝，交阯入寇邕州，朝廷命令知桂州蕭固與轉運使宋咸、提刑李師中同議進討，交阯懼，請和。宋欽宗靖康元年，金軍由汜水關渡黃河南侵，朝廷命京西北路提刑官許高、河北西路提刑官許亢各統兵三萬人，「防洛口」，其掌管軍隊人數之多，為兩宋提刑僅見。南宋德祐元年，元軍逼近南宋都城，著名民族英雄江西提刑官文天祥起兵勤王，為宋朝最後的抗戰書寫了可歌可泣的光輝篇章。

總之，宋代地方事務的多樣性、突發性，使得提刑官這個本來掌管司法事務的官員為了緝盜需要也掌管了一定數量的軍隊，而一旦爆發戰爭，其手中的軍隊也就成了抵禦外敵的重要力量，從而使其愈來愈多地參與到對外作戰和對內平叛中。宋代提刑官能統帥數萬軍隊，也就不足為奇了。

86 百家姓中，「趙」姓為什麼排在第一位？

「趙」姓在《百家姓》中為什麼居於第一位？關於這個問題，宋人王明清已經做了考證。他認為，《百家姓》中的姓氏排序問題，和編撰者及其所處的時代有關。《百家姓》出自五代十國吳越國的一個儒者之手，之所以將「趙」排在第一位，是因為當時吳越國是宋的附屬國，奉宋為正朔，而趙姓是宋朝的「國姓」，故將趙姓列為第一姓。「趙」姓之後的「錢孫李」及「周吳鄭王」排序也是類似原因：吳越國的國王姓錢，其正妃姓孫，李是南唐國姓，「周吳鄭王」四姓都是吳越國開國者錢鏐寵妃們的姓氏。

宋朝《百家姓》排序時將國姓「趙」奉為第一姓，明人所編《千家姓》，也把國姓「朱」排在第一位。很明顯，這兩書的排序與政治有著密切的關聯。然與唐太宗《氏族志》和武則天所編《姓氏錄》相比，其政治味道便淡了許多。因為魏晉至隋唐，以門第世家做為選才的重要標準，故姓氏尤重；唐朝名門八姓，仍以此排列，世世通婚，不許與他姓結親，即使李姓皇帝也不例外，故而才會出現官修的《氏族志》和《姓氏錄》。

除作為啓蒙讀物外，《百家姓》還有著許多妙用。如宋代修治黃河時，曾把南鋪人以千字文編號，北鋪人以百家姓編號，編定了修補堤岸、澆灌樹株的前後次序，並要求百姓在汛

光緒二十年版《百家姓》

期來臨時按照這一順序分別駐守汛地，所守之地一旦發生決口就要擔負相應的管理責任。在明代兵部檔案中，對達官的管理，也是以姓為綱，有姓者按舊例歸類，無姓者請示皇帝後再行分類，若是賜姓，則依百家姓編排，其編號用達字。

最初的《百家姓》收集了四百一十一個姓，是一本蒙（啓蒙的學塾）學讀物，四字一句，講求押韻，便於誦讀和記憶，在市井坊間廣為刊印，影響極深。宋人謝維新《合璧事類》一書在排列各姓時，便是以《百家姓》為藍本，並增加了《百家姓》中不常見的個別姓，作為附錄，單獨開列。由於戰火的原因，元版《百家姓》所收少於四百一十一這個數目，很不完整；明人對其做了增補，記錄了四百三十八個姓氏，其中四百零八個是單姓，三十八個是複姓；清人又將其增補到五百零四個，其中單姓四百四十四個，複姓六十個。這便是我們今天看到的《百家姓》。

【豆知識】

「百姓」真的是指沒有官職的人嗎？

在現代漢語中，「姓氏」是一個詞，但在秦漢以前，姓和氏是不同的。當時的姓是一個人最重要的個人特徵，是一個家族的印記，與社會、歷史和傳統有密切的聯繫。姓的起源可以追溯到母系社會，在當時，同一個姓表示同一個母系的血緣關係，同一個姓的人們共同擁有一個老祖母，故而姓多從「女」旁，如姜、姚、姒、媯等。氏的產生晚於姓，是按父系來識認血緣關係的結果，它出現在父權家長制確立之後。眾所周知，炎黃二帝是中華民族的共同始祖，但「黃帝軒轅氏，姬姓」和「炎帝列山氏，姜姓」常常被現代人所忽略。這兩個片語表明，黃帝和炎帝原來分別屬於兩個按母系血緣關係組織起來的部落或部落聯盟，一為姬姓，一為姜姓，軒轅和列山則分別是他們表示自己父權家長制首領的氏稱。可見，在父系社會初期，姓和氏既有嚴格區別又同時使用，這種局面表明，父權制雖已取代母權制，但母系社會的影響還存在，這種影響持續到春秋戰國才逐漸消亡。

在堯舜禹時代，姓氏被用來區分男性和女性，「男子稱氏，女子稱姓」。後來，隨著階級的產生，「氏」逐漸具有了「明貴賤」和「別婚姻」的功能，在當時，只有貴族才有姓氏，平民有名無氏，奴隸就更不用說了。有姓氏的貴族，掌握著朝政大權，被稱為「百姓」，因此當時的「百姓」一詞，指的是百官，是對有爵祿和官職的人的泛稱，與現在的意義恰好相反。

隨著社會的發展，周朝的「百姓」之族也有了貴賤之分。最尊貴的當然是王族姬姓，姬姓封地最多，政治權力最大，姜、姒等姓次之，排在最後的是掌管手工業技術、管理工程的低級「百姓」。周朝末年，經濟基礎的變化引起上層建築的波動，姓氏方才從統治者手中分離出來，為全民所共用。進入封建社會後，新王朝的建立者為證明自己血統的高貴、非凡出身和稱王稱帝的正統性，重新對姓氏加以開發利用，在封建帝王的帶動下，民間人士也紛紛續族譜，東拉西攀，為尋找先世的高貴血統忙得不亦樂乎。時至今日，此風仍未完全熄滅。

87 「感冒」本來就是指生病嗎？

古代中醫經典中，並無「感冒」一詞。說來別致，該病名的直接源頭不在醫家，卻在官場。南宋年間，館閣每夜輪校官一人值宿，如因故不能值宿，在名下寫「腸肚不安」，可免宿。陳鵠為太學諸生，請假外宿，在簿上寫「感風」。

陳鵠之所以發明出「感風」這個新奇用語，反映了當時醫學的進步。在很長時期內，中醫對病因的表述都不規範明晰，南宋醫學理論家陳無擇在《三因方》一書中，根據自己的臨床經驗，在繼承《內經》與《金匱要略》三因說的基礎上做了進一步發揚。他認為「醫事之要，無出三因」，於是將複雜的疾病按病源分為外因六淫：風、寒、暑、濕、燥、火；內因七情：喜、怒、憂、思、悲、恐、驚。該書彙集一千餘方，內容豐富，其中有相當一部分方劑不見於宋以前的醫學文獻。由於將臨床與三因相結合，所以對研究中醫病因病理學和各科臨床治療都有相當的參考價值。《三因方》是中醫最早一本比較全面、比較具體的病因病理學著作。

陳鵠對他的同時代人陳無擇尚未獲得張揚的新學說顯然已有瞭解，並首碼以「感」。「感」者，受也。陳鵠所創先例，為其後數世官場不時因襲。清代官員辦畢公事請假休息，例稱請「感冒假」。「冒」為「透出」之意。「感冒假」作為一個意義總體，可作如是闡釋：本官在為該公務操勞之際，已感外淫，隱病而堅持至今，症狀終於爆發出來，故而不得不請假休養。由此「感冒」一詞應用愈來愈寬，並成一種病症。現在我們常說某人對某人很「不感冒」，意思是「不感興趣」，即不願受其影響或受其腐化，大概也是來源於官場吧。

「感冒」一詞的演變實在是中國古代的一部請假史，「腸肚不安」是因為人們的食物衛生尚未完全解決，隨著各封建王朝官吏待遇的提升，「腸肚不安」不能成為充足的請假理由。而風、寒、暑、濕、燥、火等六種反常氣候變化更為常見，感風大概是最常見的第一大病因了。而「感冒」則是帶病工作後不能堅持，提供的理由更是充分。

【豆知識】
古代官員上班也要點名嗎？

古代的上班下班時間，和現代相似，也是晨聚昏散，但具體時辰上又比現代一般機關之朝九晚五的通例要提前，與農業社會中大多數人的作息習慣相應。「雞既鳴矣，朝既盈矣；東方明矣，朝既昌矣。」因知古人雞鳴即起準備上班的傳統，至少在春秋時代就已形成。以後，這個時段逐漸定型為卯時（現在早晨五至七時）。但是雞鳴時，天還沒亮，而大臣從家到皇宮還要花去一段時間，所以要很早起床。入皇宮後，除一、二品大員年高者特賞可以騎馬或坐椅轎外，其餘人一律步行入宮，到朝殿門口等候上朝。明高啓《早至闕下候朝》詩云：「月明立傍禦溝橋，半啓拱門未放朝。」所述便是常參官提前到達的情景。據《天咫偶聞》記，明代紫禁城皆有路燈照明，天啓時太監魏忠賢當權，才下令盡廢路燈。其後，該制度又為清朝繼承，紫禁城內，除朝房及各門外，絕無燈火，理由為消弭火患。結果便是百官「戊夜趨朝，皆暗行而入，相遇非審視不辨」。因為無燈照明，還發生過有人在雨夜趨朝時因路滑失足跌入禦河溺死的意外。而一般官員及其下屬吏等，也當在每天卯時即去機關工作，由長官清點人數，時稱點卯。

中國古代記錄官吏遲到早退的名冊稱卯冊，但始於何時已無從查考。《唐律疏議・職制五》有一條「官人無故不上（班）」的法令。據《堅瓠集》記，宋太祖趙匡胤曾有一條專門針對州縣官的警告：「切勿於黃綢被裡放衙！」也是提醒地方官員要按時上班。史書上有關於考勤表的記錄，其出現的時代為清朝。清初，國家官員實行坐班制，每日辦公皆在衙署。軍機大臣和珅擅權時，曾經自立私寓，「不與諸大臣同堂辦事，而命諸司員傳語其間」。後來許多官吏也學著和珅的樣子，待在家裡辦公，不坐班。清人震鈞在《天咫偶聞》卷七中寫道：「自乾隆以後，重臣兼職者多，遂不恆入署。而閱折判牘，移於私宅。」為了糾正這種風氣，嚴肅紀律，清政府在國家機構中立了「畫到簿」新規，委派人員專司考勤。從此「畫到簿」成為官吏考勤的重要憑據之一，與紅本一起存入內閣大庫，以備查驗。但由於「畫到簿」反映不出遲到、早退等情況，所以沒有多大的約束力。清朝咸豐年間成立了總理衙門。為了防止產生畫到翹班的弊端，提高辦事效率，清政府便規定官吏「核其勤情」，分別給予「請獎」或者「參劾」。這便是中國歷史上考勤與獎懲相結合的開始。

【十二】科舉制度

88 「依樣畫葫蘆」是說宋太祖討厭文人嗎？

《東軒筆錄》記載了一個宋太祖與文人的故事，五代時有個人叫陶穀，自幼喜好學習，終日博覽群書，因而學識淵博，「文翰為一時之冠」。宋太祖時，陶穀做了翰林院的學士。當時任用的宰相都不出自翰林院，而這些人選的文采聲望都不及陶穀。陶穀心中不平，指使黨羽向太祖上疏，說其久在翰林，出力實多，他自己也上書表示不滿。宋太祖笑曰：「頗聞翰林草制，皆檢前人舊本，改換詞語，此乃俗所謂依樣畫葫蘆耳，何宣力之有？」太祖認為翰林學士只是玩弄文字，不會創新，因此沒有功勞可言。陶穀對太祖這個評價很不服氣，乃作詩，書於玉堂之壁：「官職須由生處有，才能不管用時無。堪笑翰林陶學士，年年依樣畫葫蘆。」太祖見其刻薄怨望，更是決意不用他了。後來人們就用「依樣畫葫蘆」比喻一意模仿，沒有創新。

這個故事表面看來是宋太祖出身軍人，對文人有所鄙薄。其實，宋太祖追求的是實際有用，反對墨守陳規。宋太祖對文人治國的作用是有很清醒的認識，「五代方鎮殘虐，民受其禍，朕令選儒臣幹事者百余，分治大藩，縱皆貪濁，亦未及武臣一人也」。在其統治期間，逐漸在中央和地方機構中確定文官執政的原則。北宋人范祖禹即認為：「帝自開寶以後，好讀書，嘗歎曰：『宰相須用讀書人。』」南宋陳亮言：「藝祖皇帝用天下之士人，以易武臣之任事者，故本朝以儒立國。」宋太祖在位後期，不斷從中央派出文臣到地方機構任職，陸續取代原來藩鎮手下的將吏。宋太祖還在宮廷之中立碑，告誡後世子孫勿殺文臣士大夫。可以說，宋太祖是文人政治的樹立者，使宋代成為中國古代最為典型的官僚統治王朝。

【豆知識】

宋代為何「重文輕武」？

宋太祖是個軍人，卻建立了文人政治。宋代何以會重文輕武呢？首先這是「分久必合」的歷史規律。自唐代末年軍閥割據起，到五代十國的五、六十年間，戰亂不斷，烽火不已，生靈塗炭。據統計，唐天寶年間人口為五千三百多萬，到北宋元豐年間下降為三千三百多萬。因此人心思定，厭惡戰爭，厭惡武人統治的局面。宋朝要想避免成為五代之後的第六代，就必須改變政策。其次，宋太祖認為武將是唐末五代的亂源。唐末五代時有句名言：

「天子，兵强馬壯者為之。」刀把子上出政權。趙匡胤原是後周的殿前都點檢，後黃袍加身奪了年僅七歲的周恭帝的帝位，宋太祖對這一點深有體會，自然會加意提防。他用「杯酒釋兵權」、「歡宴罷節鎮」的辦法，從武將手中奪走了兵權。

宋太宗經歷兩次北伐失敗後，將主要注意力轉向內部，力行深化「崇文抑武」治國方略。明儒王夫之評價：「宋所忌者，宣力之武臣耳，非偷生邀寵之文士也。」宋太宗朝後期，已經明顯地出現了文臣壓倒武臣的局面，如時人王禹偁在上奏中指出：「自陛下統御，力崇儒術，親主文闈，志在得人，未嘗求備。大則數年便居富貴，小則數月亟預常官。」到宋真宗以下諸朝，「崇文抑武」方略作為祖宗之制而繼承，士大夫群體已成為政治主體，所以文彥博評論宋神宗「與士大夫共天下」。

宋代選拔高級人才改變了漢唐時期「出將入相」的規律，轉而從進士出身者選拔。北宋宰相七十一人，其中六十四人出身進士。北宋中葉以後，政壇也幾乎為文官士大夫控制，所謂「今世用人，大率以文詞進。大臣文士也，近侍之臣文士也，錢谷之司文士也，邊防大帥文士也，天下轉運使文士也，知州郡文士也，雖有武臣，蓋僅有也。故於文士，觀其所長，隨其才而任之，使其所能，則不能者止其術」。故宋人詩云：「滿朝朱紫貴，盡是讀書人。」

「重文輕武」政策對宋朝的國運產生了深刻影響。由於重用文人，宋朝成為了中國歷史上自春秋戰國以來第二個學術自由的時期，創造了當時世界上最先進的文明。但是文尊武卑，尚武之風日衰，致使宋朝經濟實力和文明成果難以向軍事方面轉化，最終經歷兩次亡國之禍。

89 宋朝的博士是最高學位嗎？

目前教育機構授予的最高學位，我們稱為「博士」，如哲學博士、醫學博士等等。與此不同，宋朝時「博士」並不是最高學位，這一稱謂承前代而來，但其涵義有了變化——在官方話語中，它是一種官名，指精通某一門學問或傳授經學的官員；在民間話語中，指精通某種技藝的人。

早在戰國時期，「博士」一詞便已作為官職出現，徐慎的《五經異義》中說：「戰國時，齊置博士之官。」秦朝伏生、漢朝賈誼和董仲舒，都曾被任命為博士，職責主要是掌管全國古今史事及書籍典章，以備諮詢，是皇帝的學術顧問。秦朝博士是固定編制，有七十人，漢朝又增設五經博士，專門傳授經學，此時的「博士」漸漸由官職演變為教職，員額更多。魏晉博士多是專精一藝的職官，如精於禮儀的太常博士，通曉音律的太樂博士等等。隋唐博士隊伍更加龐大，新設了醫學、律學、算學博士和府學、州學、縣學博士，均為教職。

與前代相比，宋朝不僅「博士」種類更加繁多，增設了武學、宗學等博士官位元，而且選拔方式也和以往不同。在西漢及以前，常採用徵拜和薦舉方式從民間直選。到了東漢，要想成為博士，還必須經過《孝經》、《論語》等科目的考試。宋朝則採用「堂除」（宰相直接任命）和「部注」（吏部即人事部門考核後任命）法在現職官員中選任博士。宋朝博士因任命機關不同，官品也不一樣，而且，各類博士都有固定編制。宋朝博士的收入由現金、實物、謙人（即僕役）、朝廷的額外賞賜四部分組成，包括正俸（工資）、職錢（津貼）、公用錢（辦公費）、茶湯錢（餐水費）、給卷（差旅費）、祿米、職田（土地）、廚料、薪炭、衣料等名目，因官品和實際職務不同，博士們的收入也大不相同。

總之，宋朝「博士」內涵更加豐富，選拔方式有所不同，分層明顯，職責細化，收入大不相同，社會地位也高下不等。但不管其如何變化，有一點卻是古今相通——必須學有專長。

【豆知識】

宋朝為什麼有「茶博士」的稱呼？

宋朝的「茶博士」，是一種獨特的職業稱呼，其實是指煎茶、煮茶、沏茶、泡茶、賣茶的師傅。「茶博士」一詞，最早見於唐朝封演所著《封氏聞見記》卷六《飲茶》：「命奴子取錢三十文，酬煎茶博士。」這裡的茶博士指的是會煎茶、精通茶藝之人。唐人陸羽因有《茶經》一書傳世，亦被唐德宗皇帝當面尊稱為「茶博士」。宋代的茶坊大多實行雇工制，那些被茶肆主招雇來的熟悉烹茶技藝的人被尊稱為「茶博士」。他們技藝高超，有許多絕活。有人詼諧地按照技能的高低將茶館裡的夥計分為「茶博士」和「茶學士」，茶博士的胳膊能擱一摞蓋碗，他手提銅壺開水，對準茶碗連沖三次，滴水不漏，稱作「鳳凰三點頭」。那些只能「一點頭」的茶博士自然也就只能屈居「茶學士」了。中國古典小說如《水滸傳》、《三言兩拍》中就有很多關於「茶博士」的描寫。

宋朝不僅有茶博士，還有酒博士、磨博士等等。酒博士指的是酒樓裡的小跑堂，具備兩種基本功：第一，熟知本酒樓的各樣菜式、價錢、做法，能把客人點的菜一次完整地報到廚房；結帳的時候再把客人點的菜和價錢一次算清楚，分毫不錯。第二，就是顧客衆多時一隻手可以放二、三十個碗碟，分別送到不同的客人面前，而不至於讓客人久等。雜技中的頂碗也許起源於此。「磨博士」指磨工，明朝民間也把榨油、作麵的傭夫稱為博士，《西遊記》第四十九回中就有「你不是磨博士，怎麼會使擀麵杖」的話語。

中國古代給皇帝備諮詢的文官是「博士」，兼掌教育和學術。「茶博士」是套用這一職銜稱呼茶樓、茶館內沏茶跑堂的堂倌。宋代「博士」名位的下移，既說明飲茶等服務性行業從業人員技藝的精湛，反映出當時社會分工的日漸細化，社會經濟的高度發展；也與社會的平民化、文明化程度有關：唐宋以降，在封建制度下為官者，不只收受賄賂，更不惜出賣官爵來斂取財物，致使官銜浮濫，以官名稱呼人也日漸形成風氣。而民間常習慣稱呼人以低就高，並加上虛銜來表示尊敬抬舉，以取悅對方。久而久之，擁有專精技藝的博士頭銜，便被民間專事一種活計的販夫走卒所套用了。

90 「探花」和鮮花有關係嗎？

中國科舉是一種朝廷開設科目，士人可以自由報考，主要以考試成績決定取捨的選拔官員的制度。它創始於隋，確立於唐，完備於宋，延續至元、明、清，前後經歷了一千三百年之久。伴隨著科舉制度的沿革，殿試第三名進士「探花」一詞有一個從泛稱到專指的演變過程。

探花這一稱呼，發端於唐代，最初和名次無關，僅與科舉考試後的活動相關聯。當時科舉得中的新進士在喜慶之餘，往往舉行盛大的宴遊活動，因科舉放榜時間在春季，正值杏花怒放之時，人們便稱杏花為「及第」花，把進士們組織的宴遊叫做杏園探花宴。宴遊時間確定之後，兩名最年輕英俊的新科進士便被挑選出來，擔當「兩街探花使」或「探花郎」，負責採摘都城中的各種早春鮮花，並和其他進士比賽，最先摘得牡丹、芍藥等名花的進士勝出，如果探花郎不勝便要受罰。此時的「探花郎」只是戲稱，通常指的是兩名或三名進士。

到了宋代，隨著科舉制度的進一步完善，由皇帝主持的殿試也成為制度，即在吏部考試後，皇帝在殿廷之上主持最高一級的考試，決定錄取的名單和名次。北宋年間的殿試規則是，進士一甲只欽點三人，並規定第一名稱狀元，第二、三名都稱為榜眼。第二、三名之所以同為榜眼，是因為填進士榜時，第一名姓名居上端正中，二、三名分列左右，在進士榜上的位置好像人體的眼部地位；參見皇帝時，第一名在前面正中，第二、三名分立狀元身後的左右位置，也如同狀元的兩隻眼睛，故以榜眼稱呼第二名和第三名進士。北宋後期，為對殿試中的第二、三名進士有所區別，人們便只以第二名為榜眼，並開始借用唐代「探花郎」一詞指代第三名。但在正式發放的金榜上，殿試第三名的稱呼是進士一甲第三名。直到南宋末年，「探花」方才正式成為殿試第三名進士的專名。

【豆知識】

狀元、榜眼、探花是怎麼來的？

中國古代的科舉制度在隋煬帝統治時期便已開始，在當時，並沒有殿試，但參加科考的各地士子到達京城之後，在應試前需向有關部門遞送「投狀」，考試結束後，成績最優異者的「投狀」便被放在全部「投狀」的最前面，稱作狀頭。因古代以「魁」為首，以「元」為開始，故也以「魁甲」和「狀元」的名號稱呼第一名。從唐代開始，有了殿試，殿試的第一名仍舊稱狀元。武則天時，參加貢舉的士子都立在殿前，由門下省長官奏狀，名次最高者置於最前，因而第一名又被稱作狀頭。到了宋代，殿試制度化之後，放榜之時，狀元總是排在首位，故又稱榜首。此時，榜眼的名號也開始出現，但北宋榜眼並非指一個人，而是第二、三名進士的合稱。南宋時期，榜眼成為第二名進士的專稱，探花則被用來指代第三名進士。至此，狀元、榜眼、探花作為一甲前三名的專門用語，方才固定下來，並被隨後的元、明、清三朝所沿用。

由狀元、榜眼、探花三個詞彙的發展演變過程來看，它們都來源於社會上的習慣用語。時移日久，才逐漸變為通行全國的詞彙，最終被官方認可。

另外，狀元、榜眼、探花和「連中三元」並不等同。明時的科舉分鄉試、會試、殿試三個階段，學校生員（即秀才）每三年一次到省城參加鄉試會考，若被錄取就成了舉人，其中的第一名稱為解元。隔年春天，舉人和國子監監生要到禮部應考會試，錄取的稱為進士，第一名稱為會元。同年，皇帝會親自在金鑾殿上對進士進行殿試或廷試，錄取的進士一甲第一人為狀元。所謂「三元及第」就是指一連考瞭解元、會元、狀元三個第一名。對於中國古代的讀書人而言，從千萬個士子中脫穎而出成為狀元不是件容易的事，能夠「連中三元」更是鳳毛麟角。

91 宋代人生四大喜為何寫進《神童詩》？

明清時期在民間流傳極廣的《神童詩》，據說是由北宋神童汪洙所作之詩編集而成的，其被後世普遍作為兒童啓蒙教材。詩中以五言絕句的形式，對少年兒童提出勤學苦讀，求取功名，將來報效國家的遠大目標。而其中所描繪的人生四大喜事更是廣為後人所傳誦，這四喜即是：「久旱逢甘雨，他鄉遇故知；洞房花燭夜，金榜題名時。」那麼，這人生四大喜事為什麼會寫進《神童詩》呢？

根據明朝《萬姓統譜》記載：「汪洙，字德溫，鄞人，九歲善賦詩。」做官後曾拜太宗正卿，至觀文殿大學士。世人搜集了他所做的詩六十多首，「用訓蒙學，為《汪神童詩》」。在這裡，汪洙顯然是宋朝一位名人，而且做過太宗正卿這樣的高官。但是在宋代，真實的汪洙是明州（寧波）鄞縣人，以治《春秋》得名，多年在鄉村從事教育，只作過最低級的官員助教。所以明朝人有關汪洙神童事蹟的記載大多是虛構的，而其撰寫的如此多的《神童詩》也很可能不可靠。

但畢竟後世有這樣一篇廣為流傳的《神童詩》，它的編者應該是宋元時人汪洙這個偽神童，彙編眾多詩歌而成的。而人生四大喜在南宋中期，已被傳誦，比如當時著名學者洪邁就在《容齋隨筆》中記載：「舊傳有詩四句，誦世人得意者云：久旱逢甘雨，他鄉見故知。洞房花燭夜，金榜掛名時。」這四大喜事的出現，尤其是「金榜掛名時」與前三喜並列，應是宋朝大規模開科取士、科舉在普通百姓心目中地位提升之後的事情。將這四大喜事列入蒙學啓蒙教材《神童詩》，有助於提升兒童刻苦讀書、將來求取功名和富貴的積極性，强化「金榜題名」在人們心目中的地位。

科舉制的發達，以及科舉做官給人生帶來的飛黃騰達、物質享受也深刻影響了當時的各級教材。宋朝統治者也有意識地用物質利益來誘惑讀書人，比如宋真宗所撰寫的《勸學詩》中也說：「書中自有黃金屋，書中自有千鐘粟」等，均極度刺激了當時的讀書人，人生四大喜事被編寫進《神童詩》，無疑也是世人以物質利益來激勵和誘惑兒童努力讀書上進的一種手段。

【豆知識】我們現在智商超高的兒童有「天才兒童」之稱，宋朝官府是怎麼對神童進行測試的？

「神童」是指那些智力超出同齡人較多、聰穎機敏的兒童。三國時期魏曹沖六歲即有成人之智，他機智地「以船稱象」，令人嘆服。唐朝楊收七歲，善屬文，作賦輒就，時號「神童」。宋朝也不乏這樣聰慧的神童。隨著科舉制度的完善，宋朝官府對神童的測試也被納入了科舉考試範疇，稱為「童子舉」。那些智力超群、出口成章的神童可以通過參加「童子舉」，展現各自的才華，並求取功名。

宋朝的「童子舉」考試最早設立於宋太宗雍熙元年，太宗親自對十一歲的福建神童楊億進行了測試。此後宋真宗朝，七歲的江西神童晏殊參加童子舉，此後還有譚孺卿、邵煥、陳炫等數人。到南宋時期，童子舉更受重視，孝宗淳熙元年，女童林幼玉應試，所誦經書皆通，特封為孺人，開創了女神童應舉的先例。直至度宗朝，童子舉制度才被停廢。

參加童子舉的神童的年齡，一般規定在十五歲以下。其考試程序：先由各州推薦神童，到京城國子監測試，如果合格了就取旨送中書復試。如童子應對合格，取旨進行獎賞。若記誦外更能賦詩、作文，另外奏聞。神童考試中也有皇帝親試，但並非每次都有。

宋朝童子舉測試內容一般以背誦經書為主，如仁宗朝，和州童子朱思年八歲，念《孝經》、《論語》、《周易》、《毛詩》。如能賦詩作文，則加試詩、賦。南宋時期，由於戰亂頻繁，還曾加試講武射箭。孝宗朝，將神童考試等級分為三等：凡全誦《六經》、《孝經》、《語》、《孟》及能文，如《六經》義三道，《語》、《孟》各一道，或賦及詩各一首，為上等；誦書外，能誦一經，為中等；止能誦《六經》、《語》、《孟》，為下等。

宋朝的童子舉測試最終獎勵可分為四類：授官、賜出身、免解、賜帛等。授官是獎勵表現最出色者，如楊億賜祕書省正字。賜進士出身也是非常優厚的待遇，如真宗朝晏殊曾賜進士出身。其餘大部分是賜童子出身。兩宋通過童子舉入仕者約百人左右，因而在官員隊伍中所占比重很小。宋朝童子舉的推行，對促進兒童早期智力開發、詩文教育具有一定的積極作用。但是，由於過於偏重死背經書，或賦詩作文，不注重實際專業知識的培養，培養出來的神童具有明顯缺陷。

【十三】王朝祕史

92 宋朝國號是怎麼來的？

西元九六〇年，後周殿前都點檢趙匡胤藉口契丹與北漢聯合進犯邊境，率領大軍北上。正月初三，他在京城開封東北四十里的陳橋驛發動兵變，「黃袍加身」。之後趙匡胤逼迫後周幼主柴宗訓禪位，登上了其覬覦已久的皇帝寶座。那麼，趙匡胤為什麼把自己新建立的王朝國號定為「大宋」呢？這個國號的由來是怎樣的呢？

中國古代封建王朝的國號，大都以開國君主舊時的封地或封號為名。如劉邦曾在秦末農民戰爭時期被封為漢王，故將新王朝定名為「漢」。東漢末年曹操曾被加封為「魏王」，故其子立國號為「魏」；楊堅襲爵「隋國公」，稱帝后國號「隋」；而李淵在隋朝時襲封「唐國公」，故其建立的王朝國號為「唐」。宋太祖趙匡胤之所以將國號定為「宋」，也是受到這種封建傳統的影響。趙匡胤在後周時雖未被封侯、封王，但他曾被授為歸德軍節度使，其治所在宋州（今河南商丘），於是定國號為「宋」。即位詔書中就說：「漢唐開基，因始封而建國，故宜國號『大宋』。」

但是趙匡胤在後周時不僅被封歸德軍節度使，還曾被授為匡（入宋後避諱改為「定」）國軍節度使、忠武軍節度使、義成軍節度使，這些職銜均早於歸德軍節度使，為什麼不選這些治所地名作為國號呢？「宋」國號的由來，其中還受到了金木水火土「五行」學說的影響。自戰國時鄒衍提出「五運推移」學說之後，歷代封建王朝都希望自己統治長久，德運勝過前朝。趙匡胤取代後周後，因周的德運是「木」，木生火，所以新王朝應該是火運，才能勝過周朝。按照當時對天文分野的解釋，宋州所在之地與二十八星宿中的心宿相對應，而心宿中的心宿二又被稱為「大火」，正與新王朝「火運」相對應，趙匡胤也正是在被授為歸德軍節度使後才很快「黃袍加身」的，因而他把這裡選做自己的龍興之地，把宋州之「宋」作為新王朝的國號，並宣布「定國運以火德，王色尚赤」。在即位後他為了表達自己對上天眷顧的感激，還將宋州改為「應天府」，成為宋朝的「南京」，而火神也成為宋朝君臣崇拜祭祀的重要神祇。

此外，宋州即商丘早在西周時就是宋國的都城，對古代王朝的尊崇和借重也是趙匡胤君臣選擇「大宋」作為新王朝國號的重要原因。

【豆知識】

宋朝為何又稱為「天水一朝」？

在近代學者的著作中，我們常常看到他們將宋朝稱作「天水一朝」。如國學大師王國維在《宋代之金石學》中說：「天水一朝，人智之活動，與文化之多方面，前之漢唐，後之元明，皆所不逮也。」史學大師陳寅恪也說：「天水一朝之文化，竟為我民族永遠之瑰寶。」在這裡，「天水一朝」其實就是「宋朝」的代名詞。那麼，為什麼宋朝又被稱作「天水一朝呢」？

在《宋史》卷六十五《五行志》中曾提到：「天水，國之姓望也。」意思就是說天水是宋王朝皇帝「趙」姓的發源地，宋朝皇族的郡望是天水。「郡望」原意即世居某處，為當地人們所仰望。郡望之說興起於魏晉門閥士族鼎盛之時，當時的士大夫都喜歡炫耀自己顯赫的家庭背景，因而將自己的姓氏和歷史上同姓的那些著名人物相聯繫。隋唐以後，雖然士族門閥勢力已日益衰落，但包括李唐王室在內的王公貴族，還是喜歡以郡望相標榜，在封爵之時也不忘以郡望相稱。歷史上趙姓宗族著名的聚居地主要有天水郡、涿郡、南陽郡等。其中以天水郡最早、最有名。西元前二二二年，秦國進攻趙國代郡，代王趙嘉投降秦國，受到禮遇，其子趙公輔率族人入西隴，居甘肅天水（今甘肅通渭縣）。趙公輔把中原的先進文化和生產技術傳播到西隴，懷柔西部各族，受到人們愛戴，尊稱其為「趙王」。西漢時設置隴西天水郡。此支趙氏，尊趙嘉及趙公輔為開基始祖。唐朝時，趙氏任宰相的有四人，其中有三位都是隴西天水趙氏族人。天水趙姓在唐代地位顯赫，趙匡胤的父親趙弘殷又曾被周世宗封為天水縣男。故而，趙匡胤「陳橋兵變」，建立趙宋王朝後，人們便將隴西天水定為國之郡望，這其中也包含統治者抬高趙宋皇室出身門第，增加統御天下合理性的目的。

金朝滅亡北宋後，也曾封宋徽宗為天水郡王，宋欽宗為天水郡公，這根據的也是其郡望。故而，雖然歷史久遠，宗族發源地難以一一辨析，宋太祖祖上幾代也都聚居於河北涿郡（今保定清苑縣），但宋朝以及後代的人們還是均以天水作為宋朝皇帝的郡望，習慣以「天水一朝」來代指趙宋王朝。

93 宋初統一戰爭為什麼先打南方，後打北方？

宋太祖趙匡胤在建立趙宋王朝後，實際統治的地區還只包括中原腹地，在北部，有強大的契丹和割據山西的北漢。在南部，還有南唐等七個割據的政權，它們對新建立的宋王朝構成嚴重威脅。宋太祖顯然對此不能容忍，他積極謀畫統一全國的戰略路線圖。是應該先打北漢和契丹，還是先打南方的七個割據政權呢？從後來看，宋太祖是實行了先打南方，後打北方即「先南後北」的統一戰爭計畫。這其中的原因何在呢？

歷史上太祖雪夜訪趙普的故事為我們揭開了這個謎團。據《邵氏聞見錄》記載，在一個下大雪的夜晚，宋太祖突然到宰相趙普家。趙普惶恐不安，趕忙命家人擺酒設宴。待坐定以後，趙普問道：「夜久寒甚，陛下何以出？」帝曰：「吾睡不能著，一榻之外，皆他人家也。故來見卿。」普曰：「陛下小天下耶？南征北伐，今其時也。願聞成算所向。」帝曰：「吾欲下太原。」普默然久之，曰：「非臣所知也。」帝問其故，普曰：「太原當西北二邊，使一舉而下，則二邊之患我獨當之，何不姑留以俟削平諸國。則彈丸黑痣之地，將何所逃。」帝笑曰：「吾意正如此，特試卿耳。」這之後宋太祖確定了統一戰爭「先南後北」的戰略計畫。實際上，宋朝的統一戰爭計畫，並非如此簡單，靠宋太祖和趙普一席話就確定了，而是宋太祖先後徵求了大臣魏仁浦、張永德、趙普等多人的意見。而宋太祖也曾不聽勸阻，在平定後蜀後兩次去征討北漢，最終失敗而回。宋太祖經過多次反思和實踐，才確定執行了「先南後北」的統一計畫。

採取這樣的策略，具有多種好處。首先，南方諸國兵力較弱，彼此不相照應，易於攻取，從而取得南方諸國的財富，增強宋朝的經濟軍事實力。其次，先不打北漢，可以和強敵契丹建立一個緩衝區，調動宋朝主力部隊南征諸國。再次，北方北漢兵力雖少，但好勇善戰，又有契丹支援，不易攻取。等南方平定後，宋朝兵精糧足，又無後顧之憂，便可集全國之力，易於成功。在此思想指導下，宋太祖先後削平了荊南、湖南、後蜀、南漢、南唐，到了宋太宗朝，又迫使陳洪進和錢俶分別獻出了泉漳和吳越的版圖，討平北漢，完成了對中原和南方的統一。

【豆知識】

世界上第一座浮橋是因何建成的？

在宋初統一戰爭中，太祖趙匡胤面對南方實力相對弱小的南唐、後蜀等國家，希望儘早完成統一大業。但是，南方諸國也不是毫無抵抗能力，各自也擁有數萬到數十萬的軍隊，南唐、荊南等國還擁有長江天塹作為天然屏障。那麼，在當時統一戰爭中，宋朝北方軍隊是如何克服不習水戰這一重大障礙，跨越長江天塹的呢？

宋太祖統一大業就是從荊南、湖南這兩個瀕臨長江、勢力弱小的割據政權開始的。乾德元年（九六三）正月，宋太祖以幫助湖南政權周保權平叛為名，派遣大軍向南進發。在進軍過程中，宋軍提出向荊南統治者高繼衝借道的請求，高繼衝自知力弱，只得勉强同意。二月分，宋軍到達荊門。主帥慕容延釗麻痺荊南君臣，暗中卻率數千精騎，連夜疾馳其長江以北的都城江陵（今湖北荊州），荊南高繼衝等人不戰而降。之後，宋朝軍隊分批渡過長江，開始向湖南政權進攻。故而荊南政權的長江防線沒有起到任何作用。

此後宋朝軍隊在進攻實力相對强大的南唐時，再次遇到要突破長江天塹的難題。這時宋朝雖擁有一定數量的水軍，但仍不能對南唐形成優勢。

此時，南唐內部出現了奸細。一位名叫樊若水的落第舉子希望投靠宋朝求取富貴，為了給自己增加籌碼，他就以釣魚為名，乘小舟載絲繩往返在采石（今安徽馬鞍山市南）附近的長江兩岸十餘次，測量江面寬窄。之後在開寶七年他來到東京，向宋太祖進獻在采石地區長江上建立浮橋，宋軍踏橋過江，直搗南唐都城金陵（今江蘇南京）的計畫。同時他還建議宋軍建造大型戰艦，保護浮橋暢通。宋太祖對此大為讚歎，於是任命樊若水為贊善大夫，派他督造數千艘戰艦。當年十月，宋太祖以李煜抗命不朝為由，派遣大軍討伐南唐，宋朝軍隊連克南唐軍隊，進軍采石。在這裡，宋軍開始搭建浮橋。十一月正是長江水少之時，這個地點也是樊若水選擇的水面最窄、最淺之地，故而宋軍浮橋搭建很快，南唐軍隊看出宋軍意圖，多次進攻采石，但都被宋朝水軍擊回。此後三日，浮橋建成，這是世界歷史上第一座浮橋。十餘萬宋軍踏橋渡過長江天塹，很快就完成了對金陵的包圍。失卻了長江天險的南唐王朝，再也難以抵擋宋朝軍隊的進攻，於開寶八年被宋朝滅亡。

94 宋太祖是被親弟弟用斧頭擊死的嗎？

開寶九年（九七六）十月，宋太祖趙匡胤突然去世。四十九歲的他正值壯年，去世時也沒有遺詔，死後即皇帝位的也不是他的兒子，而是他的弟弟趙光義，即後來的宋太宗。諸多難以解釋的現象導致了爭論了近千年的宋太祖暴崩之謎。

有一種解釋說是趙光義用「柱斧」擊死了宋太祖，並有「燭影斧聲」為證。這個典故保留在《續資治通鑒長編》等書中，據載：開寶九年十月十九日，宋太祖夜裡召見趙光義，在內庭擺酒設宴，兩人對飲，並讓侍女等退到外面。人們隔著窗戶，但見燭光下，光義一會兒站起，一會兒又坐下，好像在躲避什麼。到了三鼓的時候，人們聽到太祖用「柱斧」敲地的聲音，並對太宗說：「好做、好做！」然後解帶就寢，鼾聲如雷。當晚，趙光義留宿在禁內，將近五鼓，宋太祖就暴崩了。

由於聽到「柱斧」敲地的聲音，又見到燭光下宋太宗身形轉動，於是後人就將此故事稱為「燭影斧聲」，說宋太宗用「柱斧」擊死了自己的哥哥宋太祖。宋代的「柱斧」有兩種，一種是武士所用，一種為文房用具。在開寶元年時，宋太祖曾因大理寺官雷德驤擅闖宮禁，用「柱斧」擊折了他的兩個門牙。故宋太祖所用的是武將的「柱斧」。但皇宮侍衛密布，宋太宗很難動粗弄斧而不留痕跡，弄不好反被宋太祖擊傷。因而這種低劣的手段，他應不會採用，而且「斧聲」來自太祖，並非太宗。因此，宋太宗用斧子擊死宋太祖的說法，不太可信。

實際上，另一種說法更有道理，歷史上也留下諸多痕跡，那就是宋太宗當晚與宋太祖共飲時偷下毒藥，導致宋太祖中毒而亡。宋太宗在歷史上下毒很有名。如在南唐國主李煜全家被俘東京後，宋太宗垂涎李煜小周后的美色，常常讓其陪侍，因而李煜頗有怨言。不久，宋太宗就用牽機藥毒死了李煜。而他也曾毒死後蜀君主孟昶，以求其妃花蕊夫人。但花蕊夫人被宋太祖收入宮中，此後太宗多次盛讚花蕊夫人美貌。為了盡早登上皇帝寶座，奪取自己垂涎的美人，宋太宗在自己哥哥酒裡下毒，導致宋太祖暴崩的可能性很大。當夜兩人在飲酒後太祖以「柱斧」敲地，並說「好做、好做」，應就是他中毒後對宋太宗心狠手辣的驚詫和憤怒之語。故而宋太祖應是被親弟弟用毒藥害死的，而非用斧子擊死。

【豆知識】

「金匱之盟」是真實存在的還是宋太宗偽造的？

宋太祖趙匡胤突然去世後，宋太宗繼承皇位。中國古代歷來講究皇位繼承「父死子繼」，如果沒有後嗣可以「兄終弟及」。而太祖的兩個兒子德昭、德芳尚在人世，這就使人們對宋太宗即位的合理性提出了諸多質疑。這個問題的解決，全靠宰相趙普所進的「金匱之盟」。據說「金匱之盟」的由來是這樣的，趙匡胤在當上皇帝後不久，他的母親杜太后就病了，而且在建隆二年（九六一）時病勢愈來愈重，在即將離開人世前，杜太后將自己的兩個兒子及趙普叫到床前，問趙匡胤道：「你知道為什麼自己能取得天下嗎？」趙匡胤哭著說：「這全仰仗著您和父親大人的恩澤啊。」太后說：「不對，這是因為後周柴榮讓自己年幼的兒子即位，大臣不服，人心不附啊。如果周朝有正值壯年的君主，你能成功嗎？你和光義，都是我親生的，你去世後應當傳位給他。天下如此之大，能立長君，是社稷之福啊！」宋太祖哭泣著答應了，並讓趙普將這個誓約記錄下來，末尾寫上「普謹記」，藏在金色的盒子中，祕密讓人掌管。

「金匱之盟」的故事看似十分真實，而且也為宋太宗即位找到充分合理的依據，自然被宋朝後來史書所廣泛宣揚。但實際上，它卻存在著一個致命的缺陷。那就是歷史上杜太后去世時宋太祖三十五歲，宋太宗二十三歲，太祖的大兒子德昭十一歲，杜太后怎麼會事前預料到太祖死時德昭仍是幼童呢？這就成為「金匱之盟」係偽造的致命破綻。而且在開寶九年（九七六）宋太祖去世時德昭已經二十六歲，足可以擔當一國之君的重擔，但卻沒能登上皇帝寶座。而宋太宗還有親弟弟廷美，那麼是否應該太宗死後傳位給廷美才符合「金匱之盟」的約定呢？但後來歷史發展的事實是，宋太宗即位後，親弟弟趙廷美於雍熙元年（九八四）被貶死於房州，哥哥的兩個兒子德昭在西元九七九年被迫自殺，德芳在西元九八一年暴卒。最終太宗還是由自己兒子繼承了皇位。從中也可看出他對「金匱之盟」遵守程度如何。事實也就證明了「金匱之盟」是趙普和宋太宗一起偽造的產物。

95 歷史上最早「雪中送炭」的人是誰？

人們經常用「雪中送炭」來形容一個人遇到困難時，他人給予的最急需的幫助。那麼，這個典故的由來是怎樣的呢？是誰最先「雪中送炭」的呢？

「雪中送炭」的由來，和中國中古時期氣候的變化有密切聯繫。根據中國著名氣候學家竺可楨先生研究，遼宋金王朝更迭的三百餘年間，中國的氣候經歷了一個由溫暖向寒冷、再向溫暖的變化過程。而北宋時期正是氣候向寒冷轉變的時期。故而，雖然北宋都城開封在黃河之南，但到了冬天，仍多天寒地凍，風雪交加，一般貧苦百姓之家難免忍饑受凍。如乾德二年十二月，京師下大雪，宋太祖「設氈帷於講武殿，衣紫貂裘帽以視事」，還覺得很冷。宋太宗淳化五年十一月，有天氣「大寒」的記載。至和元年正月，「京師大寒，民多凍餒死者」。宋真宗咸平六年十一月，因為天氣「苦寒」，真宗下令「諸路休役兵」。

在寒冷的冬天，皇帝往往賞賜一些物品來幫助百姓禦寒，從而出現了「雪中送炭」這樣的幸事。據《宋史》載，宋太宗淳化四年，為表現京城祥和氣氛和自己的仁君形象，故而在二月壬戌，太宗「賜京城高年帛，百歲者一人加賜塗金帶」。碰巧這天雨雪交加，天氣非常冷，因此，宋太宗立即宣布，派遣「中使」再賜京城「孤老貧窮人千錢米炭」。在這樣寒冷的天氣中，孤寡老人有了米炭，就等於有了生活的希望。於是從宋太宗開始，「雪中送炭」的故事就流傳開來。而為了宣揚德政，宋朝歷代君主中這樣的舉動並不少見，真宗、哲宗等朝都曾有過。冬季救寒更為迫切的是能夠買到低價的柴炭。為此，宋廷常將官府的柴炭減價出賣，以惠貧民，「遇炭貴減價貨之，即京師炭價常賤矣」。而「雪中送炭」也成為宋人對朋友過冬最好的饋贈，如范成大曾作《雪中送炭與龔養正》，借助「送烏薪」來表達對朋友的問候。高登也曾因「雪寒官冷家乏薪炭」而作文向朋友求救：「雪中送炭從來事，況爾羈躬覓蠹椽。」

【豆知識】

宋代是如何救助老幼孤貧等弱勢族群的？

老幼孤貧是社會上的弱勢族群，他們需要更多的關心和說明，渴望「雪中送炭」。那麼，處於中國古代經濟發展最高峰的宋代是如何救助這些弱勢族群的呢？

北宋范寬《雪景寒林圖》

為了保證統治的穩定，宋朝政府針對老幼孤貧等弱勢族群，設立了一系列救助機構，比如福田院、居養院等。福田院始建於北宋初年，以養京師「老疾孤窮丐者」，後來規模擴大，能夠「日廩三百人」。而宋哲宗頒布「居養法」後，地方上也建立類似的機構，稱為居養院，它也是專門「惠養鰥寡孤獨」的濟貧機構。養濟院是南宋紹興元年創立的，此後逐漸普及到各地，這些機構一般收養「老疾孤寡，貧乏不能自存及丐者等人」，每人每日支米一升、錢十文。除此之外，各地還有專門養病的機構，如安濟坊，這是宋徽宗初年設置的，並規定各地凡境內有病臥無依之人，平民均有責任將其送入安濟坊收治。南宋時期有類似的養病機構，如安樂廬、安樂寮等。這些機構的創立，避免了貧病之人疾病傳染，有利於弱勢群體的健康。而當孤老貧弱人員死亡後，宋朝還在各地設立了漏澤園即公共墓地，用以安葬他們，這一制度一直延續到宋末。

宋代地方上士大夫、富民也自發行動起來，救助老幼孤貧等弱勢族群。如義烏縣徐文獻，為地方右族。鄰里有患病之人，則給藥以濟；負債不能償者，則免其欠負；天氣嚴寒，則為孤獨貧困者提供飲食。一些士大夫還助婚濟喪，幫助弱勢人員。如北宋名臣趙抃，一生多有善行，在官時，為人嫁孤女二十餘人，施棺給薪不知其數。

而宋朝的佛、道寺觀也積極參與救助弱勢族群，在各種救濟機構中，僧人往往是主要服務人員。如蘇軾所創杭州安樂坊，即由僧人主持。各地所創居養院、安濟坊、養濟院等機構，大多有僧人參與具體服務。他們粥飯施捨也很普遍，如乾道元年，浙西災傷，臨安寺院設十二處粥場施粥。

宋代對於老幼孤殘等社會弱勢族群的救助，成就遠過前代。從政府到民間士大夫、富民、僧道，形成了多層次的救助體系。在救濟手段上，透過機構建設和立法，社會救濟事業被納入到制度化軌道。從生、老、病、死各方面對社會弱勢族群進行救助，民間救助也更為活躍。這一社會救濟體系自宋朝確立以後，元明清三代都沿襲其主要部分，開創了中國近世社會救助的基本格局。

96 宋太宗毒死李後主的真正原因是什麼？

李煜是五代十國時南唐最後的國君，後人稱為李後主，他也是五代時期最憂鬱、最悲傷、最出色又最令人惋惜的詞人。據《新五代史．南唐世家》記載，李後主「一目重瞳子」，即一隻眼睛中有兩個瞳孔，顯示著他的與眾不同。李煜繼位於宋朝建立後的建隆二年（九六一），十四年後宋朝軍隊攻破了南唐都城金陵（今江蘇南京），李煜被迫投降宋朝，受封為違命侯。李煜的痛苦憂愁與亡國之痛，都藉由他的詞表達出來，創作出了中國文學史上的不朽詞章。「春花秋月何時了，往事知多少！小樓昨夜又東風，故國不堪回首月明中。雕欄玉砌應猶在，只是朱顏改。問君能有幾多愁？恰似一江春水向東流。」這首《虞美人》詞是李煜在作亡國奴的日子中寫下的著名篇章。太平興國三年（九七八）七夕的晚上，因為心情鬱悶，李煜讓歌妓奏唱《虞美人》，有人向宋太宗報告。因為他詞中「小樓昨夜又東風」和「一江春水向東流」的句子，令宋太宗以為懷念故國，於是將他毒死，時年僅四十二歲。

但是當時就傳聞宋太宗是為了霸占小周后而毒死李煜的。南唐後主李煜的兩個國后是姐妹：第一個名為周薔，史稱「大周后」；第二個名為周薇，史稱「小周后」。小周后是聞名天下的錢塘美女。據宋人王銍《默記》，太平興國三年的元宵佳節，「李國主小周后，隨後主歸朝，封鄭國夫人，例隨命婦入宮，每一入輒數日，而出必大泣，罵後主，聲聞於外，後主多婉轉避之」。小周后的遭遇可想而知。小周后為李煜守喪結束後，於同年自殺，芳齡僅二十八歲。宋人據此事作，「熙陵」是指宋太宗，因為他死後葬在河南鞏縣的永熙陵。明人沈德符在《萬曆野獲編》中描述這幅作品說：「宋人畫熙陵幸小周后圖，太宗戴襆頭，面黔黑而體肥，周后肢體纖弱，數宮女抱持之，周后有蹙額不勝之態。」可見確有此畫傳世。

北宋的亡國之君宋徽宗和李煜非常相似，都是政治上的昏君、藝術上的天才。李煜的「金錯刀」和趙佶的「瘦金體」是中國書法史上兩顆璀璨的明珠。元人馮海粟在《熙陵幸小周后圖》上題詩一首：「江南剩得李花開，也被君王強折來；怪底金風沖地起，御園紅紫滿龍堆。」意思是宋太宗欺侮了別人妻子，而宋太宗的後代（包括宋徽宗、欽宗和宗室嬪妃公主三千人）也被金人擄走侮辱。民間傳說宋徽宗的母親是在看過李煜畫像之後才有的身孕，而趙佶就是李煜轉世而生的，所以他們相似的遭遇被認為是冥冥中的報應。

【豆知識】

宋太宗毒死李後主用的「牽機藥」是什麼樣的毒藥？

在中國歷史上，「牽機藥」與鉤吻、鶴頂紅同列為最毒的毒藥之列。「牽機藥」正是因為李煜之死而聲名大噪的。《默記》中說：「牽機藥者，服之，前卻數十回，頭足相就，如牽機狀。」牽機狀是何種形態呢？牽機中的「機」指的是手工布機，由於人在服用這種毒藥後腸胃劇痛，引起全身抽搐不止，頭部或俯或仰，四肢忽拳忽曲，最後頭部與足部拘攣相接而死，樣子就如同布機工作時的情形。

牽機藥就是中藥中的馬錢子。《本草綱目》記錄牽機藥「狀如馬之連錢，故名馬錢」。據現代醫學研究，馬錢子確有較大毒性。馬錢子別名番木鼈，主要成分是番木鼈堿和馬錢子鹼。由於馬錢子對中樞神經系統親和力强、解力困難，如過量服用，即可出現頸項僵硬、瞳孔放大、呼吸急促與困難，甚至引起全身肌肉同時極度收縮，從而劇烈抽搐，出現强直性驚厥，如不及時搶救，可因呼吸麻痺或嚴重佝僂而死亡。現在的滅鼠藥主要成分就是馬錢子鹼。

宋太宗在做皇帝之前就收集了上千種醫藥單方，顯示其對醫藥有特殊興趣。蔡絛《鐵圍山叢談》記載，宋徽宗剛當上皇帝時，曾騎馬巡視皇宮，有一個庫房沒有名稱，一問，原來是宮中藏毒藥的倉庫，「皆二廣、川、蜀每三歲一貢」。宋徽宗親筆詔書：「此皆前代殺不庭之臣，藉使臣果有不赦之罪，當明正典刑，豈宜用此。」遂令停止進貢，庫內毒藥全部焚毀。「牽機藥」當年可能就保存在這裡。

97「狸貓換太子」中的太子是宋朝哪個皇帝？

清代小說《七俠五義》中有一個「狸貓換太子」的故事，描寫陰險狠毒的劉德妃，用剝了皮的狸貓替換了李宸妃剛生的太子，導致李妃被貶入冷宮，太子和親生母親分離。最終太子長大成人，當上皇帝後，在包公的策畫下與親生母親李妃相認，劉妃則驚懼而亡。那麼，「狸貓換太子」中的太子是宋朝哪個皇帝呢？這個故事是真實歷史中存在的嗎？

「狸貓換太子」故事中所描寫的被換的太子正是宋朝第四位皇帝宋仁宗趙禎。他在位四十二年，是兩宋時期在位時間最長的皇帝，《宋史》稱讚他是一位「恭儉仁恕」的好皇帝。但是由於困擾北宋王朝的三大痼疾（冗官、冗兵、冗費）就是在他統治時期加劇的，因而也有人批評他是一個對守舊勢力姑息遷就的「婦人之仁」的君主。

「狸貓換太子」這個故事既有歷史的真實，也有許多藝術加工和虛構。故事中的劉德妃就是宋真宗的劉皇后，她出身低微，在遇到宋真宗前還曾嫁給一個銀匠。在被真宗寵愛之後，劉氏成為僅次於皇后的德妃。劉氏確實沒有親生子嗣，她也確實霸道地把李妃的兒子搶過來由自己和楊淑妃撫養，並且嚴禁人向仁宗說明真相。生母李氏懾於劉氏的權勢，也不敢做聲。但劉氏並沒有用狸貓換太子，而宋真宗對其搶奪李妃皇子的事情也是默許的。她在宋真宗去世後，垂簾聽政達十一年之久，在宋仁宗初年政治歷史中扮演了重要的角色。

李妃原本是劉妃手下一個宮女，在作劉氏侍女的時候，被宋真宗看中，並讓李氏做了自己的司寢。西元一〇一〇年，李氏生了仁宗，這是宋真宗的第六個兒子，因此被封為崇陽縣君。「宸妃」這個封號則是仁宗初年她臨死前才得到的。

明道二年（一〇三三），劉太后病逝，仁宗親政，其「生母之謎」的祕密才得到公開。仁宗因失去母親悲痛欲絕，又聽人說李宸妃是被劉太后害死的，於是憤怒地包圍了劉氏的家，然後親自去生母殯葬處查看。當棺木打開，看到李妃穿著皇太后的官服，在水銀養護下容貌如生，宋仁宗感歎：「人言不可信啊！」才撤了包圍劉宅的兵士，並追封劉氏為莊獻明肅皇太后，生母李氏為莊懿皇太后，表明了對兩人同樣的尊重。因此，「狸貓換太子」並非真實的歷史事實，但「劉妃奪太子」倒是歷史上真實存在的。

【豆知識】

狸貓是什麼貓？

「狸貓換太子」的故事中除了被打入冷宮的李宸妃之外還有一個無辜受害者，那就是被剝去皮的狸貓。那麼，這裡所說的「狸貓」又是怎樣一種貓呢？為什麼這個故事會選擇這樣一種貓作為出生嬰兒的替代品呢？

實際上歷史上的「狸貓」有兩種含義。第一種指的是一種野生貓科動物，又稱為「貓狸」、「山貓」，其渾身淺棕色，身上有很多褐色斑點，從頭頂到肩部有四條棕褐色縱紋，兩眼內緣向上各有一條白紋，以鳥、鼠、蛇為食，也經常偷食家禽。古人很早就注意到這種動物。比如《詩經》中就提到：「取彼狐狸，為公子裘。」唐朝孔穎達為之做疏正，解釋為「又取狐與狸之皮，為公子之裘」。曹魏張揖所撰的《廣雅》中也記載：「貍，野貓。狸，俗。」清朝人姚炳所作的《詩識名解》中對「狸」的種類進行了詳細分類，其中就有一種「毛雜黃黑，有斑如貓，圓頭大尾者，為貓狸，善竊雞鴨，肉臭不可食」。看來，歷史上這種狸貓一直沒有被馴化家養，牠們和人類的關係若即若離，不是十分密切。

另一種狸貓是被馴化家養的貓，又被稱為「狸花貓」。它是原產於中國的一種家養貓，它的外表和野生狸貓有相似之處，頭部較圓、兩耳間距短，背部有棕黑色的環形斑紋，頭部有豎條黑紋。此種貓體型適中，喜歡和人親近，而且抓老鼠很在行。宋朝人已經開始飼養這種貓。比如北宋中期的士大夫强至便曾記載了「家畜狸、花二貓」，一天狸貓獲鼠未食，而花貓私竊之以去。當時的著名書畫家米芾在《畫史》中也記載：「黃筌畫狸貓顫葧荷，甚工。」南宋時洪邁在《夷堅志》中也記載了一個婦人，褐衫青裙，懷中「抱小狸貓」。可見，狸花貓已經是當時人類所飼養的一種家貓了，到了明、清時期，這種家貓更為普遍。

清朝《七俠五義》中「狸貓換太子」的故事，所選擇的狸貓應就是當時已經被馴化家養的狸花貓，而不大可能是野生的狸貓。這是因為前者容易獲得，後者則尋覓不易，且不為常人熟知。況且野生狸貓有比較大的腥臊之氣，即使剝了皮也很難掩蓋這種氣味。至於小說為何選擇狸貓，應是這種貓體形和嬰兒大小相似，容易蒙混過關。

98 南宋最英明的君主是誰？

元朝官修的《宋史》，在《孝宗本紀》的讚語中曾感歎：「孝宗之賢，聰明英毅，卓然為南渡諸帝之稱首！」元朝人無須再為宋人隱諱，因而他們的評斷是建立在歷史事實基礎上的。孝宗確實是南宋最英明的君主。在孝宗在位的二十七年裡，南宋各領域都進入了歷史上的中興時期，對金關係上也體現出積極主動的態勢。

宋孝宗一上臺，就著手對金進行軍事反擊。當時孝宗每向高宗請安時，都要談到北伐中原，而高宗總表現得很不耐煩，一次他還怒氣沖沖打斷了孝宗的談話說：「且待老者百年後，爾卻議之！」但孝宗並未因此而干休，他積極準備北伐，為岳飛父子平反，並建「忠烈祠」，供人們瞻仰。他在主戰派官員的鼓勵下，於即位後第二年（隆興元年）發動了北伐戰爭。此次戰爭由於宋軍前線將帥不和，準備尚不充分，一個月就告失敗了。但這也是岳飛北伐後二十餘年來南宋首次大規模主動對金出擊，並迫使金朝做出讓步，修改了屈辱的「紹興和議」。「隆興和議」規定，南宋對金不再稱臣，改為叔侄之國，南宋每年給金的「歲貢」改稱「歲幣」，數量由原來的銀、絹五十萬兩（匹）減為四十萬兩（匹）。

即使如此，宋孝宗仍不甘心，在他隨後執政的時間裡，南宋一直在積極進行軍事備戰，孝宗自己也率先垂範。一次他連日騎射不止，大臣們進行勸阻，希望他愛惜身體，孝宗卻明確表示：「正以仇恥未雪，不欲自逸爾！」他希望以實際行動來激勵南宋軍民，不要忘記靖康之恥。

除了對金關係外，宋孝宗在內政方面也進行了諸多改革，他振興朝綱，整頓政風，鼓勵臣下直言極諫，同時裁減冗員，澄清吏治。在財政上開源節支，注意控制會子發行的數量，保持了會子幣值的穩定，同時出售官田，增加財政收入。在農業領域注意興修水利、推廣新品種。這一時期農田面積增大，糧食生產增加，許多過去的荒澤變成良田；福建等沿海地區還進行了圍海造田，千里沙灘盡顯綠意；而當時的農業耕作技術也不斷提高，普遍精耕細作，採用稻麥複種、推廣雙季稻等，畝產量不斷提高。當時的著名詩人楊萬里就描繪了圩田（水邊低窪地的農田）中水稻生長如雲似錦的可喜景象：「周遭圩土繚金城，一眼圩田翠不分。行到秋苗初熟處，翠茸錦上織黃雲。」、「蘇湖熟、天下足」的諺語也從此流傳開來。

經過孝宗多年的改革和整頓，南宋對金關係上呈現出積極主動的態勢，政治、軍事、財政等方面都出現了更新的氣象，社會經濟更是南宋發展最好的時期。各方面都呈現了中興的景象，因而宋孝宗堪稱南宋最英明的君主。

【豆知識】

宋孝宗為什麼要從龍椅上站起來迎接金朝使者呢？

西元一一六四年宋、金「隆興和議」規定，南宋皇帝要從龍椅上站起來，下榻立接金朝使臣國書，從而體現金朝君主對南宋君主的優勢地位。這讓宋孝宗感到非常屈辱，一直希望透過外交和平手段改變這種局面。

乾道六年（一一七〇）五月，宋孝宗派遣著名士大夫范成大出使金朝，要求歸還河南宋陵寢之地，並希望借機改變對金屈辱的受書禮。到了金都後，范成大上殿呈上國書，同時提出：宋金「兩朝既為叔侄，而受書禮未稱。昨嘗附完顏仲、李若川等口陳，久未得報，臣有奏箚在此」。金世宗沒有想到他會提出這樣的問題，惱羞成怒，拒不接受范成大改受書禮的書信，讓左右拉其下殿。范成大臨危不懼，表示金世宗不接受書信，自己就撞死在殿上。最終金世宗為其非凡的氣魄所折服，表示接受書信。但由於擔心一旦答應改禮書的請求，宋孝宗日後會得寸進尺，提出新的要求，最終金世宗拒絕其請求。此後，宋孝宗又派遣趙雄、張子顏、湯邦彥等人多次出使，要求改變受書禮，但由於南宋自身實力不濟，始終遭到金世宗拒絕。孝宗也迫於金的軍事壓力，照舊起身立接國書。

乾道八年，宋孝宗曾經任命虞允文為四川宣撫使，並希望他到四川後，出兵伐金，自己在東路親自領兵，與虞軍呼應。當年年底，金朝賀宋正旦使完顏璋到南宋都城臨安。宋孝宗再次拒絕按原來屈辱的受禮儀接受金朝國書，並暗中派人奪走國書。宋金關係立即緊張起來，戰爭一觸即發。但天公不作美，虞允文到四川後，因勞累過度病逝。宋孝宗不得不擱置出兵計畫。當金世宗再次遣使到臨安，宋孝宗同意仍按不平等的舊禮接受國書，兩國關係隨之趨於緩和。外交必須以軍事實力作為基礎。在軍力不足的情況下，宋孝宗希望以外交來達到改變屈辱的受書禮的目的，其失敗是必然的。

99 南宋哪個皇帝是精神病患者？

南宋歷史總共經歷了一百五十餘年，期間卻有一位君主以精神病患者的身分君臨天下將近三年，導致南宋國家局勢急轉直下，社會上民怨沸騰，幾乎使統治難以為繼。這位患有精神病的皇帝就是宋光宗趙惇。

趙惇是宋孝宗的第三個兒子，依照立嫡以長的皇位繼承傳統，他本來沒有機會登上皇帝寶座。但是孝宗長子趙愭未等到即位就已去世，二兒子趙愷太過寬厚，孝宗認為三兒子趙惇「英武類己」，因而違背長幼之序，選擇了他作為皇位繼承人。孝宗於西元一一八九年二月禪位於光宗，次年改元「紹熙」。

宋孝宗本以為光宗會像自己殷勤侍奉高宗那樣侍奉自己，但他想錯了，光宗即位才兩年，父子關係就迅速惡化，而光宗也因此成為了精神病患者。

宋光宗即位，其唯一的兒子趙擴被封為嘉王。宋光宗希望立嘉王為太子，但宋孝宗認為嘉王「不慧」，希望由二兒子趙愷之子趙抦為太子，同時也彌補對趙愷的歉疚心理。宋光宗在大義與情理上不便回駁，只好隨口敷衍表示同意，父子關係開始出現裂痕。

光宗的正妻李鳳娘生性妒悍，她得知孝宗不願讓自己的兒子作太子，非常惱怒，不斷挑撥他們父子的關係，說孝宗打算用毒藥害死光宗，宋光宗因此不願朝見太上皇。

對光宗對於其他嬪妃和女使的喜愛，李皇后更是妒火中燒。一天，光宗在宮裡洗手，看見一個宮女手白似凝脂，不禁多看了幾眼。沒想過了幾天，皇后派人送來一個食盒，光宗打開一看，裡面竟是那個端盆宮女雪白的雙手，光宗大驚失色。紹熙二年冬至，宋光宗出宮主持祭天大禮，李皇后趁機虐殺了他最寵愛的黃貴妃，再派人報告黃氏「暴死」。因祭天大禮，光宗不便回宮而哭泣不止。次晨祭天時又突發火災，轉瞬間卻是大雨冰雹劈頭而下。諸多變故交織在一起，自己的兒子也不能繼承皇位，宋光宗以為受到上天懲罰，「震懼感疾」，精神從此失常。紹熙二年後的近三年裡，南宋王朝就由這樣一個精神病者君臨天下，政治上無所作為，而李皇后則趁機弄權干政。

【豆知識】

宋朝皇室有家族性遺傳病嗎？

宋朝自宋太祖趙匡胤開基後，在三百二十年統治時間中，許多皇室成員甚至君主都有「短命暴亡」和「狂躁、抑鬱」的特徵。那麼，是不是宋朝皇室的遺傳基因中就攜帶了某種疾病因數，導致了宋朝皇室成員的家族性遺傳病呢？

這樣的例證在宋代史書中很多。如宋太祖趙匡胤五個兄弟，有兩人在他即位之前就已「早亡」。宋太祖本人不到五十歲時壯年暴亡。雖然這裡有宋太宗陷害的原因，但之前他就表現出一些情緒失控，比如揚言要砍太宗的頭等。他的弟弟趙廷美因遭到太宗陷害「憂悸而死」。只有宋太宗一人善終。宋太祖的兒子四人，德秀、德林幼年早亡。德昭在宋太宗攻打遼幽州時，因為替立功將士請功，被宋太宗說了句「待汝自為之，賞未晚也」，情緒失控，「退而自刎」。因這樣一件小事自殺確實顯示了其精神抑鬱和狂燥。宋太祖另一個兒子德芳也相繼「夭絶」。

如果說太宗有意除掉太祖諸子，導致他們非正常死亡，但後來宋朝皇室的諸多怪病，還是讓人難以理解。太宗九子，暴死的有元僖，他本是宋太宗選定的太子，一日入朝，「方坐殿廬中，覺體中不佳。徑歸府」，「少頃，遂薨」。還有元偓，他因宮中失火「暴中風眩，薨」。另一子元傑也是暴死。元佐精神失常。到了宋真宗時，六個皇子中除了仁宗「皆早亡」。仁宗三子，「皆早亡」。其後英宗皇帝登基後因為和太后關係不諧，精神病發作，即位才三年多就病逝，年僅三十五歲。宋神宗晚年「鬱陶成疾」，去世時才三十八歲。此後哲宗二十五歲病逝。南宋高宗幼子早夭，後來因喪失生育能力不得不立太祖之子德芳六世孫趙瑗為太子，是為宋孝宗。其後便有孝宗之子光宗精神失常。其後寧宗諸子早夭，權臣史彌遠選立宗室之子趙與莒為帝，是為理宗，理宗諸子也是早夭；再選其同母弟趙與芮之子為太子，他是個弱智兒童，「手足皆軟弱，至七歲始能言」。

從以上諸多例證可以看出，宋朝皇室遺傳基因確實存在問題，至少具有狂躁、抑鬱等精神疾病。這些致病基因具有潛伏性和遺傳性，在某些特定條件刺激下就會發病。比如太宗之子元佐，在叔叔廷美死後，「遂發狂，至以小過操挺刃傷侍人」，「夜縱火焚宮」，表現出狂躁症和精神疾病。之後宋英宗和太后關係不諧而得疾，精神狂躁，仁宗大殮時「疾增劇，號呼狂走，不能成禮」。而趙宋王朝歷代諸多皇室子弟的早夭，也不能完全歸結到古人醫療水準不高這一點原因，趙宋皇室的遺傳病在其中也有一定影響。

100 宋代太后多有「垂簾聽政」，卻為何沒有女性獨裁？

中國古代因為皇帝年幼而太后臨朝代為執政，即所謂「臨朝稱制」，始於漢朝：漢惠帝不理政事，呂后臨朝。唐高宗時期出現「垂簾」一詞，《舊唐書‧高宗紀》記載：「時帝風疹不能聽朝，政事皆決於天后（指武則天）。自誅上官儀後，上每視朝，天后垂簾於御座後，政事大小皆預聞之，內外稱為『二聖』。」所以要以簾子隔開是因為太后需要接見群臣，但因男女有別，所以在座位前加個簾子，以隔斷視線。

宋代不斷出現幼主，太后稱制頻現迭出，先後有八位太后垂簾聽政：真宗劉皇后、仁宗曹皇后、英宗高皇后、神宗向皇后、哲宗孟皇后、高宗吳皇后、寧宗楊皇后、理宗謝皇后等。有的太后垂簾時間極短，僅具象徵意義。孝宗駕崩，太皇太后吳氏以八十高齡，僅「於梓宮前垂簾」三天。時間較長的是仁宗朝的劉太后和哲宗朝的太皇太后高氏。劉太后垂簾達十一年之久，且實權在握，「政出宮闈，而號令嚴明，恩威加天下」。但是宋代並沒有產生武則天那樣的獨裁女性，這有以下三個原因：

一是因為宋代帝王、皇室總結漢、唐以來外戚干政和「女禍」的教訓，對后妃的選擇採取了重德輕色、重出身門第的政策。宋代的后妃也多娶自權臣名將之家，且多治家有禮法，

宋朝皇后像

是恪守封建禮法的所謂「賢后」、「賢妃」。如宋真宗的結髮妻子，是戰功赫赫的大將潘仲詢的女兒；宋仁宗后曹氏，是另一位大將曹彬的孫女。宋代沒有大規模從民間挑選宮女、后妃的舉措。宋代皇帝的后妃幾乎都是娶自將、相、節度使等高官顯貴之家，這就使歷朝太后與趙宋皇室成為利益共同體。

二是宋代士大夫群體對太后臨朝聽政起到抵制作用。宋代太后雖然可以垂簾，但在名分和規格上絕不能超過皇帝，否則就是違反綱常倫理，勢必遭致大臣反對。如劉太后和仁宗一起去慈孝寺，太后欲乘輦先行，參知政事魯宗道說：「婦人有三從之義，在家從父，既嫁從夫，夫歿從子。」提醒劉太后不應走在皇帝前面，劉太后只得讓仁宗先行。

三是宋代后妃整體普遍具有較高的素質。宋代以前稱制的后妃往往或者蔽於外戚，或者溺於宦官，或者輕信權臣，致使大權旁落。宋代執政的后妃都把實權掌握在自己的手裡，如仁宗曹皇后當政時「檢柅曹氏及左右臣僕，毫分不以假借」。宣仁高皇后保佐三朝，但其「外家班秩無顯者」。同樣，執政的后妃們也不容宦官權臣竊借自己手中的實權。明肅劉皇后權同處分軍國大事時，權臣丁謂請太后御別殿，太后以「皇帝視事，當朝夕在側，何須別御一殿」為理由予以拒絕，遂與小皇帝一左一右坐承明殿垂簾商事，排除了丁謂左右小皇帝的可能性。

宋代是太后垂簾聽政做得最成功的朝代，在太后理政期間，基本上無外戚專權和流血政變。所以《宋妃傳》中評論：「宋三百餘年，外無漢王氏之患，內無唐武韋之禍，豈不卓然而可尚哉？」

【豆知識】

宋代為何無「內亂」？

「內亂」是指因為外戚、宦官引起的亂政，因為外戚是因后嬪而成為皇親，宦官因侍奉皇帝而成為寵幸，這兩者都是在後宮之內而不是在朝廷之上接近最高權力，因而外戚、宦官之亂稱為「內亂」。宋代以前，已有多次因內亂而致王朝衰亡的歷史教訓，如秦代趙高亂政，東漢外戚、宦官專權，唐代武后、韋后之擅權等。有宋一代達三百餘年之久，卻沒有出現「內亂」，程頤（一〇三三—一一〇七）曾將「百年無內亂」列為宋朝「有超越古今者五事」之首。

宋朝是如何做到這一點的呢？首先是宋人總結了歷史教訓，如北宋人石介曾說：「巍巍巨唐，女后亂之，奸臣壞之，宦官覆之。」並指出：「奸臣不可使專政，女后不可使預事，宦官不可使任權。」其次是宋初統治者自身經驗。趙匡胤在後周時具有外戚的身分，因此對此很敏感。北宋開國之初，宋太祖打算讓自己的岳父符彥卿「典兵」，趙普反對。宋太祖解釋道：「彥卿豈能負朕耶！」趙普反問：「陛下何以能負周世宗？」宋太祖猛然醒悟，符彥卿典兵「事遂中止」。宋朝立國之初就制訂了祖宗家法：「不以女謁進人，不以戚里廢法，貂璫不以典機密，輿台不得加節鉞」，把宗室、后妃、外戚作為防範的重點，皇親國戚雖「列之高爵，置之重位」，但無實權，「一概廢而不用」。

宋朝立國之初也制訂了針對宦官的祖宗家法：「國朝懲五季閹宦橫肆之弊，不典兵、不預政，子孫守之，永為家法。」實際上，北宋時期宦官參與了監視軍隊、率軍作戰、偵探臣民、審理案件等，南宋時期宦官也有預政者，但宋朝宦官都不能凌駕於外朝之上。這是因為宋朝外朝大臣掌管著宦官的任命權。據《宋史．職官志》記載，「除授內侍省官」是樞密院的職責之一。至和元年（一〇五四），宦官王守忠在病危之際「求為節度使」，宋仁宗「嘗許守忠」「欲予之」，宰相梁適反對：「宦官無除真刺史者，況真節度使乎！」王守忠最終未授予節度使。另宋朝外朝大臣還掌握著宦官的懲治權。據《邵氏聞見錄》記載，宋英宗即位之初，宦官任守忠「奸邪反復」，宰相韓琦召他到政事堂，訓斥道：「汝罪當死！」將他貶為團練副使。宋朝「宦官有過，宰相得斥之」；「宦官有過，樞府得治之」，因而制約了宦官參政。宋朝為防止宦官專政，還設計了「貂璫不以典機密」的制度，貂璫是對宦官的別稱。宋徽宗內官三人即童貫、梁師成、李彥得寵，但梁師成只能作偽矯詔，「凡御書號令皆出其手，多擇善書吏習仿帝書，雜詔旨以出，外廷莫能辨」。但當時最具權勢的還是外相蔡京，史稱他「威福在手，中外莫敢議」。可見即使是在宋徽宗時，宦官內朝也沒有凌駕於外朝之上。但元明時期，都缺少制約外戚、宦官的政策，「內亂」因而成為影響王朝命運的問題。

101 為何兩漢分稱「西漢、東漢」，兩晉分稱「西晉、東晉」，而兩宋卻分稱「北宋、南宋」？

由於中國王朝眾多，為了分清政權的相互關係，後世人就要編出歷史序列來。對於經歷遷都而重新建立的政權，歷史學家一般帶方位以示區別。周朝最後一個君主周幽王被犬戎殺死，西周滅亡。周平王遷都洛邑，因為洛邑在西周國都鎬京之東，所以後人稱為東周，相應在此前的周朝則稱為西周。西漢被王莽所滅，後劉秀復國，定都在洛陽，位於故都長安之東，所以稱東漢，前代則被後人稱為西漢。西晉首都是洛陽，被匈奴所滅，後於建康建立新政權，史稱東晉。北宋被金國所滅，趙構逃到南方再建政權，都城在汴梁的故宋稱為北宋，都城在臨安的新政權稱為南宋。元朝被朱元璋推翻後，殘餘力量在漠北又建立了政權，史稱北元。明朝被李自成滅後，在南京也建立了南明小朝廷，但是南明小朝廷不到一年就被清朝滅了，所以沒留下北明、南明之説。這些稱呼都是後世史學家定的，在當時並沒有這些説法。而且王朝的歷史不是分裂的，所以在史書還是延續一個國號，官修的二十四史中的《晉書》、《宋史》中並無東西晉、南北宋之分，《漢書》、《後漢書》中無從西漢、東漢之名，只是《後漢書》中從時間上有前後、漢之分。

《清明上河圖》中的漕船

實際上晉朝都於洛陽，五胡亂華後，永嘉南渡東遷於建康。建康在洛陽之南，按照都城定位，應該稱為南北晉，但為何稱為東西晉呢？這是因為當時有個重要的地理概念「江東」。因長江在安徽境內向東北方向斜流，而以此段江為標準確定東西和左右，南京正是江東地區。所以還是分東西晉分得清楚。以宋代為界限，此前這種再續政權都分稱東西，此後則分稱南北。為什麼呢？這是因為中國經濟重心的南移在宋朝時已經基本完成，所以不會再往貧瘠的西部遷都了，也就不會有東宋和西宋了。

此外對於前後相繼的政權一般稱前後，如《新五代史》中的前蜀後蜀。即使這樣還有重複的，就加上姓，有趙宋劉宋、高齊蕭齊；還不行再增加地點，如蜀漢。中國人多地大，歷史當然也複雜。

【豆知識】

中國古代統一王朝的都城是如何變遷的？

中國古代從秦至清，各代王朝的都城集中於五大地區。

西安地區：秦朝都城咸陽、西漢以及王莽建立的「新」政權的都城長安、隋朝都城大興城、唐朝都城長安皆位於此，先後作過五百五十六年的統一王朝的首都。此外，西晉湣帝時、前趙、前秦、後秦、後魏、北周等分裂的王朝也曾在此建都一百二十三年。

洛陽地區：東漢、西晉兩個統一王朝與隋煬帝都於此，共二百六十年。此外，曹魏、北魏、後梁、後唐等五個分裂時期的王朝也曾在此建都達一百一十五年左右。

開封地區：北宋在此建都達一百六十七年，此外，五代的後梁、後晉、後漢、後周亦都於此，先後建都四十年。

北京地區：元、明、清三代王朝皆都於此，先後作過五百八十六年統一王朝的都城。

南京地區：明朝建立之初定都於此，僅五十三年。但南北對峙時期，南方政權大多都於此：東吳、東晉和南朝宋、齊、梁、陳的都城，達三百二十二年。五代十國時南唐又以此為都，立國三十八年；太平天國曾於此建都十一年。

中國古代統一王朝的都城變遷，主要受幾個因素的影響：一是人口增長與自然的矛盾。西安長期成為中國古代王朝的都城，是與八百里關中平原提供的經濟基礎密切相關的，而相鄰的洛陽面積不過數百里，雖有崤山、伊闕之險，但只適於短時間防守。只是隋唐以後，關中平原生產條件惡化，如漢代灌溉田地四萬餘頃的鄭國渠、白渠系統，唐永徽中灌田降為萬頃，難以承受巨大的人口壓力，所以唐朝政府不得不多次到洛陽就食。二是軍事因素。開封位於華北大平原中心，東瀕運河，北瀕黃河，向為南北水運交通樞紐、四通八達之地。較之西安、洛陽，開封可將南方漕船的運輸里程減少一千餘里。但是開封無險可守，又位於號稱四戰之地的中原地區，只好駐以重兵，連營設衛，以代山河之險，但導致「積貧積弱」的局面。三是少數民族的因素。元、清兩朝是蒙古族和滿族入主中原，以幾百萬人口統治幾千萬人口，而北京貼近蒙古高原和東北地區，使其統治者有心理安全感。而明朝遷都北京，也是為了對抗遊牧民族，使戰線北移。

現代隨著交通和通訊科技的進步，首都選址對經濟、地理的要求都相對低一些，所以首都只要成為政治中心和文化中心，基本上就可以了。

歷史任意門02
老師來不及教的101個宋朝趣史

作　　者　賈文龍等
責任編輯　翁紫鈁
行銷企畫　翁紫鈁
副總編輯　劉憶韶
總 編 輯　席　芬
社　　長　郭重興
發行人兼出版總監　曾大福
出　　版　自由之丘文創事業／遠足文化事業股份有限公司
發　　行　遠足文化事業股份有限公司
23141 新北市新店區民權路 108-2 號 9 樓
電話：(02) 2218 1417　傳真：(02) 8667 1065
劃撥帳號：19504465　戶名：遠足文化事業股份有限公司

封面設計　黃暐鵬
內頁排版　黃雅藍
封面繪圖　許芳菁
印　　製　卡樂彩色製版印刷有限公司
法律顧問　華陽法律事務所　蘇文生律師
定　　價　320 元
初版一刷　2016 年 5 月
初版二刷　2016 年 8 月

ISBN 978-986-92773-1-0
Printed in Taiwan

國家圖書館出版品預行編目資料

老師來不及教的 101 個宋朝趣史 / 賈文龍等著 . -- 初版 . -- 新北市 : 自由之丘文創, 遠足文化出版, 2016.05
面；　公分 . --（歷史任意門 ; 2）
ISBN 978-986-92773-1-0（平裝）
1. 文化史 2. 宋史 3. 問題集
635.022　　105005213